佛山历史文化丛书

佛山祖庙

佛山市博物馆◉编

文物出版社

《佛山历史文化丛书》编辑委员会

主　任：公孙宁

副主任：邓光民　杨凡周

编　委：公孙宁　邓光民　杨凡周　应如军　肖海明
　　　　梁旭莹　刘文利　麦润沾　徐枝荣　吴兆华

《佛山祖庙》

主　　编：肖海明

副主编：王　晖　黄玉冰

编辑人员：王海娜　苏东军　黄晓蕙　张雪莲

摄　　影：何绍鉴　高宇峰

前　言

"来佛山没到祖庙，就等于没来佛山"，这是佛山妇孺皆知的一句话。佛山祖庙为何会有如此大的魅力呢？本书将为您解开这个谜。

佛山祖庙位于广东省佛山市禅城区祖庙路21号，是供奉北方真武玄天上帝的著名庙宇。相传始建于北宋元丰年间（1078～1085），元末遭毁，明洪武五年（1372）重建，历经二十多次重修和扩建。现存主体建筑占地三千六百平方米，沿南北中轴线排列，从南而北依次为万福台、灵应牌坊、锦香池、钟鼓楼、三门、前殿、正殿、庆真楼。1996年被公布为全国重点文物保护单位。

祖庙是最具代表性的岭南建筑之一，被誉为"东方民间艺术之宫"、"岭南建筑艺术之宫"。其国内最大的明代真武大帝铜像、中国现存最大的古铜镜、国内罕见的宋式三下昂八铺作斗拱、精美绝伦的三雕两塑（木雕、砖雕、石雕、陶塑、灰塑）以及华南最著名的古戏台——万福台等都是流芳百世的不朽杰作。

祖庙又是一个集政权、族权、神权为一体的庙宇，作为佛山的诸庙之首，与佛山的历史紧密相关。明代的嘉会堂、清代的大魁堂都是影响深远的"庙议"管理机构，可以说佛山历史上的许多大事，都与祖庙有着千丝万缕的联系。位于祖庙三门的一副清代对联对祖庙在佛山的地位作了精辟的概括：廿七铺奉此为祖，亿万年惟我独尊。

本书是为了满足广大游客和研究者的需要而编写的，兼顾通俗性和学术性，是迄今为止第一本全面介绍佛山祖庙的书。该书共收文章一百六十四篇，并配有精美的插图，文章和摄影作者均为在佛山市博物馆工作多年的文博专业人员。全书共分五个部分：文物篇、建筑篇、碑记对联匾额篇、民俗篇和研究篇。前四个部分以介绍为主，对祖庙胜迹作了较全面的介绍与解释；最后一个部分则以研究为主，重点论述了祖庙与佛山的关系以及佛山祖庙的建筑艺术，使读者更深入地了解佛山祖庙。

2000年，时任佛山市博物馆馆长的吴庭璋同志提出要编写一本《带你游祖庙》的书，并组织全馆同志分头撰写，后来由于各种原因停了下来。从2004年开始，佛山市博物馆又重新将此书的编写提上了议事日程，抽出五人组成了专门的编辑小组，分别负责一部分的组稿编辑工作。经过全馆专业人员的不懈努力，书稿终于编写完成。这是全馆参与的一个研究成果，对我们有着特殊的意义。此书还借鉴了不少由佛山市博物馆老馆长陈智亮于1981年组织编写的《祖庙资料汇编》一书的研究成果，因此，可以说此书是佛山市博物馆几代人共同努力的结果。

此书的编写一直得到佛山市文化局领导的大力支持，局长徐东涛、副局长公孙宁、文创室主任杨凡周、文物科科长邓光民等同志多次关心此书的编写工作，对他们的大力支持表示衷心的感谢。博物馆的王晖、黄玉冰两位馆长也对具体负责编写的人员给予了很大的支持，这些都是本书得以出版的重要条件。

我们还荣幸地邀请到华南理工大学著名古建研究专家吴庆洲教授、佛山史研究专家罗一星博士为本书赐稿，使本书增色不少。

本书只是我们对佛山祖庙资料收集和整理的初步成果，由于水平所限、经验不足，缺憾实属难免，恳请广大读者批评指正。今后我们将继续加强对佛山祖庙的研究，陆续推出新的研究成果，以飨读者。希望各界人士继续给予我们宝贵的支持和帮助。

编　者
2005 年 10 月

目 录

壹　文物篇

贰　建筑篇

碑记对联匾额篇

肆　民俗篇

伍　研究篇

廟祖

壹

文

物

篇

1　北帝铜像

　　祖庙正殿供奉的北帝铜像，铸于明景泰年间，重约两吨半，高九尺五寸（3.04米），取"九五之尊"之意。它是佛山铸铜业的典型代表作品之一，也是国内现存最大的明代铜铸北帝像。

　　铜像的造型为北帝端坐于高背龙头大椅上，头顶圆光，面带微笑，和蔼慈祥，身着文官彩袍，双手摆放于两膝上。有趣的是，这种手势与明永乐皇帝的画像极为相似，令人不禁想起"真武神，永乐像"的传说。北帝铜像的铸造工艺十分高超，北帝的表情自然生动，衣饰花纹的描绘精细流畅。作者极力把北帝塑造成封建帝王的模样，整座造像不留一点真武武神的影子，足下也没有龟蛇合体的惯常造型，这反映了明代随着真武地位的不断提升，真武的形象也不断文官化、帝王化。（肖海明　陈亮喜）

2　北帝武神铜像

　　祖庙正殿西侧神庵供奉的是北帝武神铜像，高0.8米，宽0.52米。据《佛山忠义乡志》卷八《祠祀》记载，灵应祠"原有铜圣像三尊"。这三尊北帝铜圣像均铸于明景泰年间，中间为两吨半重的铜铸彩绘北帝坐像，两侧神庵分别为文神形象、武神形象的北帝小铜像。

　　东侧神庵原供奉北帝文神铜像，二十世纪五十年代博物馆筹建时，转为安奉观音于此，北帝文神铜像现由佛山市博物馆保存。西侧神庵的北帝小铜像为武神形象，造型生动，工艺精湛。北帝披发跣足，安坐于铜椅之上，剑眉倒竖，目光炯炯，身穿金锁铠甲，铠甲的肘、肩及护胸均有铺首为饰。一条长蛇蜿蜒缠绕于身，北帝的右脚正踏着昂起的蛇头，右手持七星剑于腰际（剑已佚），左手挡护在胸前，食指指向天空，一副受天命、驱邪恶、施福泽的样子，威风凛凛。铜像的背后刻有铭文："祈嗣信官潘梅舍"，可知是一位名叫潘梅的信士为求子所捐奉的。

　　过去佛山民间习俗，每年均举行北帝巡游活动，把北帝请出，按一定的巡游路径于镇内各大小祠堂或庙宇轮流巡察、接受供奉，民间称之为"北帝坐祠堂"或北帝出巡。由于正殿当中的北帝铜像体量太大，不便搬动，坐镇庙中，故人们称其为"坐宫"；而北帝小铜像被请出放进特制的舆轿内，由众善信抬着出祠巡游，因此北帝小铜像又被称为"行宫"。当时的热闹场面可谓"鼓吹数十部，喧腾十余里"，蔚为壮观。（陈乐仪）

3 观音铜像

观音为佛教菩萨之一，本称观世音，唐代时因避太宗李世民名讳，改称观音，也称观自在菩萨、观音大士。佛经称其能救苦难众生，有难者只需一心向佛，诵念佛号，即能寻音往救，故称观世音。又传其能变化众多形象，故有千手千眼观音、杨柳观音、白衣观音、圆光观音、送子观音、提篮观音等等。观音本为男身，而世俗多作女相。

此尊观音铜像原供奉于与灵应祠毗邻的一座佛寺后座，这座佛寺后来改建为崇正社学。社学是学子修习学业的地方，在明天启七年（1627）修建时便改为供奉主宰功名利禄的文昌帝君，于是把观音大士迁至灵应祠内。据地方志记载，现佛山市博物馆大院内约"褒宠"砖雕牌坊前的位置，有一座建筑名为"观音殿"，这就是迁移后的观音大士安奉的地方，现在还可以在忠义流芳祠内西侧墙上看到依稀可辨的"观音殿"三字石额。史料记载，清光绪十四年（1888）该观音堂还进行了一次重修，它的荒废倒塌大概是中华人民共和国成立之前的事。建国后，文物工作者在废墟中把观音大士抢救出来，加以修复整理，重新贴上金箔，把其安放在紫霄宫东侧，让游人供奉观赏。

该尊观音铜像背后刻有一段铭文："浙江攉州府龙游县人士，今寓广东广州府番禺县泰通坊豪畔街南向居住徐叶，发心舍财，转请观音一尊，入于光孝寺中廊比园口佛堂，永远供奉，祈保徐叶合家老少平安，买卖兴隆，求谋遂意，凡在光中，全仅护祐。叶启，嘉靖二十六年九月二十七日开光。"从铭文中可以得知，观音铜像塑于明嘉靖二十六年（1547），已有四百多年历史，是番禺县善信徐叶舍财转请供奉于光孝寺的。据此也可知崇正社学前身的佛寺就称"光孝寺"。（李小青）

4 漆朴神像

祖庙内供奉的神像，除了正殿的北帝铜像和东、西侧的观音铜像、北帝武神铜像外，还有二十四尊漆朴神像。漆朴神像，又名"干漆夹纻像"，其传统工艺分几个步骤：1.根据人物造型分段用泥塑像，晾干；2.采集种植的苎麻织成麻布，用茶叶水煮至去碱，晾干后以石块压平；3.将瓦碎片磨成粉，过滤开漆；4.在泥塑外敷以苎麻布包裹，布上涂漆，一层麻布一层漆，反复八、九层，直至漆面达一定厚度，干透平滑为止；5.卸下腔内的泥塑模型，在漆面上绘制图案，再用面粉和漆揉搓成条状，贴塑衣饰图案；6.涂以熟漆二层，打磨后再涂大漆一层；7.贴上金箔，大功告成。这种夹纻造像法出现在晋朝，流行于唐代。唐时鉴真和尚将此法传至日本，据考证现存世界上最早的一座夹纻造像，就是保存在日本奈良唐招提寺的鉴真本人造像。

4

祖庙内的漆朴神像，分别陈列在前殿与正殿，其中北帝统属的天兵神将立像二十尊，另有四尊为本地城隍、土地神祇坐像。关于这些天兵神将驱魔降妖、除瘟禳灾的事迹，《北游记》中有详细记载。

如位于紫霄宫北帝像前东西侧的是雷部电母朱佩娘和月孛元君朱孛娘姐妹。传说石雷山中藏有雷神，常常现身打人。山里居住着朱氏姐妹，一日在厨间做饭，切煮冬瓜，将冬瓜籽丢在厨下沟内，被雷神在半空中看见，误以为是米饭，便责其有罪，随即行雷打死二人。后雷神细看不是饭而是冬瓜籽时，悔之不及，奏请玉帝，分别封姐妹俩为"雷部电母"和"月孛元君"。

前殿中间的四位是北帝部下的猛将，驱魔高手。西面第二位是"紫发魔王四海都巡温元帅"，《北游记》卷四记载："斑竹村有三百年灶火，百姓俱不行善，作恶非常。玉帝怒而下旨行瘟灭此村，村中有一人姓温名琼，磨豆腐为生，为人心好，土地禀明不可害他。琼往井打水，土地嘱其曰：'此水你可多取去，明日水将放药，吃了人会死。'琼大惊，心中思忖：若天降之神，明日人药于井，害却全村人。不若宁作我死，救得一村人亦是阴功。次日在井边守候，抢却土地手中瘟药吞下，即日死去。玉帝感叹，封他为'翊灵太保温将军'，赐玉环一只，琼花一朵，金牌一面，出人天门无忌，下界助师。"东面第二位的"金轮如意伏虎玄坛赵元帅"，是民间神中的武财神，本姓赵名朗，字公明。其像黑面浓须，头戴铁冠，手执铁鞭，身跨黑虎，故又称"黑虎玄坛"。相传得道于终南山，为汉代张道陵之徒，神勇异常，变化无穷，不仅有驱雷役电、除瘟禳灾之神通，还能使买卖公平和合，求财如意。

尤值得一提的是在正殿东廊虎下的"本祠住持劝善大师苏真人"坐像。据民国《佛山忠义乡志》卷十四《人物》记载："苏道士名澄辉，字碧真。明嘉靖灵应祠巫祝也，尝募新祠宇，筑照壁，殚心瘁力而疏于会计，有核其经费者，澄辉无以应也，遂郁郁而死。"后人塑像来纪念他，并奉于祠内。据传苏道士遭诬陷时，为表清白，曾于庙会酬神庆典中，搂着将要燃烧的大沙爆说："若贪污，当即爆死，若清白则无恙。"沙爆果然不发。后世流传的为表示清白的"揽大沙爆为誓"俗语，即源于此。

此处的漆朴神像为明清时期产品，具体年代不详。其中部分塑像上有"本镇承龙街杨胜合造"、"本镇杨太元塑"等款识，这些都是清末佛山雕塑行的店号，据说由他们来承办神像的修复翻新工程，款识为维修时所署。两家店在修复东、西两侧神像时，为了争奇斗艳、炫耀各自精湛的手艺，都搭起排栅罩以幕布遮掩，互相保密至全部竣工。所有神像的衣饰和面部的善恶表情不一，身体微向前倾，居高临下，气势逼人，在光线幽暗的殿内给人以神秘、肃穆、威严之感。神像的制作手法基本一致，但大小各异，分为高2.6米、1.8米、1.1米三种规格，工艺精美，反映了当时佛山地区高超的工艺水平。
（黄晓蕙　吴利平）

5 神舆

神舆，即神乘坐的轿子。灵应祠紫霄宫西侧，停放着一台木制轿子。轿子通体髹朱红漆，左右及后背挡板共镶嵌有十二块漆金木雕饰件，后背挡板饰件分上、中、下三层，上层为双蝠捧寿图案，中、下层和左右挡板的饰件均为云龙、行龙等各种形态的龙纹雕刻。轿子的前支柱分别铭刻文字："光绪岁次乙未仲夏吉旦"、"佛山

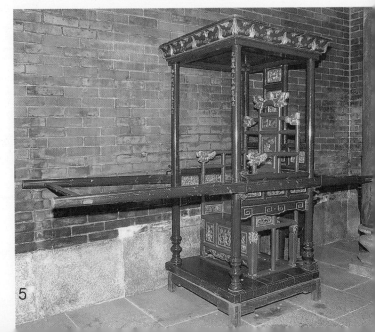

堡八图翼凤堂敬送"。

　　明清时期，佛山人构建了一套完整的神庙祭祀体系，佛山祖庙作为本地一座在创建年代、建筑规模、信仰影响等方面都处于领先地位的神庙，也有众多的祭祀活动与仪式。例如每年从正月初六日起连续八十天的"北帝坐祠堂"活动，就是把北帝从神圣的祖庙请出来，轮番抬到八图八十甲的祖祠坐堂。每年三月初三的北帝出巡，同样是把北帝请出，抬着北帝沿着事先设计好的路线前往各铺的主要神庙停銮。每次活动请出的就是供奉在灵应祠紫霄宫西侧的"真武武神铜像"，俗称"行宫"。"北帝坐祠堂"就是坐着现停放在紫霄宫西侧的木制轿子去的。北帝坐祠堂，对于佛山八图居民来说是十分重要的日子，热闹非常。在佛山现存的几种地方志中都有这样的记载："正月初六日，灵应祠神出祠巡游，备仪仗，盛鼓吹，导乘舆以出游。人簇观，愚者谓以手引舆杠则获吉利，竞挤而前，至填塞不得行。"以手引舆杠则获吉利，在百姓的心目中，连北帝乘坐的轿子都那么有灵气，难怪八图的翼凤堂如此乐意送出一台轿子。"八图"是指明代初年推行户籍制度时，佛山堡共分八图，每图十甲，入编八图的居民成为佛山的合法居民。据记载，北帝出巡只用观音铺的銮舆，而观音堂铺的銮舆早已不存在，只有北帝坐祠堂活动中，八图翼凤堂送出的神舆还保存完好，陈列在灵应祠内。这是一件弥足珍贵的民俗宗教文物，值得人们倍加珍惜爱护，使之永久留传。（李小青）

6　仪仗

　　仪仗就是"用于仪卫的兵仗"。祖庙正殿及香亭廊庑东西两侧陈列着阵容庞大的仪仗，共有三组：一组是漆金木雕宫扇形高脚牌，一组是铜铸佛道八宝仪仗，一组是"灵应祠"兵器仪仗。这些仪仗大都制作于清光绪二十四至二十五年（1898~1899），主要用途是北帝出巡时举着以壮威仪。

　　漆金木雕宫扇形高脚牌八对共十六件，是1899年由顺德李敬慎堂请广州联兴街许三友店制作并捐奉的。牌上以浅浮雕"云海蝙蝠"作地饰，周边镂雕龙凤，开光处分别有："肃静"、"回避"、"敕封灵应祠"、"紫霄宫"、"谕祭"、"玄天上帝"、"污秽勿近"、"无量寿佛"等漆金字样。其中一件"污秽勿近"高脚牌是民国三十四年（1945）补配的，估计是当时遗失了这件高脚牌，后来由"修庙委员会"组织补造。从此牌的工艺水平来看，已是大不如前了。

　　铜铸八宝仪仗原八对共十六件，"文革"期间散佚一件，现存十五件，从仪仗上所刻"保安醮"铭文可知，是为举行保佑境内平安的斋醮仪式而设。据清代光绪年间

6—1

《灵应祠接法事簿》记载，过去的灵应祠有承接举办斋醮仪式的服务，即佛山或附近顺德、花县、新会、肇庆等各地善信出资来灵应祠设场打醮酬神，称为"酬恩醮"；又有以各堂会、各街道、各铺区的名义邀请祠中大师、醮师外出举行斋醮仪式，如簪花会醮、保旦醮、人山醮、盂兰醮、闰旦醮、飞升醮、度亡超升醮、贺旦醮、保境醮、保安醮等。就清代光绪八年（1882）一年统计，灵应祠共承接大小斋醮法事二十九场。

八宝仪仗以道教"暗八仙"（扇、剑、鱼鼓、玉板、葫芦、箫、花篮、荷花）

和佛教"八吉祥"（轮、螺、幢、伞、花、鱼、罐、结）相配成为八对，每件仪仗的造型都是一道一佛，颇具特色。八宝仪仗纹饰中佛道法器的有机交融，也体现了祖庙具有广泛的包容性。

"灵应祠"兵器仪仗原三十七对共七十四件，"文革"期间散佚一件，现存七十三件，由著名的佛山中成药老字号马百良捐送。兵器包括刀、枪、剑、戟、棍、棒、槊、斧、钺、铲、钯、鞭、锏、锤、叉、戈、矛等多种造型，制作十分考究。仪仗的铭文有"省城仁兴造"和"省城天平街钜成店造"两种，由此可知马百良是聘请了两家店铺同时为"灵应祠"铸造兵器仪仗，因而庙内的兵器仪仗有两种不同的艺术风格，这也算是当时铸造工艺的一次大展示。（张雪莲 王晓燕）

7 北帝玉玺

祖庙正殿神龛旁朱红色的印台上，放着一枚用黄绸包裹着的玉制大印章，相信每位游客都想看看那代表着北帝至高无上权力的玉玺之尊容。

祖庙灵应祠内的北帝玉玺长12厘米，宽11.9厘米，高5.7厘米。玉材产自我国新疆，玉质细腻，色泽纯青，重950克。正面用阳文篆刻"灵应上帝之宝"六字，龟蛇纽，作两蛇争一龟状，龟背刻有"寿"字。在龟蛇纽右方刻"岁在乙亥"，左方刻"林沛堂敬"。据民国《佛山忠义乡志》卷十六《金石》记载："（玉玺）无年号，《康熙庙志》亦收此宝，当在前明时代，'林沛堂敬'四字应是施主或刻工姓名。"按玉玺上记年为乙亥，那么其制作时间最晚也在明崇祯八年（1635）。北帝玉玺已被定为国家二级文物，由佛山市博物馆珍藏。（陈渭圆）

8　北帝令旗与玉玺架座

北帝作为司水之神，历代备受尊崇。传说中北帝的形象为黑衣、披发、仗剑、跣足，从者执黑旗。由于宋明以来一些帝王对北帝特别推崇，给他加上了不少显赫的名号，如宋代称之为"佑圣助顺真武灵应真君"，明代称之为"北方真武玄天上帝"等。祖庙正殿紫霄宫内的令旗架座与玉玺架座是专为北帝定做的。

令旗架座——漆金木雕，呈方形，四柱浮雕盘龙，架座插黑色令旗数支。据方志载，明正统年间黄萧养攻佛山，佛镇耆老乡民出迎而战。交战间，常有群蚊集结成旗状，飞舞于树梢，似在摇旗助威，人们认为这是北帝显灵的征兆。

玉玺架座——紫霄宫内的玉玺架座上原有北帝玉玺一方，印文为"灵应上帝之宝"。架座纹饰精美，刻"玉虚宫"铭文。

令旗架座与玉玺架座皆以梯形多层镂空漆金木雕座饰为承托，主体内容分为两层，上层是"金銮殿"故事人物，下层是山林隐逸、福禄麒麟、梅枝喜鹊等瑞祥之物。从架座刻文可知这是清光绪二十五年（1899）由善信蔡烜塘出资，延请佛山高基街木雕行店铺"成利店"制作后捐送于祖庙的。（张雪莲）

9　正殿悬挂的铜吊灯

在灵应祠正殿的紫霄宫神龛前，悬挂着一组颇具特色的铜铸吊灯，按照从东到西的悬挂方位，依次为：

一、"灵应祠"铜福禄寿双龙吊灯。吊灯上部是一只展翼的蝙蝠，蝙蝠含环，环的作用是衔接中部的饰件。饰件左右为奔鹿，与团寿、金钱等纹饰组成片状，正面有"灵应祠"三字，背面卷书型图案内有"光绪己亥伍崇俭堂"字样。下面是两条相对的游龙，两龙头之间以铜环

9—1　　　　　9—2　　　　　9—3

相接，铜环上原放置玻璃盅，善男信女祈求神灵后，往往要为北帝添香油，香油就直接添在玻璃盅内。实际上香油是由庙内管理香火的庙祝定时添加的，信士们只需把香油钱放在功德箱就可以了。

二、福禄寿吉祥图案双龙吊灯。吊灯上部是一件如意状的饰板，饰板上刻有人物、瑞兽、祥云、金钱、盘长结等图案。左右两端有两根盘龙柱子，下面是一个网兜，网兜原承托着一个玻璃缸，缸里可放置油灯。

三、"灵应祠"梅枝树头形吊灯。吊灯上部是双鹿伴日的造型，有"灵应祠"三字刻在祥云装饰上，左右两端下垂的是梅枝、树头、荷莲等组合形状，利用梅花的花朵作为灯盏，下面用铜环连接并承托油盅，铜环上有"文裕后堂敬"字样。

历史上祖庙在佛山本地人心目中有着非常崇高的地位，士、农、工、商各行各业人士，都把祖庙及其供奉的北帝作为护佑自己的神灵。因此当清光绪二十五年（1899）祖庙重修时，各行各业都争相向祖庙捐赠各式精美的祭神物品以表敬意。这些精致工艺品的图案、纹饰、造型等，都有着寓意吉祥如意的内涵，代表了当时佛山民间工艺的最高水平。（李小青）

10　北帝座前铜香炉

在祖庙正殿中央北帝铜像前的红沙岩石雕神案上和紫霄宫神龛内，一前一后放置了两个铜香炉。

红沙岩石雕神案上的铜香炉为桥耳、丰肩、圆腹、三足。正面刻有铭文："陕西延安府同知彭沃，系广东直隶罗定村人，虔铸铜香炉一座，计重壹佰贰拾

10

11

伍斤，敬献于佛山镇玄天上帝殿前永远供奉，以垂不朽。乾隆十年三月吉旦广城何万盛铸"。"光绪辛卯十七年秋季定安堂重修"。"己亥岁定安堂重修"。在祖庙的铜铸器物中，万盛炉铸造的铜器有多件，以此香炉的铸造年代为最早，并且由铭文可知万盛炉业主姓何。

紫霄宫神龛内的香炉圆形、撇口、深腹、高圈足，腹部有狮首耳。香炉为佛山"黎永利店"所铸，正面刻有双钩楷书"灵应祠，光绪岁次乙酉季秋下浣谷旦"铭文，背面刻有周沛远、吴耀生、香善记、林三槐堂等参与灵应祠修缮的人名、店号名或堂号名共六十六个。（张雪莲）

11　夔龙蝉翼纹三足铜鼎

祖庙正殿有一套夔龙蝉翼纹三足铜鼎，一大两小共三件。大的一件通高 1 米、直径 0.71 米，小的两件均通高 0.86 米、直径 0.62 米。虽然它们的体量大小不同，但造型、纹饰、刻款完全一致，均为立耳平唇，折沿深腹，三足圆直。在口沿下方有一周夔龙纹，腹部蝉翼纹均匀分布，口沿刻有"光绪己亥年值事重修本镇协成造"铭文，足部刻有"弟子谢铎供奉焚香"铭文。

根据器物铭文可知，这套铜鼎是清光绪二十五年（1899）灵应祠大修时，由信士谢铎出资延请佛山著名铸造店号"协成"设计制作后捐置于庙内。现在，大的一件用来供奉位于正殿中央的北帝铜像，小的两件就是位于正殿东、西两侧的观音铜像、北帝小铜像的供器。（张雪莲）

12　大铜钟

祖庙三门东侧的大铜钟，铸于明成化二十二年（1486），造型古朴，线条简练，是佛山现存年代最早的古钟之一，见证了佛山铸造业的辉煌。

钟呈喇叭形，高 1.5 米，口径 1.07 米，厚 0.07 米，重量为 1700 余斤。钟体以泥范法铸造，钟纽则为失蜡法铸造，龙形钟纽，龙身饰有云纹，制作精细。钟肩一周饰有莲瓣纹，钟身下方有四个圆形撞击点。钟身刻有铭文："广东广州府南海县西淋都佛山堡合乡善信，舍财买铜壹千柒百斤，铸造洪钟壹口，在于本乡灵应祠永远供奉。大明成化二十二年岁次丙午季春吉旦识。"过去，每当祖庙举行祭祀典礼时，便用木槌撞击此钟，声音洪亮，传扬悠远。（黄玉冰）

13 大铜镜

放置在祖庙前殿拜石上的大铜镜，是明嘉靖十九年（1540）由佛山制镜行出资制作的。铜镜直径1.33米，周长4.14米，形制巨大，质地纯净，镜面光滑平整，宝光可鉴，是国内现存最大的古铜镜。民国《佛山忠义乡志》卷十六《金石》描述该镜为："铜质坚光，为庙中重器。"

铜镜本呈圆形，因为镶嵌在方形木座架中，镜的周边藏于架内，所以现在看到的铜镜呈八角形，与道教八卦图案相类似。镜架正面的四周木框上均有楷书刻文，上刻"天鉴在兹"四字，下刻"光绪己亥值事重修"，左刻"镜行喜认开光并屡年光明"，右刻"此镜始于嘉靖庚子修于乾隆己卯"。镜背也铸有铭文："嘉靖庚子年孟夏吉旦立"。从这些铭文来看，此镜最早制于明嘉靖十九年（1540），经清乾隆二十四年（1759）和光绪二十五年（1899）两次重修。过去每年都由磨镜行来打磨铜镜。该镜设于前殿，功能是作为天鉴（天镜）来使用，也让进庙参拜的人们肃整衣冠，虔心拜祭。
（李婉霞）

14 "灵应祠"狮纽盖铜鼎炉

"灵应祠"狮纽盖铜鼎炉，作为灵应祠祭祀彝器之一，陈列在前殿与正殿之间的香亭中。

鼎炉由镂空狮纽盖、刻花炉身、云龙纹炉垫三部分组成，通高2.3米，重约一吨。盖纽为狮子滚球，球体以金钱图案作镂雕，球体

可转动，盖身正面饰镂空福寿纹，左右两侧饰镂空花卉纹，背面是一道活动的门，可以方便投放燃烧的金银元宝之类，其余部位饰花卉、双喜、寿字纹。炉身造型为折沿、直颈、鼓腹、三足，肩部左右立耳与口沿部位相接，耳端蹲一小狮，鼎炉下腹以三狮首含胫为足，并以云龙纹炉垫承载炉身，炉垫正中铸云水龙一条，龙体像出水腾云，栩栩如生。鼎炉造型稳重美观，线条雅致流畅，纹饰布局精巧，体现了清代佛山工匠高超的铸造工艺水平，尤其是狮子滚球盖纽更具匠心。

炉身正面铭文为"灵应祠"三字，上款"光绪二十五年仲冬谷旦"，下款"阮

14

15

时和堂敬送"，炉身背面铭文为"省城天平街仁兴店铸"、"省城竹栏门内李义益作"。 从炉身的铭文再结合地方志记载，可以得知，鼎炉是清光绪二十五年（1899）灵应祠重修时，由本地著名的中成药店铺"阮时和堂"捐奉的。佛山是岭南中成药发祥地，历史上祖庙多次大修缮都有中成药老铺的捐赠与赞助。阮时和堂创建于清咸丰年间，以创制"午时茶"驰名海内外，其创始人阮朝龙因"善治金创"，治活伤者无数，得到官府旌表，授以"生华佗"匾额。阮时和堂的第二代传人阮国器于光绪初年捐巨资倡设省城广济医院，此外还赈灾、平粜、办善堂、广施济。炉身还刻有"省城天平街仁兴店铸"字样，仁兴店号虽在广州，其铸造工场则设在佛山，故该炉应是佛山的产品。因此，这件"灵应祠"狮纽盖铜鼎炉不但是研究佛山铸造业和工商文化的珍贵实物，也是研

究佛山中成药历史的重要物证。（李小青　何绍鉴）

15　兽足兽环耳三足鼎炉

在正殿紫霄宫东西两侧神龛前，分别存放着一只兽足兽环双耳三足鼎炉。这两只鼎炉是光绪二十五年（1899）"省佛一字铜行端本堂敬送"的。整个鼎炉用产自云南的铜加工铸造而成，鼎口有一圈凹凸感明显的"回"字形纹饰，鼎身刻有寓意吉祥幸福的福鼠、金钱、鲤鱼各一对，还刻有富贵牡丹图案，工艺精细。鼎炉的三足上部铸成瑞兽模样，神态生动。（万　涛）

16　兽环耳三足铜香炉

正殿东西两侧观音铜像和北帝武神铜像神龛前，各陈设着一件兽环耳三足铜香炉。北帝武神铜像前香炉铭文为："灵应祠"、"光绪己亥"、"文裕后堂敬奉"、"炭街黎协成造"。观音铜像前香炉铭文为："灵应祠"、"光绪己亥"、"王崇俭堂、伍贻燕堂敬奉"、"黎协成造"。炭街位于现升平路附近，当年升平路一带商铺林立，是佛山最繁华的商业街区。明清时期佛山冶铸业相当发达，祖庙内现存的一百多件精美的铜、铁、锡冶铸艺术品，就是当时佛山冶铸业盛况的历史见证。（万　涛）

16

17　紫霄宫铜烛台

祖庙正殿紫霄宫神龛上的北帝铜像前，陈列着两对铜铸烛台。其中的一对呈凤凰造型，凤首回眸，高托圆形烛柱，神情悠闲，形态优美。这对烛台是本地店号"文裕堂"在清光绪二十五年（1899）大修灵应祠时敬奉的。烛台座左右刻有铭文，左刻"灵应祠"，右刻"文裕后堂敬奉，光绪己亥协成造"。这对凤凰宛如一对忠实的卫士守护在北帝的座前。而另一对则是狮子造型的铜烛台，圆形烛柱承于狮背之上，生动传神。其中一座是雄狮踏绣球造型，威风凛凛；

17-1　　　　　　　　　　　　　　　　　　17-2

另一座的雌狮则慈祥地与小狮玩耍，温情万状。烛台上刻有铭文"灵应祠"、"顺邑罗锡福堂敬奉"。狮子乃驱邪祈福之吉祥物，故许多祠堂庙宇或富豪宅第的正门两旁都会安放着石质或铜质的狮子以作守卫。（汤兆红）

18　朱红漆金木雕神案

朱红漆金木雕神案陈列于祖庙正殿四尊漆朴神像之间。神案木制，高1.1米，长3米。案面平而两端上翘，案身主体纹饰以九块镂空漆金木雕镶嵌而成，分上下两层，上层五格纹饰分别是老君传道、鱼跃龙门、凤凰瑞兽等吉祥图案，下层四格纹饰，自左至右分别为花鸟、宝鸭穿莲、梅枝喜鹊和双凤牡丹。神案的嵌角为双龙卷草纹浮雕，裙板浮雕为对称的龙、狮图案，案足浮雕龙首及草龙纹。神案的背面浮雕八仙故事人物四组，神案的两侧为线雕香炉、花觚图案。整座神案造型稳重，雕饰精美，所有图案漆以金箔，与留白部分髹朱红漆形成色彩对比，华丽而不艳俗。这座神案是清雍正七年（1729）由佛山汾水铺聚源布店陈文卫、陈天成捐送给祖庙的，也是庙内现存制作年代最早的木雕神案。（张雪莲）

19　正殿铜五供

"五供"是流行广泛的一种宗教祭器，包括香炉一只、花瓶一对、烛台一对，一套共五件。"五供"过去多由铜铸成，后也用铁、锡、石、陶等材质。

铜五供祭器陈列于祖庙正殿四尊漆朴神像之间的朱红漆金木雕神案上，通高1.2米，总重420斤，是清嘉庆十三年（1808）由"省佛宣炉行"宝盛店、有盛店、顺盛店、万盛店、和盛店、怡盛店、利盛店七家店号合资捐送的。五供纹饰丰富，造型精美。香炉腹部四面开光，正、背两面各有四仙，合为八仙，左右是福禄寿和天姬送子、状元及第图案。烛台纹饰以蝉翼纹和夔龙纹为主。花觚的上下两层也为蝉翼纹，腹部四面分别是爵禄封侯、双凤朝阳、宝鸭穿莲和松鹤延年等吉祥图案。从香炉口沿的刻记可知，清咸丰元年（1851）怡盛炉店、有盛炉店、联盛炉店、茂盛炉店、协盛炉店、万盛炉店等八家炉店和清光绪二十五年（1899）广盛炉、仁兴炉、钜成炉、利源炉、协成炉、永盛炉、元和炉、隆昌炉、广和炉九家铸造炉号参与了北帝庙的重修。五供铭文所反映的清代嘉庆到光绪年间广州和佛山宣炉行铸造店号的历史变更，为研究广东和佛山铸造业的发展提供了有力的实物例证。（张雪莲）

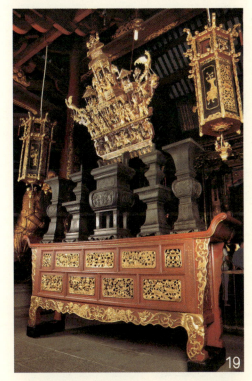

20 正殿锡五供

陈设于祖庙正殿神案上的锡五供一套共五件，香炉一只，烛台一对，花瓶一对。据文献记载，明清时期佛山铜锡业颇为发达，铜锡器"为本乡特有工艺，业此者多肇属人"，"锡器全恃模型打制，约十多家"。打制的薄铜锡片经过锤击成型，或模压成型，然后通过錾、刻、雕、批、镶嵌等各种工艺，进行装饰加工。祖庙正殿的这套

锡五供，通高1.75米，器形高大挺拔，造型古朴端正。除香炉四足以兽首装饰并刻有铭文外，其余四件皆为素面。尽管如此，仍可看出该套五供制作精良，代表了当时佛山铜锡业工艺的水平。

香炉正面所刻铭文为"灵应祠，昔有歹徒，盗卖供器，法网难逃，神人共弃，垂诫来兹，是以为记，修庙委员会谨识，中华民国三十二年十月"。炉侧还刻有"佛山西便巷何源利造"铭文。由此可知，祖庙正殿原供奉的祭器被歹徒盗去，此套为民国时期佛山铸造的产品。二十世纪四十年代初，祖庙曾进行过一次维修，正殿的这套锡五供正是这次维修时铸造的。（黄晓蕙）

21 观音像前铜五供

祖庙正殿东侧观音像前神案上，摆设了一组铜铸狮纽八卦盖五供祭器，通高0.75米。中间的香炉是撇耳方形四足炉，配狮子踏金钱球纽镂空八卦纹盖，炉颈部正面刻有双钩楷书"观音殿"三字，炉腹刻有"光绪廿五年孟冬"、"江南帮汪明德堂敬送"、"省城天平街钜成店造"、"江南汪张氏敬奉"等铭文。两侧烛台方形，由烛柱、承盘及烛座三部分组成，专为点烛之用。最外两侧花瓶为方觚造型，里面通常插有鲜花。五件器物的底座均以四朵如意折角为四足，显得端正稳重。这套五供祭器是清光绪二十五年（1899）由在佛山经商的江南帮汪明德堂，到广州天平街钜成店订铸后捐奉于观音殿内的。（张雪莲）

22 "钜成店造"镂空铜花篮

在灵应祠前殿正中，悬挂着一个铜制花篮。铜花篮经历了岁月风霜的侵蚀，显得有点残缺了，承托花枝的盘有点歪斜了，一些附属的饰件也缺失了，但细心观赏，就会发现这些小缺陷仍掩盖不了铜花篮原本精致的工艺。

铜花篮通高0.65米，宽0.8米，分为上、中、下三部分。上部是一个近似六角形的覆莲罩，从六角的方向各伸出一个龙头，每个龙头都含吊着磬形的镂空饰件，磬形饰件下吊着一个别致的小花篮，小花篮下又吊着一个小铜钟。正中一只蝙蝠含着花篮的提梁，把花篮的整体悬挂起来，提梁以盘龙装饰而成。中部是承载花枝的六角形托盘，托盘外观为六组镂空花卉图案。几座式、镂空图案的下部是花篮的主体部分，六组镂空图案是宝鸭穿莲、梅枝喜鹊、花卉鸟兽等，都是寓意吉祥的图案，其中相对位置的两组图案则分别以卷书形、扇形作为落款文字的装饰，上款为"省城天平街钜成店造"，下款为"新记行敬送"，还有干支年款，但已模糊不清。

钜成店是当年省城一家颇为著名的铸造店号。灵应祠内陈列的铜铸工艺品，如北帝像前的铜香炉、铜鼎，正殿东西两侧摆设的铜仪仗，大多都是钜成店制作的。历史上，佛山祖庙经历过规模不等的数十次维修，而距今时间最近、规模较大的维修是在清光绪二十五年（1899）。现在庙内装饰陈设的木雕、砖雕、石雕、陶塑、铜铸件等各类工艺品，大多都是这一年佛山各手工行业的杰作。而这只铜花篮，虽然岁月的风霜模糊了它的年款，但可以肯定，它同样是清光绪二十五年为捐赠给灵应祠而制作的。（李小青）

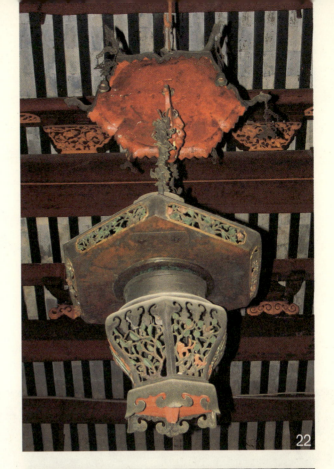

23 漆金木雕彩门

彩门是悬挂于厅堂的装饰物，它的作用与屏风相仿。在祖庙的前殿和正殿内，各悬挂着一件漆金木雕彩门。

祖庙前殿的漆金木雕彩门呈花篮状，为漆金樟木镂空多层高浮雕，中间主体纹饰分上、中、下三层。上层是楼台故事人物。中层雕刻人物二十七个，故事题材是"赵美容伏飞熊"。传说赵美容是北宋太祖赵匡胤之妹，武艺超群，只身降服了外国使臣进贡的猛兽"飞熊"，令窥伺中原的外敌为之丧胆。作品刻画的各中原大将精神抖擞，威风凛凛，而外国使臣则作躬身状，被打翻在地的"飞熊"也貌似外国人，作者以大胆的拟人手法表现反帝爱国的精神。下层人物故事为"夜战马超"。彩门两侧上端各雕一只凤凰立于松树枝头，并吊饰八角小花篮。从刻有"光绪己亥仲冬"、"佛山黄广华造"的款识来看，这是清光绪二十五年（1899）佛山著名木雕店号黄广华的作品。

陈列于正殿的漆金木雕彩门与前殿彩门形状大体相同，内容题材则有所区别，上层为"擂台比武"人物故事，中层雕刻"魏仇伏貘"人物故事，下层人物故事似为"夜战马超"，是清光绪二十五年（1899）佛山承龙街木雕行"合成"店号的作品。（张雪莲）

24　前殿漆金木雕神案

祖庙前殿陈列着一座漆金木雕神案，是光绪二十五年（1899）由"佛山镇承龙街黄广华"店铺制作的，为柚木镂空多层高浮雕。神案上层刻有"荆轲刺秦王"的故事，正中为"图穷匕现"的场面，下层刻有"李元霸伏龙驹"的传说。故事中的李元霸是唐高祖李渊的第四子，被誉为隋唐第一好汉。传说当时某番邦向唐朝送来一匹烈马——龙驹，声言如果唐朝有人能降伏此马，则甘愿俯首称臣，否则就要入侵唐朝边境。元霸听后大怒，当殿降伏了龙驹，使唐朝免遭侵略。作品中最引人注目的是用胡人来隐喻洋人，刻画了几个深目高鼻、身着燕尾服、头戴高礼帽的洋人，有的作献表状，有的跪地求饶，

有的被打翻在地，充分反映了鸦片战争后佛山人民对帝国主义侵略者的痛恨。更为奇妙的是1958年维修该神案时，还发现正中木雕小匾裱糊的"金銮殿"三字下面刻有"大明江山"四字，明显带有"反清复明"的思想。此外从木雕旗帜上的"李"字来看，又很易使人联想到清咸丰四年（1854）爆发于佛山的、以"反清复明"为口号的粤剧艺人李文茂领导的红巾军起义。

这座漆金木雕神案是清光绪二十五年（1899）祖庙大修时由银行如意堂敬奉的，神案集思想性、艺术性于一体，堪称佛山木雕艺术的珍品。（邹文平 肖海明）

25 正殿漆金木雕神案

陈列在祖庙正殿的漆金木雕神案，是清光绪二十五年（1899）祖庙大修时，由本地商业行会之一的平码行敬奉的。平码行是经营粮油杂食的商号，专门代理外地运销佛山的粮油销售，由于佛山的粮油杂食对外依赖性很大，因此当时该行业颇具规模，其行会称为"光裕堂"。承制该神案的是清末佛山承龙街著名木雕作坊成利店。

漆金木雕神案由上下两部分组成。上部雕刻的人物故事为"竹林七贤"。故事内容说的是魏晋年间，文人名士嵇康、阮籍、山涛、向秀、阮咸、王戎、刘伶七人，相与友善。他们看透了时局的险恶，隐居不问世事，闲聚竹林，或醉饮弹琴，或赋诗咏怀，以发泄愤懑之情，时人号为"竹林七贤"。下部雕刻的是"薛刚反唐"历史故事。薛刚反唐的历史题材在粤剧剧目中名为"偷祭铁丘坟"。清咸丰四年（1854），粤剧艺人李文茂率领红船子弟积极响应太平天国运动而发动起义，后遭到清廷的残酷镇压，许多艺人被血腥屠杀，牺牲的艺人被掩埋于佛山市郊蒙清岗，墓地亦以"铁丘坟"作记认。木雕艺人正是借薛刚偷祭铁丘坟来抒发人们对粤剧艺人的缅怀之情，以烘托"为民除害"的主题，表达他们对李文茂起义的歌颂之情。（李小青 张月婵）

26 "灵应祠"木雕神案

祖庙在历代修缮中，佛山地区以个人或行业名号捐资赠物者不计其数，使祖庙得以集地方工艺之大全，享"东方民间艺术之宫"之美誉。

陈列于前殿的"灵应祠"木雕神案，是清光绪二十五年（1899）由驻设佛山的"福建莲峰纸行"中的广发行、怡盛行、福吉行、生和行、怡生行、泰兴行六家店号共同出资，延请位于莺岗（今建新路钻石苑附近）的"用和"木雕铺设计制造后捐送庙内的。

这座木雕神案昔日作盛放牲畜、果品等祭祀物品之用，正面"灵应祠"三字上现有许多小孔，可以想见当初曾有过精美的镶嵌装饰。四周雕饰纹样丰富饱满，华美秀丽。前后两面的图案相同，"五蝠捧寿"位于当中，两边对称饰以"瓜瓞绵绵"和"吉祥如意"。两个侧面的图案也相同，皆为"太少狮子戏金钱"。案的四足雕刻成四条鳌鱼张口连接案身状，独具创意。

清代佛山商贾云集，百货充盈，为岭南重要贸易集散地。福建的纸行商人汇聚佛山营商，以同乡同行之谊设"福建莲峰纸行会馆"于长兴街39号。1921～1935年，"福建莲峰纸行会馆"曾用作佛山精武体育会的会址，这也说明了外地客商在思想上已接纳了佛山的地方文化，关心、支持当地的慈善事业和体育事业。（张雪莲）

27 朱漆木雕神案

祖庙灵应祠内，有多张规格不一、工艺各异的木雕神案，这些神案大都是清光绪二十五年（1899）祖庙修缮时各行各业的捐赠品。这里介绍其中一对朱漆木雕神案。

正殿香亭东西两侧分别供奉着两位尊神，在神座前面，各放置了一张朱漆木雕神案。神案长1.76米、宽0.55米、高1米，古朴浑厚，通体髹朱红漆，图案部分髹黄漆。神案正面有落地裙板，裙板雕满梅枝喜鹊、人物故事、吉祥瑞兽、平安如意、富贵金钱等图案，裙板

左右边沿刻有"光绪二十五年岁次己亥孟冬吉旦、沐恩弟子朱炳昌敬送"字样。从神案的大小规格以及两侧和背部都设有裙板的形式来看，此神案是特为放置在这四位尊神座前而制作的。

佛山素有岭南中成药发祥地之称。朱炳昌是佛山中成药祖铺老字号之一，创立于清乾隆年间，铺址位于黄伞巷，所制成药有甘露茶、宁坤丸等，品种繁多，尤以甘露茶名噪一时，产品行销珠江三角洲、香港、澳门等地。（李小青）

28 漆金木雕六角宫灯

在电灯还没有使用之前，祖庙殿内主要靠多组的宫灯点上香油来照明。这些宫灯大多数以酸枝木组成六角支柱灯架，各支柱之间镶嵌玻璃，光线透过玻璃映照殿堂。经过岁月的洗礼，庙内大部分的宫灯已残缺支离，逐渐被新制作的宫灯所代替。清光绪年间制作的、一直悬挂至今的宫灯，在庙内目前仅存两对。

其中一对宫灯悬挂于正殿彩门两侧，通高1.55米，呈六角形，漆金木雕。灯体分上下两层：上层顶板六角饰夔龙，六条梅枝形圆柱将灯体折分为六面，三面为浅浮雕暗八仙纹饰，三面镂空海棠形开光；下层六面装饰，三面为浅浮雕博古花卉，三面镂空博古夔龙纹饰。其外柱一座宫灯为盘龙柱，另一座宫灯为盘凤柱，寓意龙凤呈祥。底板贴海水纹藻井，当中吊一六角形花篮，篮上满载石榴和鲜花，寓意子孙满堂、幸福和美。宫灯虽无纪年，从其造型及雕刻工艺来看，应为清代光绪年间作品。

另一对漆金木雕六角宫灯悬挂于前殿彩门两侧，通高1.22米，制作工艺精细，灯体分上下两层：上层以六条梅枝形内柱折分为六面，每面有上下两层镂空浮雕天幕，天幕内云鹤与秀竹组成圆形的开光，在开光处镶以玻璃（已残缺），六折角的外柱雕有六位站立着的洋人模样的天使，天使双手举瓶，连接从顶板伸出的飞凤；下层以六条缠枝花卉圆柱同样将灯分成六面，各柱下端雕龙头为饰，下层六面有两层镂空几何纹开光，开光处镶红彩玻璃，在残存的玻璃上仍见"联胜社敬送"字样。灯下吊一展开成扇形书卷，其上刻："光绪二十五年岁次己亥孟冬吉旦，本镇承龙街黄广华造"。

显然，这对宫灯是清光绪二十五年（1899）联胜社出资，延请本镇著名木雕行店号黄广华制作后捐给祖庙的。黄广华店作品的艺术性与思想性，从前殿的漆金木雕神案已有所体会。这组宫灯的上凤下龙布局是否对光绪年间慈禧太后把持朝政的时局有所隐寓呢？确实值得人们深思。（张雪莲）

29　镂空双面木雕大座屏

陈列在祖庙前殿的镂空双面木雕大座屏，是清末具有典型佛山木雕艺术风格的作品。该座屏为方形，通高2.78米，宽2.58米，方形边框内的图案由三块大樟木镂雕拼接而成，双面镂空雕刻，正、背面图案一致。

座屏采用外方内圆的设计布局。正中圆形主图案为三狮戏球，一头雄狮威武雄壮，两头幼狮灵动可爱，周围配以山石、柳树、芝草、鹤驾祥云、燕鹊成双等图案。尤其是三头狮所戏的"绣球"，采用金钱纹双层镂空雕刻，里层可以灵活转动，工艺精湛，充分体现了清代佛山木雕艺人的聪明才智和高超的艺术水平。屏风圆形主图案的正上方雕刻一只开屏的孔雀，寓意富贵平安。屏风上部有多只蝙蝠穿梭于梧桐树间，梧桐圆润古拙，枝繁叶茂，精美绝伦。下部为"加官进爵"故事人物，人物面带微笑，眉目慈祥，洋溢着喜庆祥和的气氛。蝙蝠、文官和文官手中所捧的灵芝合寓福、禄、寿之意。屏风的下端开光内是"风尘三侠"的故事人物。整个座屏造型稳重大方，题材丰富，布局巧妙，雕刻手法洗练粗犷，线条流畅，在大刀阔斧中又不失精细刻画的工夫，确属佛山木雕中的精品。（李惠玲）

30 "风调雨顺"大铁鼎

祖庙前殿香亭陈列着一件大铁鼎，通高2.7米，最大直径1.41米，口径0.95米。鼎身由三段分铸套合而成，直口、束颈、鼓腹，以三兽首含胫为三足。铁鼎口、颈部饰有蕉叶纹，口与肩部以双銮连接作耳，双耳上半部分稍外撇，耳内侧分别铸有"风调雨顺"、"国泰民安"铭文。鼎的下半部分呈半圆拱形，以镂空金钱图案作装饰。该鼎浑然一体，气势非凡。据鼎身铭文记载，此鼎始铸于明万历十六年（1588），因日久废坏，清康熙九年（1670）和嘉庆六年（1801）曾经两度重铸，现在所见的大铁鼎，是清嘉庆六年佛山冶铁业著名店号"万明炉"重铸的，铭文刻记了参与捐修的缘首、绅士、耆士、信士等一百六十八人，是研究佛山历史的珍贵资料。"风调雨顺"大铁鼎作为佛山冶铁的代表作之一，让人们能直观地感受到佛山冶铁业的鼎盛与辉煌。（程 宜）

31 铁磬

祖庙正殿东廊的黑漆木架内，悬挂着一个精美的铁磬。它造型古朴，文饰秀丽，静静地挂在那里，见证了多少人间的沧桑。

磬一般分为两种：一种用铜铁等金属制成，是佛寺或道观用来召集僧人或道士

的鸣器；另一种用石或玉雕成，按大小不同编组，悬于架上，击之而鸣，发出高低音调，是古代乐器的一种。祖庙正殿所看到的铁磬属于前者。

由于铁磬的形状像一朵云，所以也称为"铁云板"，是清乾隆二十四年（1759）佛山铸造的，保存相当完好。磬高0.54米，长1.16米，厚1.5厘米。磬的正面满布花纹，中心是一个椭圆形的"寿"字，在"寿"字的两旁雕刻了一对正在飞翔的蝙蝠，寓意"福寿"吉祥。蝙蝠的下面是一对穿梭于云间的飞龙，双龙正在戏耍着椭圆形的"寿"字龙珠，周围衬以简练的云纹图案，使整个铁磬构图精妙，栩栩如生。磬的背面铸有"大清乾隆己卯吉旦"铭文。（黎顺珍）

32 "大梵宝殿"铁方鼎

与祖庙内众多的圆形鼎炉相比，灵应牌坊前的一个铁方鼎显得独特而古雅。鼎呈长方形，通高1.3米，宽0.81米，双耳外撇，直身四角出棱，腹底四边飘檐。足部四条鳌鱼张口连接炉身，鱼尾外翘支撑成四足。方鼎纹饰丰富精美，双耳内侧为浮雕石榴，外侧为镂空双螭花卉，鼎身两边饰莲花蕉叶，正面为双龙戏珠图案。背面刻有铭文："嘉庆拾玖年岁次甲戌仲秋吉旦，沐恩信妇蔡门麦氏敬送聚宝炉壹座，重五百余斤，在于大梵宝殿永远供奉，万聚老炉造。"万聚炉是清代佛山著名的铸铁店号，而大梵宝殿应是佛教庙宇。过去佛山地属南海，寺庙林立，有"顺德祠堂南海庙"之说，该铁鼎显然不是祖庙的原物，而是从佛寺中迁来。"大梵宝殿"铁方鼎对研究清代佛山佛教寺庙和铸造业的发展具有重要价值。（张雪莲）

33 龙纹兽足大铁鼎

位于祖庙孔圣园孔子像前的龙纹兽足大铁鼎，通高1.2米，口径0.8米，腹深0.7米，重500余斤。铁鼎总体形状为：圆形，立耳，深腹，兽首含胫三足外撇。铁鼎两耳内侧铸"暗八仙"之宝扇图，口沿饰缠枝花卉。腹部主体纹饰四面开光，两侧分别是莲花图和牡丹图，正面为鱼龙图，画面上一条鲤鱼跃出海面，旁边有一条龙，相传鲤鱼跳过龙门，便可化鱼为龙，此图虽然没有龙门，但描绘的理应是这一传说。鲤鱼与龙的造型传神逼真，显示了工匠们丰富的想像力和高超的铸造技艺。从鼎腹背面铭文可知，此鼎于清嘉庆二十一年（1816），由罗广远、罗文球等五十多名善信出资铸造，捐赠给洞天宫（今禅城区钻石苑附近）中的十王殿供奉。二十世纪五十年代末，此鼎由佛山市博物馆征集。（曾冠军）

34 "海隅永赖"三足铁鼎

"海隅永赖"三足铁鼎现存放于孔圣园孔庙石碑旁，鼎高1.28米，宽0.95米，平唇折沿，丰肩圆腹，兽首含胫三足，造型古朴典雅。鼎身遍布纹饰，有"海隅永赖"、"恩威普遍"铭文和云水龙纹图案，寓意恩泽德威遍及四海。

根据该鼎颈部所铸铭文，可知为清嘉庆二十三年（1818）由佛山龙华汇糙米行万源店、和昌店、正居店、恒和店、利益店、厚隆店、盈丰店、吉丰店、江

益店、新万昌、悦隆店、胜聚店、应昌店、福隆店、安源店、张和昌、厚丰店、恒泰店、浩昌店、生昌店、李广居、厚昌店、丰源店、协隆店、新万益、崔东利、同安店、昌记店、裕隆店、联昌店三十家店号出资，请佛山著名铸户"信昌老炉"铸造，捐奉于真君庙道里真君康元帅、景祐真君张元帅座前，清同治十年（1871）重修。

据史料记载，清代佛山共建有六处真君庙，香火极盛，其中位于大基头华康里的真君庙修建于清嘉庆二十三年（1818），与该鼎始铸年代相符。此鼎于二十世纪六十年代由佛山市博物馆征集，铁鼎上所铸的龙华汇糙米行三十家店号为研究清代佛山米行商贸发展提供了重要资料。（高天帆）

35　佛山铁炮

祖庙"褒宠牌坊"正面的东西两侧各安放着一尊长约3米的大铁炮。西面铁炮1974年出土于东莞虎门要塞旧址，炮身铭文："新式炮重五千斤，钦命靖逆将军奕、参赞大臣齐、太子少保两广总督部堂祁、兵部侍郎广东巡抚部院梁、佛山都司韩、署佛山分府升用州正堂苏监造，道光二十二年二月□日炮匠李、陈、霍铸。"东面铁炮1975年于广州沙面出土，炮身铭文："炮重五千斤，□□□潘报效，道光二十一年五月□日炮匠李、陈、霍造。"两炮形制一样，均为佛山铸造。

明清时期，佛山铸造的铁器远销海内外，素有"佛山之冶遍天下"的美誉。兵器也是佛山冶铸业的主要产品之一，所铸铁炮最重超过一万斤。鸦片战争时期，佛山成为清军主要的军火供应基地之一，林则徐任两广总督时曾视察佛山铁炮的铸造情况。东莞虎门炮台及岭南一带抗击外国侵略者的大炮多为佛山铸造。但因清廷长年实行闭关锁国政策，外国的先进技术未能及时为我所用，与当时国外的铁炮相比，佛山铁炮铸造工艺较为落后，炮身多蜂眼，准确度低，射程短，笨重且易破裂。在鸦片战争中，这些铁炮并未对外国侵略者造成

35　　　　局部

太大的打击，反而多数遭到破坏，成为一堆废铁。现安放在博物馆的这两尊大铁炮，威风凛凛的外表与粗糙且多蜂眼的炮身形成了鲜明的对比，似乎象征着清王朝由盛而衰、表面的强大掩盖不了政治腐败所造成的民贫国弱的事实。（高天帆）

36 经堂古寺铁塔

佛山市博物馆院内矗立着一座名为"经堂古寺铁塔"的阿育王式铁塔。塔呈方形，由一束腰莲瓣形汉白玉石塔墩承托，塔身分段铸合而成，通高4.6米，重近4吨。下段为莲瓣台，中段四侧壁龛各藏铜佛一尊，壁龛上方铸"释迦文佛"铭文，上段飘檐四峙，有飞天、卷草等纹饰，塔尖立一株待放的莲花，茎上有大小环盘五层，层层承接甘露。

据乡志记载，此塔于清雍正十二年（1734）建于佛山市内经堂寺的正殿，塔高一丈八寸，重一千八百余斤，塔墩原为龟形星岩石，塔内供奉由东莞宝坛迎请的舍利子200余颗。清乾隆四十六年（1781），经堂寺曾大修。铁塔于清嘉庆四年（1799）由住持僧佛受（敬来）主持重建，增高至一丈八尺，重七千余斤，仿阿育王塔式，即为现今模样。该塔造型精美，工艺精湛，以砗磲、玛瑙、珊瑚、宝石、珍珠、琥珀、玉石、黄金、碃金（水晶）、白金（白银）十宝相伴舍利，僧佛受亲书《六字大明王咒》，一同置之石函，藏于塔内。清咸丰四年（1854），经堂寺僧和尚能（邝能）参加了由陈开、李文茂率领的红巾军起义，经堂寺曾作为都督府来指挥作战。后红巾军起义失败，经堂寺被焚，寺产拨归大魁堂保管，仅余铁塔巍然独存。

清光绪三年（1877），在佛山镇士绅潘衍鋆、潘衍桐、王福康、梁都唐等倡议下，请原华林寺方丈勤安来佛山主持重修经堂古寺，时值慈禧太后大寿，勤安以道长身份入京贺寿，便将经堂与佛山塔坡古寺故事详陈于内府大臣，当朝相国福锟据情品奏，奉慈禧懿旨，赏与《龙藏全经》及玉石珍宝还镇山门，赐寺名为"万寿塔坡禅寺"。勤安南返后，于光绪七年（1881）重修落成该寺，除铁塔原藏舍利十宝和慈禧所赐的珍宝外，加藏粤省华林寺藏版《大悲心陀罗尼经》。现佛山市博物馆珍藏的清光绪十二年（1886）经堂古寺常住僧胡福康手书《礼塔科仪》，记载了当时颂经祭塔的隆重仪式。

遗憾的是，当勤安方丈圆寂后，经堂古寺所藏部分珍贵经卷散佚，铜佛亦失踪。经堂古寺遭受"文革"浩劫，部分被拆，铁塔也被砸烂。所幸的是，铁塔残件和塔中舍利及所余珍宝由佛山市博物馆收藏。1987年，佛山市博物馆组织专家将铁塔残件以原貌修复后置于馆内，让人们在观赏佛山精湛的铸造工艺的同时，也可了解铁塔这段悠久曲折的历史。（张雪莲）

36

37 钟廊

钟廊位于佛山孔圣园东侧，1982年修复孔庙时建成。钟廊全长25.7米，成"7"字形。钟廊陈列铁、铜钟共十三件，其中七件为明清时期佛山铸造的铁钟，由佛山市博物馆早年在民间征集，六件为新铸的"如意吉祥"福音铜钟，由"名古民间艺术铸造厂"铸造。古铁钟口径最大为75厘米，最小为47厘米，钟身铭文分别是：

一、南海忠义乡信士陈德，奉酬五显灵祠享用，万历丁未孟冬吉日立。

37

二、乾隆五年岁次庚申仲冬吉旦置。

三、风调雨顺，国泰民安，乾隆十三年岁次戊辰仲秋吉旦立。

四、风调雨顺，国泰民安，乾隆三十六年孟庆吉旦。

五、风调雨顺，国泰民安，光绪十六年岁次庚寅孟冬吉旦立。

六、爱育祠，光绪二十一年。

第七件古钟已锈蚀，钟身铭文不清。

"如意吉祥"福音新铜钟专供游客敲击而铸，口径最大为40厘米，最小为15厘米，分别为禄、寿、贤、孝、爱、开智六种。（黄玉冰）

38

38 铁韦驮

凡到祖庙参观的游客，每当走到明代"褒宠"砖雕牌坊前，在感叹其雕镂精致、布局奇巧的同时，往往又会被牌坊前一尊造型生动、铸造精美的铁韦驮像所吸引。

韦驮像原供奉于佛山竹坡街"铁佛庵"内（现福升大厦所在地）。"铁佛庵"又名"僧伽庙"，建于明崇祯九年（1636），清代改称"铁佛庙"。据庙内旧有碑刻记载，元代时山西人某姓避乱江南，历尽艰辛定居佛山后，生活才得以安稳，便建庵供佛以答谢神佛的保佑。建国后庙毁碑失，所供佛像也不知去向，仅余铁韦驮像，后移至佛山市博物馆大院内。

韦驮是佛教守护神之一，传说为四天王之一南方增长天王八将中的一员，居四天王三十二将之首，通常安置于寺院中，立于天王殿弥勒像之后，正对释迦牟尼佛。这尊铁韦驮为明代佛山铸铁产品，与真人身高相若，头戴战盔，身披甲胄，双手按宝杵，造型刚劲有力。其面相端庄，高鼻阔口，双眼炯炯有神，表情沉着专注，一副尽忠职守的姿态，似正在行使驱魔正法的神圣职责。此韦驮身上曾铸有许多古钱，可惜年深日久，大多已看不到了，只是韦驮像的右肩上还可见到明代"洪武通宝"一枚。该尊韦驮像由于时代较早，是佛山铸铁的一件珍品，有较高的历史和艺术价值。（黄 虹）

39 铁铸镇水兽

镇水兽即铁犀，犀的原型是牛，民间视之为神牛。利用神牛镇水，是重要的民间信仰。至于为什么用铁牛镇水，一般有两种解释：一说"铁者金也，为水之母，子不敢与母斗，故蛟龙咸畏之"；一说犀为神牛，牛能耕田，属坤兽，坤在五行中为土，土能克水。从考古发掘资料可知，早在唐代已用铁牛镇水。更早的传说还可追溯至战国时代，传说战国时李冰治水开凿都江堰，曾以牛为化身征服了江神。尽管古人深信铁牛能镇水，但历史证明镇水铁牛并没能阻挡滔滔洪水。佛山历史上乙卯年（1939）水灾的惨状，如今健在的老人依然记忆犹新。

佛山市博物馆大院内陈列的镇水兽是佛山清代中期的铁铸遗物，二十世纪七十年代出土于本地东平河水道。（李小青）

39

40

40 "信昌炉"铁铸蟾蜍

蟾蜍简称蟾。民间传说，月中有蟾蜍，因而文学作品中有以蟾蜍作为月的代称，如蟾宫即月宫。多种典籍都有这样的记载：后羿请不死药于西王母，被妻子嫦娥偷吃，嫦娥奔月化为蟾蜍，在月中任捣药之事。蟾蜍作为月神的化身也因此受人供奉。

佛山市博物馆大院内陈列的"信昌炉"铁铸蟾蜍，是清嘉庆年间佛山铸铁业的实物遗存之一，造型逼真，铸造工艺也属上乘。蟾蜍原口含灵芝，现已缺失，正面显著部位有"信昌炉造"四字铭文。"炉"是冶铁业的基本生产单位，如同店铺的"店"。"信昌炉"是佛山铸造业中众多著名的炉户之一，据记载其芳名宝号的历史可上溯至明代，其铸造产品以铁鼎为上。现摆设于佛山孔庙院内的"海隅永赖"三足大铁鼎，也是"信昌炉"的产品。（李小青）

41 红沙岩石雕神案

在祖庙正殿北帝铜像前，有一座端庄古雅的红沙岩石雕神案。神案虽无纪年刻款，但专家们根据红沙岩的石材、神案的造型、雕刻工艺考证，该神案为明代制作，是祖庙内现存神案中年代最早的一座。红沙岩是易风化的材质，不利于长期保存，此神案能完好保存下来，弥足珍贵。

神案高1.44米，长2.66米，案面是长方形平面，以两块矩形大石为基座，其

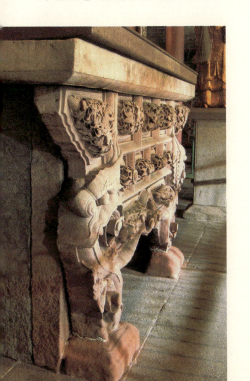

中靠里的一块为花岗岩，正面的一块为红沙岩。神案以镂空高浮雕作纹饰，中间主体部分为上三格、下四格两层花果纹雕饰，两嵌角为花鸟图案。案裙两侧云龙相对，中部雕刻人物，案前两脚为卷首龙纹造型。整座神案纹饰丰富，魁伟大气，立体感强，古朴庄重，使金碧辉煌的紫霄宫更显神圣庄严。（张雪莲）

42 佛山石榜

佛山石榜是佛山得名的见证物。据民国《佛山忠义乡志》记载，佛山原名季华乡，相传东晋隆安二年（398），有西域僧人达毗耶舍，在佛山的塔坡岗上搭寮讲经，后僧人返国，寮破湮灭。至唐贞观二年（628），乡人见塔坡岗夜发金光，在金光闪烁处掘出晋时僧人留下的三尊小铜佛像，于是建庙供奉，并在庙前立一石榜，即今日所见之佛山石榜。从此季华乡改名为佛山，并一直沿用至今。

佛山石榜长77厘米，宽36厘米，厚12厘米，灰色沙岩石质。榜面横刻阳文"佛山"两个大字，右旁阳文直书"贞观二年"款，有边框，字体古朴持重，有魏碑遗风。石榜原镶嵌于市内塔坡庙前墙壁上，1963年由广东省博物馆征集，为国家一级文物。（王清萍）

43 "南泉古庙"石额

南泉古庙即南泉观音庙。现今佛山禅城区的老城区地域范围内，在清代有各类庙宇一百五十多座，仅观音庙就有十六座之多，冠以"南"字的观音庙有八座，即南泉观音庙、南擎观音庙、南善观音庙、南禅观音庙、南涧观音庙、南荫观音庙、南胜观音庙、南济观音庙。南海普陀山是观音最著名的道场、朝拜观音的圣地，冠名"南"字头取意源于此。老佛山人因南泉古庙的建筑盖绿色琉璃瓦，习惯称之为"绿瓦观音"，又因其位于山紫村外田边，也称之为田边观音。

南泉古庙始建于明代，是佛山众多观音庙之首。关于南泉观音庙，史料有这样的记载："二月二十九日，绅士集南泉庙，祀观音大士"，又"六月十九日，绅士集南泉庙祀观音大士。妇女竞为观音会，或三五家、或十余家结队，醵金钱，以素馨花为灯，以露头花为献，芬芳浓郁溢户，匝途游人缓步过，层层扑袭，归来犹在衣神间"。寥寥数语，已点出了当时朝拜观音庙的繁盛景象。其次，它还是每年北帝出巡必经的庙宇。

　　清代佛山手工业发达，商业繁华，各行各业皆有会馆。而当时的行业会馆多附设于庙宇，如铁商行会馆附设于栅下天妃庙，纺织行会馆附设于博望侯庙，铁钉行会馆附设于国公庙，南泉古庙就是当时冶铸业匾额祖会和宝炉祖会的会馆。

　　南泉古庙石额是清道光二十三年（1843）该庙重修时的门额。南泉古庙石额阳文凿刻"南泉古庙"四字，笔画结构严谨，书法不矫揉造作，秀逸中见遒劲，朴实中含神韵。建国后佛山旧城改造过程中，佛山市博物馆征集了这块南泉古庙石额。（李小青）

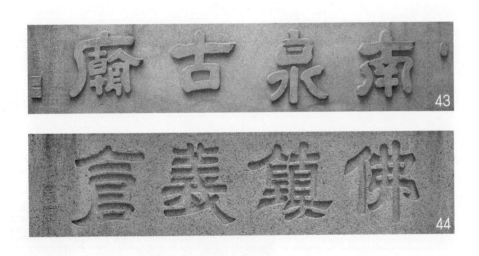

44 "佛镇义仓"石额

　　"佛镇义仓"石额为隶书，长2.43米，高0.6米，由佛山市博物馆征集后立于祖庙端肃门外，与"佛山"石榜、"南泉古庙"石额等合为一处景观。

　　石额原为清末重修"佛镇义仓"时的门额，由佛山举人何增祜手书。何增祜，原名汝兰，字晴山，清同治六年（1867）举人，父亲何容光为晚清探花李文田的恩师。晴山幼承庭训，文章清新雅正，书法学自唐代《铁杖碑》及《灵飞经》，并旁涉明末董其昌，其书迹已被时人相争为贵。

　　"佛镇义仓"最早建于清乾隆六十年（1795），是佛山民捐民办的慈善机构。明清时期的佛山工商业发展迅速，拥有数十万人口，居民大多从事商业和手工业，农耕较少，农田不广，全镇粮食主要靠广西船运供应，"贫者固无隔宿之储，富者亦乏半月之备"。每遇粮船阻滞，米价就会高昂；若遇歉荒之年，贫民更是流离失所，"道路死者相枕藉"。乾隆十三年（1748），镇绅赵祖庇、黄汝忠等捐谷一千三百一十一石，在"忠义流芳祠"内（今祖庙前殿西侧）建立"十堡社仓"，遇荒年则开仓赈济。社仓虽为民捐，但是由于它是当时南海五斗口司所属的十堡贫民生活的依赖，所以稽查由地方官员负责，每次散赈都必须禀告官府，经巡宰督理才能开仓赈济，费时较长。乾隆四十八年（1783），镇绅陈梦光捐资，在正埠两旁设铺出租，将所得租金于麒麟社买地，筹建"佛镇义仓"。乾隆六十年，在举人李天达等人共同筹划下，义仓落成，为二进深，按《千字文》中天、地、玄、黄、宇、宙、洪、荒顺序排设仓房二十六间，储谷九十六万斤，米贵则平粜，遇荒则赈济，制定六纲三十四条章程，公推可靠人员管理。清代乾隆、嘉庆、道光时期均有佛镇义仓大规模散赈的记载，佛镇义仓的建立对当时佛山社会稳定起了重要的作用。（张雪莲）

45　红墙里的"超幽"石

　　祖庙端肃门外侧红墙中部有石刻"超幽"二字，赫然醒目。"超幽"是什么意思？为什么镶嵌在红墙里？它有什么故事吗？

　　原来，在清康熙五十二年（1713），祖庙附近丰宁铺莺岗（现建新路钻石苑位置）脚下，有一座名为万真观的道教建筑重修落成。万真观左边是大慈堂，大慈堂建成之年，佛山正逢大旱，饿殍遍野，有心人士便捡拾无依木主（木主，佛山人也称为神主牌，用木做，上面书写死人的名字以供祭祀），并在大慈堂建厉坛祀之。但大慈堂建成后，依然"游魂不安，怪异屡现"，于是乡人在清雍正五年（1727）"奉都城隍神以镇抚之"，改万真观为洞天宫。此后，护法者渐众，万真观建筑规模也日渐增大，先后增设三元殿、吕祖殿、斗姥殿、十王殿、文武殿、太乙楼、洗心亭等，而"超幽"就是当时设在大慈堂之内供道士做法事超度亡灵的祭坛。

　　时光流逝，世事变迁，数百年之后的今天，万真

[34]

观、大慈堂、超幽坛早已不复存在，剩下超幽坛的石刻被嵌进了祖庙的红墙。超幽坛已成为了历史烟云，但是当日超幽坛留下的一副对联，倒是值得去细细咀嚼与回味。联为：

富鬼莫贪求，淡饭吃瓯，世界做完空手去
贫魂休妄想，粗衣著件，转轮仍是赤身来

对于一些金钱至上、物欲横流之辈，对联的内容确是醒世良言。（李小青）

46　石雕梁枋

广东属亚热带气候，多雨潮湿，建筑木材容易腐朽，为避免侵蚀，不少古建筑外部的檐柱、梁枋等常使用石材。在祖庙的双龙壁后面就有一对制作于清道光十八年（1838）的石雕梁枋。梁枋采用高浮雕技法雕刻花卉人物，颇具地方特色。其纹饰中的"洋人"形象随和、带有喜庆色彩，这显然是鸦片战争前的作品，当时国人还把"洋人"作为朋友对待。

清初实行闭关锁国政策，康熙年间曾实行严厉的海禁，后来虽然宣布开海贸易，但仍然限制甚严。乾隆二十二年（1757），广东海关被定为全国唯一的对外口岸，得开放之先。佛山对外贸易也十分活跃，常有"洋人"涉足，因此在

46-2　46-3

民间艺术创作中，时有这些"时髦"的人物出现。鸦片战争以后，佛山人民深受"洋人"之害，这种思想意识反映在作品上便是"洋人"形象被丑化，不是被打倒在地，就是用侏儒的形象来表现，这些形象在祖庙内的石柱础或漆金木雕神案中都不难找到。（代先翠）

47　石湾窑陶制"彩绘松鹤画屏"

　　祖庙双龙壁的北侧，陈列着一件将传统石湾陶塑工艺与书画艺术融为一体的"彩绘松鹤画屏"，是黄古珍在清光绪年间制作的，也是清代保留至今不可多得的石湾陶制艺术珍品。

　　石湾窑陶制"彩绘松鹤画屏"原装饰于佛山新安街铁钉行会馆国公庙内，由上下两层接嵌而成，低温烧制。画屏双面作画，用浓淡两色酱釉，以传统的国画技法绘以松鹤灵芝图，图中粗壮的古松横亘，一只白鹤伫立其上，转首探视松下的灵芝，神态闲适。树梢上，一对小鸟欢快地啁啾鸣叫，动物羽毛以小竹签刻划，令画面更显逼真，充满动感。画屏正面题"南冠一品"，背面题"松芝益寿"，书体沉稳朴茂，用笔端正遒劲。款署"黄古珍作"，钤二印。松鹤灵芝，寓意延年益寿，是广受百姓喜爱的吉祥图案。这件作品是二十世纪五十年代筹建佛山市博物馆时，被迁移至祖庙的。

47

　　画屏的作者黄古珍，是清代石湾陶塑名家，生于清道光至光绪年间，字鉴荣，号樵谷山人，石湾黄家庄人。他受业于石湾陶艺名家黄炳，擅长各种人物塑像，但其作品以花瓶、挂壁、笔筒等器皿类为多。他还擅长山水画及金石文字，作品常融书画、陶艺于一体而自成风格。现保存于祖庙三门前东西两侧山墙上的陶塑日神、月神是黄古珍于光绪二十五年（1899）重修祖庙时所作，线条简练、神态逼真，是其晚年少见的人物作品。黄古珍的陶塑作品，以造型生动、胎釉浑厚朴实、技法多姿多彩见长，赢得了时人及后辈的称颂，并风行东南亚一带。黄古珍遗留下来的作品已不多见，其以画屏形式烧制的陶艺作品更是目前仅见的一件，殊为难得。（黄 虹）

48 铁锈釉贴塑花鸟人物金鱼缸

铁锈釉贴塑花鸟人物金鱼缸陈列在祖庙大门北侧的露天围栏内。远远望去，此缸的造型色泽似为铜铸，走近细看，始知是陶制，满施铁锈釉。铁锈釉是一种含铁成分极高的釉料，色如锈铁，微泛银光，故有此名。

金鱼缸造型硕大，胎体厚重，口径1.2米，撇口，深腹，配座垫。缸体纹饰精巧，刻划细致，外壁主体纹饰贴塑梅枝喜鹊、瑶池祝寿等五组花鸟人物图案，兽环耳，缸身的一处折枝玉兰花瓣上有"全兴窑造"楷书阳文印记。座垫为鼓腹镂空兽环耳和金钱纹，有开光双蝠捧寿图案。

明清时期，佛山石湾以制陶名甲天下，行业分工极细，有大盆行、花盆行、缸行、埕行等二十四行，此类金鱼缸为大宗产品，多陈设于富户宅第的头门天井或花园之内。据载，历史上石湾制陶窑场共有一百零七座（本地人称"窑"为"灶"，如南风灶、高灶、文灶等），目前确知地点的灶名仅九十三座，而"全兴窑"暂时未见，因而此金鱼缸当为九十三座以外窑场的产品。（张雪莲）

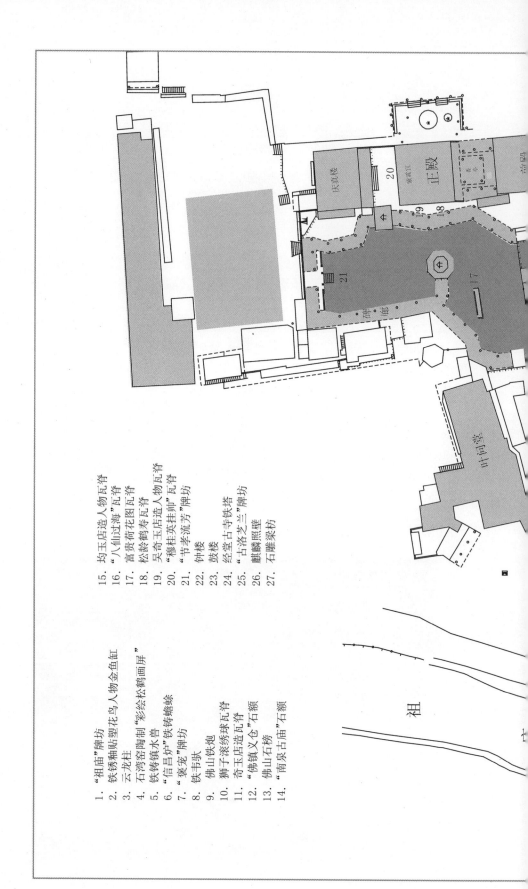

1. "祖庙"牌坊
2. 铁绣釉贴花鸟人物金鱼缸
3. 云龙柱
4. 石湾窑陶制"彩绘松鹤画屏"
5. 铁铸镇水兽
6. "言昌炉"铁铸蟾蜍
7. "麦宠"牌坊
8. 铁韦驮
9. 佛山铁炮
10. 狮子滚绣球瓦脊
11. 奇玉店造瓦脊
12. "佛镇义仓"石额
13. 佛山石榜
14. "南泉古庙"石额

15. 均玉店造人物瓦脊
16. "八仙过海"瓦脊
17. 富贵荷花图瓦脊
18. 松龄鹤寿瓦脊
19. 吴奇玉店造人物瓦脊
20. "穆桂英挂帅"瓦脊
21. "节孝流芳"牌坊
22. 钟楼
23. 鼓楼
24. 经堂古寺铁塔
25. "古洛芝兰"牌坊
26. 麒麟照壁
27. 石雕梁枋

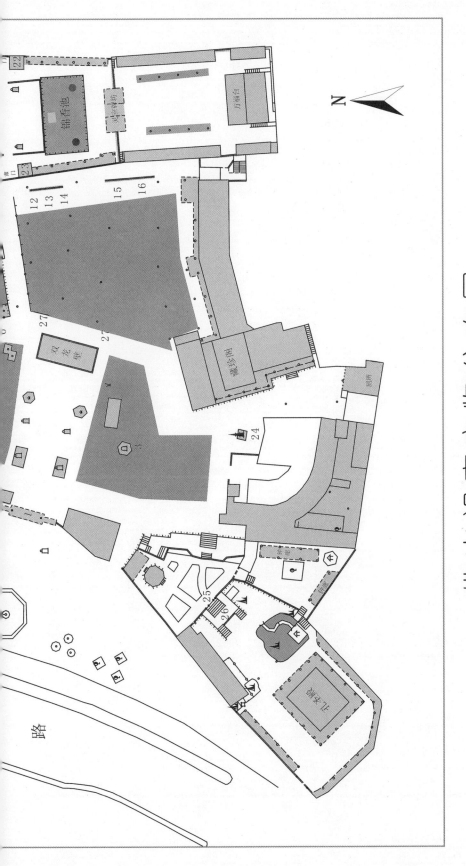

佛山祖庙文物分布图

贰

建

筑

篇

1 祖庙三门

　　崇正社学、灵应祠、忠义流芳祠三座建筑物的正门联建在一起，称为祖庙三门。崇正社学是祖庙东面的附属建筑，又称文昌宫，建于明洪武八年(1375)。忠义流芳祠是祖庙西面的附属建筑，建于明正德八年(1513)，因祀镇压黄萧养起义而受朝廷敕封的"忠义官"得名。至于灵应祠三个拱门的建造年代，地方志和碑记都没有记载，根据有关资料考证，应建于明景泰初年。把崇正社学、灵应祠、忠义流芳祠三座建筑物的正门联建在一起，是明正德八年的事。

　　作为一座民间的地方庙宇，灵应祠的建筑规模仅为三开间，其后附建于左右的崇正社学和忠义流芳祠也同为三开间建筑，因此，把三座建筑物的正门联建在一起，祖庙三门就成为一座八柱九开间的宏伟建筑。三门通宽31.7米，除两旁尽间宽2.4米外，其余不分明、次、梢，均为3.65米（中国古建筑，正中一间叫明间，明间两旁称次间，次间两旁称梢间，两端称为尽间）。灵应祠的三个拱

门分别设于明间和次间，明间的正门稍高大。崇正社学大门和忠义流芳祠大门分别在东、西梢间，区别于灵应祠大门的是，东、西梢间的大门均为长方形。

　　三门建筑考究，沿用中国古建筑大多采用台基的建筑手法，使建筑物显得美丽壮观，并达到防潮功能。祖庙台基高1.17米，正中五级台阶通宽15米，与三个拱门配合协调，显得开阔、大气。连接三拱门的墙体均以1米多高的花岗

石作墙裙，石墙裙之上，三个拱门以红砂岩砌筑，而崇正社学、忠义流芳祠两门的左右两侧，均以优质水磨青砖砌筑。两者比较，崇正社学、忠义流芳祠显然是后来才与灵应祠连成一体的。

从建筑结构方面观赏祖庙三门，以门洞划分，三门前为双步架，三门后为三步架，前后共用石柱十六根，木柱四根。三门前双步架装饰美观，两端雀替镂雕卷草纹，以驼峰代替一般古建筑的瓜柱，并施以雕刻工艺，还有鱼龙、卧狮、戏曲人物故事等，全部工艺均以佛山著名土产金箔装饰，给人以稳定、华丽、美观之感。三门后的三步架构造简单，与前面的双步架金碧辉煌、注重于装饰形成鲜明的对比，从中可以看出建筑设计者之匠心独运与苦心经营。三门的前面因为是门面，需要华丽堂皇，三门的后面处于次要位置，人们通过拱门进入三门后，一般是继续向前，大多忽略了对三门后面的观赏，因此在处理手法上简单些，既节省材料也无伤大雅。

从建筑装饰工艺和文化内涵方面观赏祖庙三门，自上而下，石湾著名店号文如璧店制作的双面大型陶塑人物瓦脊横贯三门之上，瓦脊宏伟壮观，所塑多套人物故事似乎正在上演着一幕幕历史长剧。三门前31.7米长的金漆木雕花檐板通栏而过，使观众站在三门前便有眼前一亮的感觉。正中拱门上，明景泰皇帝朱祁钰题"敕封灵应祠"的匾额，中间红砂岩墙体上挂着的两副木雕对联，台基上八根柱子的石刻对联，桩桩件件寓意深刻。此外，三个拱门之内，由著名木雕作坊"许三友"制作的六扇黑漆金木雕大门，进深1米多的门洞，给人以壮丽、威严之感。

祖庙三门于正德八年联建成一体，数百年来经历过多次重修，由于祖庙在佛山的尊崇地位，因此历史上的每次维修，地方官员与士绅阶层都为之捐资出力。如今三门上共有四根大梁分别记录着这些捐修史实，分别为：

皇明万历岁次乙巳春三月吉旦里人赐进士第李待问重修玄孙夔棠敬刻

皇明万历乙巳三月吉旦后任平海参军李好问同修众孙丁卯科举人大成敬刊

大清乾隆廿四年己卯岁九月廿四辛未吉旦奉政大夫同知广州府事赵廷宾五斗口司王棠仝众首事重修

大清咸丰元年孟秋吉旦（共有十六人姓名及堂名，从略）仝敬

（李小青）

2　前殿

前殿是祖庙的主体建筑之一，建于明宣德四年（1429），为安放北帝手下的大将而建。其面宽13.34米，进深15.87米，面宽与进深均为三开间。一般古建筑的面宽比进深大，这里则相反，可能是为了在两旁安置神像的缘故。前殿共有二十根柱子，其中木柱十四根，石柱六根。柱子的排列与神像的位置关系

极为密切，进庙的人都要在神像前经过，因此柱子和神像的布局十分讲究。地面由尺寸不一的长方形花岗石铺砌而成，接缝紧凑细密，相传是用铅填塞灌缝的。

屋顶为歇山顶式，清光绪年间重修时增添了陶塑人物瓦脊。殿檐下用如意斗拱，主要起装饰作用。祖庙主体建筑中的三门、前殿、正殿布局相当紧凑，且前后两个香亭过渡连接，看不到屋顶，稍向上仰视，只见斗拱一个接着一个，层层相叠，组成一个完美的整体，极其宏伟壮观。

前殿屋架为十六檩六柱梁架，用驼峰和斗拱代替瓜柱。前檐大量使用斗拱结构，后檐则处理简单。正中的檩子使用圆檩，其他都用方檩。正梁因为要承载瓦脊的重量，所以用粗大的圆檩，其他檩子虽然是方的，但抗弯力相当强，足以负荷重压。柱无侧角，但升起一分，用青瓦勾头，琉璃滴水，琉璃屋脊。

前殿屋坡曲线基本上按宋代营造法式建造，但稍有改变，为循序递减式。这种递减式的设计使屋坡形成一条光滑的抛物线。因为若完全按宋式规律递减，曲线上部则太陡，瓦片不易安放。（黄乙璇）

3 文魁阁与武安阁

在祖庙三门后的两侧，耸立着两座阁楼式的建筑，分别是文魁阁和武安阁。两座阁楼的形制相同，都为两层。文魁阁位于三门左侧，崇正社学正门后面，第一层刚好作为崇正社学的过厅。武安阁位于三门的右侧，忠义流芳祠正门的后面，第一层也刚好作为忠义流芳祠的过厅。这种左边文魁阁、右边武安阁的布局方式，适应了中国古代"左文右武"的传统布局。

现存的佛山史志和铭文都没有记载两座阁楼始建于何时。从阁楼的部分梁枋构件看，它们应建于明朝中期。

两座阁楼均为三开间三进深布局，但是一层与二层的构造并不相同。一层明间的两侧使用八根石柱，两次间的外侧不使用柱子，而是砌围墙来承托二层的重量。阁楼的二层使用十六根木柱，分别是四根较粗的金柱和十二根较细的檐柱，柱子的布置与阁楼的屋顶形制有密切的关系。阁楼的屋顶为重檐歇山顶，上层檐周围施如意斗拱，造型优美；下层檐不施斗拱，而使用挑檐梁，使下层檐挑出深远。阁楼的二层在周围设置了栏杆，挑出深远的层檐可以更好地为登楼远眺的游人遮挡风雨。下层檐的四角做翼角，使整座阁楼看起来更为轻盈、生动。

文魁阁与武安阁巍峨屹立在祖庙三门的两侧，与九开间的祖庙三门相互映衬，不但显示出祖庙三门的开阔，同时也衬托出阁楼的高耸。从远处望去，犹如两位威武的武士守卫着祖庙，蔚为壮观。（沈新辉）

4 香亭

亭是最为常见的建筑类型之一。传统的亭在造型上有南北之分：南方亭的造型一般轻巧、玲珑，屋角反翘，屋面多用小青瓦；而北方的亭则多数端庄、稳重，翼角不高翘，屋面多用筒瓦。

在祖庙，位于正殿与前殿、前殿与三门间的两座香亭，就是典型的南方风格，造型轻巧，结构简单，为歇山卷棚顶，以花岗石为柱础及地基。这两个建于清光绪年间的香亭主要起着过渡连接正殿与前殿、前殿与三门的作用，故又称为过亭。它们除了起过亭的作用外，还将前殿和正殿的屋顶遮掩，抬头仰视，只见斗拱一个接着一个，组成一个整体，使正殿更加雄伟壮观。此外，遮掩屋顶也为营造祖庙威严肃杀的气氛起到了很好的烘托作用。（万　涛）

5　正殿

正殿是祖庙建筑群中年代最早、最重要的建筑物，重建于明洪武五年(1372)，殿内供奉着明景泰年间制作的大型北帝铜像。

正殿依宋代营造法式建造，外观为单檐歇山顶。面宽14.34米，进深15.87米，面宽与进深之比为1:1.1，近似正方形。进深和面宽皆为三开间，明间与次间的比例是1.5:1。屋顶高8.5米，屋顶高与屋身高比例为2:1，为七步架前后廊式结构。屋坡曲线按宋代法式营造，举高为 1/15、1/30、1/60逐次递减，共折三次，用驼峰斗拱承托檩条，并用叉手托脚雀替，使结构更为稳定。除脊檩圆形外，其余檩条均为方形，截面比分别为1:2、1:3、1:3.5三种。

正殿建筑结构中最具特色的是前檐"八铺作三下昂偷心造真昂"斗拱。斗拱为前用三下昂、后用三撑杆的结构。这种结构使得前檐向外大幅度延伸，避免柱子被雨水侵袭，并且形体固实，外观雄伟，是我国目前仅存的宋式八铺作三下昂真昂斗拱实例。

正殿柱子共十六根，其中前檐四根为方石柱，余为圆木柱。柱升起二分，柱上有收分，下有卷杀。柱径与柱高比分别是：前檐柱1:15，金柱1:16，后檐柱1:14.8。柱子配以花岗岩多层式石柱础。殿周三面围墙，南面敞开，这种封闭式的建筑有意使光线微弱，从而增强庙宇的神秘感。殿前左右两侧有廊与前殿相连，中间有天井，使正殿建筑结构精巧牢固，庄严大气。

　　正殿的整个建筑结构具有极高的文物和艺术欣赏价值，是岭南古建筑极为珍贵的实物例证之一。（刘燕芳）

6　紫霄宫

　　道教称北帝居所为"紫霄宫"。祖庙正殿中央的神龛上部，有一块红漆金字"紫霄宫"的木刻牌匾，是明崇祯十四年（1641）灵应祠大修时，由官至户部尚书的佛山人李待问捐资题写的，匾额下款的文字，记录了紫霄宫曾历经清康熙、乾隆、咸丰、光绪等朝重修。

　　在一组由中轴线串连起来的祖庙古建筑群中，灵应祠处于主体位置，而紫霄宫则是灵应祠的核心。紫霄宫内供奉的北帝，从明景泰初年祖庙被皇帝敕封为灵应祠以后，在佛山人心目中就有了无比尊崇的地位，因此当明崇祯十四年（1641）灵应祠大修时，佛山的乡绅父老以及平民百姓无不隆重其事，竭尽全力把灵应祠内"紫霄宫"这样的核心部位修缮得美轮美奂、金碧辉煌。紫霄宫的底座是高 1.58 米、宽 6.19 米、深 4.12 米的花岗岩石平台，四根石础木柱支承着整个神龛。神龛的正面和左右两侧，有金碧辉煌的木刻装饰，正面的木雕工艺尤为精致。从花岗岩石平台的边沿往里，最外一层由大小不等的二十一块图案式木雕镶嵌组成，左右上角以活灵活现的游龙雕刻作撑角，往里一层的雕刻以上方的蝙蝠为中心，这些富丽堂皇的装饰，无一不是祥瑞的象征。这些装饰充分表达了佛山人对北帝的无比尊崇与敬爱。佛山人

对北帝声名显赫、流传万世的赞颂，正如紫霄宫两旁柱子上长对联所表达的那样："北极照临南土东渐西被忠义赫奕乎四方海国长资保障，大明崇报玄功春禘秋尝灵应馨传于万祀佛山普拜凭依"。

紫霄宫花岗岩石平台前，还有一座红砂岩高浮雕神案，上面摆放着"灵应祠"的铜香炉。红砂岩神案旁，两座精致考究的金木雕架座承放着北帝的令旗和印玺，那是北方真武玄天上帝威严与权力的象征。两旁待立的漆朴神像，是传说中北帝的部下雷部电母朱佩娘和月孛元君朱孛娘。

肃穆辉煌的紫霄宫是佛山人心目中的圣地。多少年来，每当新年的钟声敲响，佛山四乡的居民都会不约而同地来到灵应祠内紫霄宫前，参拜灵应赐福的北帝公，许下自己来年的愿望。（李小青）

7-1

7-

7　祖庙的斗拱

佛山祖庙是一座颇具规模的庙宇建筑，其中斗拱是它的建筑特色之一。走进祖庙，斗拱随处可见。如建于明景泰二年（1451）的灵应牌坊，它的斗拱结构为"燕巢斗拱"，形式为七铺无下昂偷心造。从外观看，飞檐层叠，白色石柱，红色斗拱，碧绿瓦筒，岿然耸立，华美壮观。前殿建于明宣德四年（1429），为歇山顶式建筑，檐下为"如意斗拱"，朵朵莲花，层层相叠，纤巧瑰丽。正殿建于明洪武五年（1372），是祖庙建筑群中年代最早的建筑物。其前檐所施用的斗拱最具特色，前面三下昂，后面三撑杆，使前檐大幅向外伸延，保护柱子免受南方充沛雨水的侵蚀，且形体坚固，外观雄伟，是我国现存古建筑中罕见的宋式斗拱实例。（陈乐仪）

8　庆真楼

　　庆真楼位于正殿之后，建于清嘉庆元年（1796），是祖庙建筑群中年代最晚的一座建筑。楼高二层，为砖木结构，镬耳式封火山墙，正脊有清光绪年间加的陶塑人物瓦脊一条。梁架为抬梁式，檐柱为花岗岩石方柱，其余为圆木柱。上、下两层楼的柱子排列一致，其相应的柱子均在同一垂线上。面宽进深各三间，房屋三面封闭，一面敞开。前有天井与正殿相隔，从侧门进入。二层木楼面因民国时期驻军将部分枋材抽去，使得楼面危险，不堪负载。1973年将二层楼面改为钢筋水泥结构，并将楼梯改在正面，其余基本保持原貌。

　　庆真楼正脊上面的双面瓦脊，是清光绪二十五年（1899）祖庙大修时添造的，全长14.5米，高1.4米。正面中段陶塑人物有三十三个，所塑故事为"瑶池祝寿"，说的是八仙向王母祝寿的故事。王母居中，左侧是其五个女儿及众女仙，右侧是以汉钟离为首的八仙，祝寿的场面盛大热闹。正面东段故事为"削壁题诗"，西段故事是"竹林七贤"。瓦脊的背面塑有牡丹花、仙桃组成的花开富贵图案。

　　庆真楼一楼檐下有一条长14.2米的木雕花檐板，由清末佛山承龙街泰隆店造，手工精细，人物生动传神。庆真楼一楼的金漆木雕彩门，全长13.8米，上面有喜鹊、石榴、牡丹、荷花、梅花等吉祥图案。大厅正间和两次间分别饰有木雕翠竹花罩和红荔花罩，有坚贞不渝、高风亮节、富贵满堂、鸿运大吉等寓意。

　　"庆真楼"匾额在一楼的正门上方，红底金字，是1975年重修此楼时佛山著名书法家林君选题写的。"庆真楼"三字为楷体，字体遒劲有力。

　　庆真楼正门石柱刻有一副对联："德耀元天帝心还有欲报之德，尊居北极众志尤当敬其所尊。"这副对联说明即使是位居北极、人人敬仰的北帝，也和凡人一样，希望报答父母的恩德。从此副对联可以看出庆真楼原是供

奉北帝父母的神殿。

庆真楼由于地势较高，登高望远，古镇景色一览无余，是佛山著名的旧八景之一，称"庆真楼观"。如今四周高楼林立，旧观不复，但参观者仍络绎不绝。（代先翠）

9 崇敬门与端肃门

灵应祠三门前的两侧，分别建有崇敬门与端肃门，两门楼东西相对，形式、大小一致，是进出灵应祠的重要通道。

据乾隆《佛山忠义乡志》记载，崇敬门与端肃门门楼为明万历三十二年（1604）祖庙扩建时，由刚登进士（后官至户部尚书）的佛山人李待问与其兄李好问捐修。1949 年前，进入祖庙必由鹤园街、祖庙大街经东侧的崇敬门出入，每年农历正月初六的北帝出游、二月二十五日的谕祭灵应祠、三月初三的北帝神诞等重要祭祀活动无不出入崇敬门。直至 1957 年平整修建了祖庙西侧空地、开辟花园后，祖庙才改由西侧的端肃门为主要出入口。

崇敬门与端肃门均呈圆拱形，门框以花岗岩石砌成，墙体为水磨青砖，整体厚实而坚固。门楣上的灰沉积岩石额分别镌刻阳文楷书"崇敬门"、"端肃门"，文字出自何人之手已无从考究，但字体沉稳朴茂、庄重古雅，当为功力深厚的书法家所作。门楼上方装饰有雕饰考究的砖雕和精美华丽的灰塑，使整体外貌更具不凡气势。

9-1　　　　　　　　　　　9-2

祖庙在历史上曾集神权、族权、政权于一体，地位显赫，北帝在人们的心目中灵验尊贵、至高无上。门楼所书"崇敬"、"端肃"四字，表达了人们进入端庄肃穆的灵应祠时，对北帝怀有的尊崇、敬仰之情。（黄虹　陈爱勤）

10　钟鼓楼

　　钟、鼓楼位于祖庙三门前的东西两侧，建于明崇祯二年（1629），都建在2.6米高的青砖平台上。钟鼓楼均长3.63米，宽2.84米，高4.1米，梁架式结构，四柱有青石柱础。屋顶是卷棚式结构，四角均有灰塑动物造型的吉祥图案，栩栩如生，与祖庙的其他建筑和谐地融为一体，相得益彰。

　　钟鼓楼的屋顶分别有"声韵"、"悠扬"的字样，令人的耳边仿佛回响着悠远飘渺的钟鼓声。祖庙里的钟鼓楼除起到一般庙宇"晨钟暮鼓"的作用外，还具有"峙左右之钟鼓，而壮庙貌之形胜也"、"闻鼓兴思莫不信奋忠义"的作用。

　　钟楼里陈列的大铁钟为清代制品，高1.3米，口径0.8米，是典型的佛山铸铁产品。鼓楼里陈列的圆鼓，表面上画有龙凤呈祥图案，画工精美，色彩艳丽。据说明崇祯二年（1629），户部尚书李待问之兄李徽问回乡看到钟鼓楼残破不堪，非常痛心。于是召集乡里人士捐款，很快将款项集齐，并请有名的工匠从当年的5月15日起动工重修钟鼓楼，经过三个月的紧张工作，钟鼓楼重修工程完成，恢复了往日的面貌，人们又重新听到钟鼓楼里传来的悠扬乐声。（何冠梁　严衬霞）

10-1　　　　　　　　　　10-2

11

11　锦香池

　　祖庙三门前捧托一泓碧水之地名为锦香池，明正德八年（1513）由霍时贵倡捐始凿。明天启三年（1623）人们曾在池的上方建起一座石拱桥，到清雍正时，又将拱桥拆去，周围用石块砌好，再绕以雕栏，锦香池才成为今天所见的样子。

　　锦香池长21米，宽11.2米，深2.2米。该池东南、西南两角各有一个六边形石花台，分别栽有一棵九里香树，据考证树龄已有五百年；北面正中的石雕龟蛇于清雍正年间安置。在这个形似规整的池子里还隐藏着一个小小的秘密：池子不是方形的，而是正梯形，南边比北边宽40厘米。人们被视觉欺骗了。根据透视原理，从北向南看，一般情况下会觉得南边比北边的短。而古代的工匠们巧妙地把南边加宽，加上茂盛的古树遮掩，让池子看上去方正规整。池的四周围以石雕栏杆，栏杆虽经历次修缮，但浮雕精致古拙，仍保存明代风韵。

　　据传池中石雕龟蛇原是龟精、蛇精，由六天魔王所放出的坎、离二气所化，龟精和蛇精在下界打得不可开交时，被北帝收服，成为北帝座下的先锋将，替北帝降魔驱妖，佑护世人，它们同时出现便预示着北帝将显圣降临。道教中北帝是福神，能驱魔伏妖，解难泽恩，因此来祖庙游览的人们喜用钱币投掷池中龟蛇，向他们祈祷，以求为自己带来福气。此风已相沿成俗。（任智斌）

12　灵应牌坊

　　灵应牌坊是祖庙古建筑群中轴线之南端第二道建筑，它的功能除旌表功德之外，在祖庙建筑上又起到组织空间、点缀景观的作用。

　　先从它旌表功德的作用说起。明正统十四年（1449），广东爆发了一次声势浩大、震动明朝统治者的农民起义——黄萧养农民起义。起义军进攻南海、佛山等地时，佛山的乡绅组织乡民起来抵御。相传乡人集结在祖庙神前歃血盟誓，每次临战必祷告于神，卜问吉凶，祈求北帝保佑。在"御敌"战斗中，佛山人

拼死抵抗，各展其能，筹划、筹款、铸铳，浚田为涌，撤屋为栅，扮演秋色故事，造成一派歌舞升平的景象，使"敌人"不知虚实而不敢强攻。起义军久攻不下，最后以失败告终。佛山人相信是北帝在冥冥中保佑着他们，协助他们击退了义军的进攻。事平之后，明景泰二年（1451），朝廷下文，敕封祖庙为灵应祠，令地方官每年春秋二季致祭，灵应牌坊就是这时建成的。当时皇帝敕封的坊额为"玄灵"、"圣域"。北帝全称为"北方真武玄天上帝"，坊额正面"玄灵"二字是对北帝灵应的赞美，背面书"圣域"二字，意为神圣的地域。

牌坊自明景泰二年（1451）建成后，历经多次重修，其中史志有明正德八年（1513）和清康熙二十三年（1684）两次重修的记载。明正德八年重修时，加建了东西两侧"延秋"、"长春"翼门，牌坊整体便成了现在的样子。两翼门与原来的"玄灵圣域"牌坊联成一体，既美观，又增强了牌坊的稳固性。清康熙二十三年维修时，为避清圣祖"玄烨"之讳，把正面坊额"玄灵"改为"灵应"，在坊额正面两旁书有秀美的楷书款："明景泰辛未仲冬穀旦鼎建，皇清康熙甲子上元吉旦重修"。顶层正背面分别有"圣旨"、"谕祭"匾，表明牌坊是明景泰皇帝敕封建造的。牌坊上全部文字均贴金箔，朱红色的木斗拱衬托着金光熠熠的匾额，再配以绿色的琉璃瓦，使牌坊显得格外壮美辉煌。

灵应牌坊建筑形式为三开间三重檐，明间宽5米，次间宽2.1米，通高11.4米，东西相距10.97米。每边台基上有柱子六根，中间为木柱，外侧为石柱，将木柱保护起来，以适应高温多雨的岭南气候。木柱两侧倚以抱鼓石，在结构上起承重作用。抱鼓石上雕刻了龙凤、福禄寿鹤、莲花等题材，雕刻刀法古拙、苍劲，增强了牌坊的装饰效果。三重檐的第一重为歇山顶，二、三重为庑殿顶，顶柱间大量使用斗拱。牌坊瓦面除装饰绿色琉璃瓦外，还有狮子、鳌鱼等石湾陶塑装饰。牌坊是单体独立建筑，柱子除承受自身重量外，还需抵御南方骤然而来的强台风，故而设计考究，通风性好，结构精密。（李小青）

13 万福台

万福台建于清顺治十五年（1658），原名"华封台"，是华南地区最著名的古戏台。万福台与祖庙正殿遥相呼应，据说其建造目的是上演粤剧（大戏）给对面的北帝观看，以酬谢北帝的保佑之恩。

万福台面宽四柱三间，宽12.73米，进深11.78米。分前台、后台两部分，中间用一装饰以大量金漆木雕的隔板分开。隔板两侧有四门，明间的"出将"、"入相"两门供演员出入；次间的"蹈和"、"履仁"两门供奏乐人员和舞台工作人员使用。前台演戏，后台化妆，演戏在明间，奏乐在次间。前台三面敞开，可供观众三面看戏。后台东、西、南面均有墙，东、西墙上各开一窗、一门。屋顶为歇山式卷棚顶，不用斗拱，显得轻巧玲珑。戏台高2.07米，向前伸出，台面至檐前的高度为6.25米，整座戏台远远高于观众席，这样设计据说是为了使远处的北帝看得清楚。中间隔板上雕刻着降龙罗汉、伏虎罗汉、三星拱照、八仙、曹操大宴铜雀台等四组六幅金漆木雕作品，使整座建筑显得金碧辉煌、精美华丽。隔板中间的金木雕两侧悬着一副木刻篆书对联"传来往事留金鉴，谱

13

出高歌徹紫霄"，正是万福台的真实写照。

万福台前空地开阔，青石铺地，是平民百姓自携条凳或站立看戏的场所。空地东西两侧各有廊，为二层建筑，形为包厢，清乾隆年间修建，供地方士绅及眷属看戏用。万福台的包厢设计，还有一个聚拢声音的效果，使观众在每个角度都听得清楚。过去每当演出之时，人烟辐辏，万福台一带，顿成闹市。

万福台在粤剧史上具有重要的地位，现已成为海内外红船子弟寻根的重要场所。佛山是粤剧的发源地，粤剧最早的行会组织——琼花会馆就建在佛山。旧时戏班每年组班一次，然后乘红船分赴各地演出，组班后的首场演出必在祖庙万福台举行，因而万福台又有审戏台的作用。过去万福台每逢喜庆节日、神诞都会演戏，尤其是每年秋收之后，几乎每晚都有演出，四乡来看大戏者，络绎不绝。（黄晓蕙）

14 "祖庙"牌坊

"祖庙"牌坊建于明天启六年（1626），原为栅下崇庆里"参军李公祠"的建筑物，是该祠内两个建筑形式和结构完全相同的牌坊之一。李参军，即李舜儒，是佛山名人李待问之兄。因参军祠同时祀李待问，故有两个相同的牌坊。

该牌坊为四柱三间三楼式木石混合结构，为适应岭南多雨潮湿的气候，台基、抱鼓石及柱子均用灰沉积岩，所雕纹饰简练古朴；梁、枋、驼墩及斗拱等均以硬木制作，具明代特征；楼为绿琉璃庑殿顶，以三层如意斗拱承托，明代古风犹存；屋顶上还有龙珠、鳌鱼及陶塑花鸟瓦脊等装饰。

1960年，李参军祠被拆，两个牌坊一个被安放在佛山中山公

园秀丽湖前，另一个因祖庙开辟公园而迁建于此，后书上"祖庙"二字。"祖庙"牌坊以其古雅瑰丽的造型，吸引了成千上万的中外游客驻足留影，现在它不但成了祖庙的标志，也成了佛山的标志。（高天帆）

15 双龙壁

走进祖庙的大门，一幅大型的"双龙戏珠"陶塑就会展现在眼前：两条巨龙遨游在蓝天碧海之间，正在戏耍着一个火珠。其中一条龙穿梭于碧波荡漾的

海面上，激起大片的浪花；另一条龙则腾云驾雾，盘旋在海的上空。龙、云、水三者的造型逼真传神，栩栩如生。两条龙互相呼应，顾盼生姿，活灵活现，呼之欲出，陶塑艺人的精湛技艺在此表现得淋漓尽致。

双龙壁原壁于"文革"期间被毁，此双龙壁是1981年由石湾建陶厂按原壁烧造的。石湾素有"南国陶都"的美誉，从唐代开始，就成为广东陶器生产的中心之一，至明、清两代更为兴盛发达，赢得了"石湾瓦、甲天下"的美誉。现存最古老的一条龙窑——南风古灶，就建于明正德年间，五百年来，窑火不绝，生产未断，至今保存完好。石湾制陶业自明代以来，名家辈出，创造了众多的艺术精品，双龙壁就是其中的一件杰作。（曾冠军）

16 "节孝流芳"牌坊

在佛山祖庙通往黄飞鸿纪念馆的通道上，有两座颇具历史价值的牌坊，一是砖雕"褒宠"牌坊，一是"节孝流芳"牌坊。这里介绍的是"节孝流芳"牌坊。

封建社会女子不失身和丧夫不再嫁视为贞节，善事父母是为孝，三十岁以前守节至五十岁且善事翁姑、抚育儿女、孝行感人者，

可由地方官呈请朝廷表彰其节孝，甚至可建立牌坊以作表彰。

这座牌坊原在佛山顺德区龙江镇，乃清乾隆二十五年（1760）为旌表尹廖氏节孝所建，坊额题"节孝流芳"四字。该牌坊于1972年由佛山市博物馆征集，1990年建于现址，为歇山顶四柱三间三楼式石牌坊，石材有花岗岩和灰沉积岩两种，面宽7.96米。各楼檐下的斗拱以至额枋、雀替等构件均为灰沉积岩，坊额上下左右均雕刻人物故事，其中有"琴棋书画"、"八仙"等历史故事，工艺精巧细腻，有较高的历史和艺术价值。（李小青）

17 "褒宠"牌坊

"褒宠"牌坊建于明正德十六年（1521），原为佛山仙涌铺大塘前郡马梁祠牌坊，1972年迁移到佛山市博物馆大院内。

这座牌坊为四柱三门楼式，面宽28.5米，牌坊大量采用砖雕，雕刻内容丰富，有鸟兽、花卉、人物等，颇具匠心。坊额石刻"褒宠"两个大字，是明正德皇帝朱厚照手书，额阴刻敕书。

"褒宠"牌坊背面坊额上的阴刻敕书，全文一百九十六字，内容是明正德皇帝朱厚照对郡马梁焯出色表现的嘉奖。梁焯是佛山人，明正德九年（1514）进士，授礼部主事，学识渊博，尽忠职守，性情刚直，敢作敢为。在任期间，曾有一外国派来的使臣到朝廷刺探情报，梁焯发现来使企图不轨，即奏明皇帝宜备于未然。皇帝不但不认同，还对梁焯进行指责、贬官处理。事后梁焯觉得皇上不信忠言，将来国家必后患无穷，便以母亲之命为由，请求归田，居家不再与达官贵人来往。他曾从王阳明学理学，回乡后欲著书阐述王的学说，因忧患国家安危，没有完成便郁郁而终，年仅四十六岁。梁焯去世后，派来使刺探情报的国家果然对明朝进行侵略，几经交战，朝廷虽将其击退，但已造成重大损失。明正德皇帝深悔未能及时采纳梁焯的忠告，而致使国家受损，为表彰梁焯对国家的重大贡献，下旨敕封。梁氏家族为显耀梁焯所获得的荣誉、追念他的功绩而立"褒宠"牌坊。（范志红）

18 "古洛芝兰"牌坊

佛山孔庙孔圣园内，有一座石结构的四柱三楼牌坊，坊额正面题"古洛芝兰"，背面题"季华留芳"。牌坊明间宽2.2米，次间宽0.8米，坊檐以石雕斗拱承托，坊额上下透雕龙凤、雀鸟，雕工精细。牌坊整体小巧精致，极具岭南古建特色。佛山孔庙一带旧属祖庙铺古洛社，历史上佛山又称季华乡，因此"古洛芝兰"、"季华留芳"无疑是佛山人对家乡的赞美之词。

该牌坊原立于社亭铺梁氏祠堂内，为梁氏百岁族人梁持璞所建，名为"升平人瑞"牌坊。据

地方志记载，"梁持璞秉性宽厚，岁饥，出粟周邻里，多有赖存活者。两修祖祠，任劳捐产……督子侄课文。卒时百有七岁，奉旨建升平人瑞坊"。中华人民共和国成立后，随着佛山城市建设和各项事业的发展，昔日社亭铺梁氏祠堂已被新的建筑物所替代，"升平人瑞"牌坊拆除后归佛山市博物馆保存。二十世纪八十年代初期，佛山孔庙重修，"升平人瑞"牌坊也重新竖立在孔圣园内，并以新的"古洛芝兰"坊额替换损坏的"升平人瑞"坊额。(李小青)

19 麒麟照壁

位于孔庙内的麒麟照壁，原建于本市城区黄巷口，该地原称麒麟社，此石壁为该社社徽。石壁高2.62米，宽2.27米，厚约0.13米，壁中浮雕为一疾步回首的麒麟，麒麟足踏祥云，双目圆睁，鬃毛飞扬，动感十足，所用材料为俗称"红米石"的红砂岩，色呈淡红，古朴雅致。

据民国《佛山忠义乡志》卷十八《杂志》记载："忠义第一社院内照壁上嵌一大石块，高广逾寻。中镌麒麟一，大数尺，古朴清雅，奕奕有神，甚似汉人坟前神道碑首所刻之麟凤、天禄、辟邪等物。此社虽未知创自何年代，然即麒麟观之，无异汉朝石画，谅非唐宋以后物也，镇人故称麒麟社。"又有按语说："忠义乡社以古洛为最著。立社关于经制，实不能分别等第。麒麟社在丰宁铺，额书'忠义第一社'。或疑其自为标榜，故谚云：'忠义社画麒麟，有钱佬话事'之语。今观其制度，麒麟石刻既与古合，题额书势超逸，亦非寻常手笔。名迹留传，推为第一，亦未为过。爰赞其妙，又采及谚语，以见事出有因云。"(麦木林)

20　佛山孔庙

　　佛山孔庙位于祖庙的西南侧，是清宣统三年（1911）佛山黄棣华等一批尊孔士绅集资兴建的一个尊孔活动场所，旧称"尊孔会"。原建筑占地约两千平方米，包括孔圣殿、招待室、治事室、海日楼、小亭、花园等。周围景色宜人，"右邻古庙，前绕清溪，菜陇桑畦，青葱可爱。遥望石湾诸山，宛如一幅画图，豁人心目"。日寇侵华以来破坏严重，现仅存孔圣殿一座古建筑。

　　孔圣殿为单檐歇山顶，面宽、进深各三间，建筑面积近三百平方米，1984年定为佛山市级文物保护单位。殿内设有神龛，内置刻于清宣统二年（1910）的孔子石刻像，是按山东曲阜孔庙的孔子石刻像拓本重刻的；像前的镂雕石供案由本镇兴宁街夏怡和店于清光绪二十三年（1897）造；殿内左右两侧墙上，镶嵌有《孔子庙堂碑》石刻，据唐代著名书法家虞世南所书碑记拓本翻刻，上有翁方刚的考证题跋；殿内的明间还装有精美的大型金漆木雕屏风；殿前石柱础上刻有生动传神的洋人侏儒形象，富有鲜明的时代、地域特色。殿内石柱、木柱上共有七副对联，均为清宣统三年修庙时当地士绅所书，笔法遒劲、博古通今，是研究佛山孔庙历史的珍贵资料。

　　1981年为配合佛山祖庙的开放，重新维修孔庙，增添了金漆木雕神龛；在殿内的左右两壁镶嵌了收集于佛山李氏大宗祠的六组精美砖雕；在殿前安置了石文笔、石雕羊、石雕钟等文物；增设了"古洛芝兰"牌坊以及古朴生动的明代石刻麒麟照壁、佛山钟廊、桥亭水榭等；再配以成荫的古木，灵动的金鱼，似乎恢复了当年尊孔会花园的部分美景。近年来为了配合孔庙学童开笔礼的举办，孔庙公园又增设了状元井、佛山状元榜、吉祥树等新景点。学童开笔礼也越来越受到珠江三角洲一带群众的喜爱，成为一个新的文化品牌。（肖海明）

21 三门瓦脊

在祖庙三门屋脊之上，雄踞着一条长31.7米、高1.78米（含以灰批艺术作基座的高度）、被喻为"花脊之王"的石湾陶塑人物瓦脊。清光绪二十五年（1899）祖庙进行大修时，三门屋脊上安装了这条由石湾文如璧店制作的陶塑瓦脊，使这座具有悠久历史的古建筑更为雄伟壮观。

石湾陶塑瓦脊分正脊、垂脊和看脊三类，正脊多为双面，题材以人物故事为主；垂脊以花卉鸟兽图案居多；看脊是单面的，前殿东西廊庑上的"郭子仪祝寿"、"哪吒闹海"即属此类。三门瓦脊是一条双面瓦脊，正、背两面共塑各式人物约300个，神态生动，栩栩如生。故事内容为"姜子牙封神"（正面中段）、"甘露寺"（正面西段）、"舌战群儒"（或称"联吴抗曹"，正面东段）、"郭子仪祝寿"（背面），这些都是家喻户晓的历史故事。瓦脊中还有十几座别致的亭台楼阁和点缀其间的花卉鸟兽，作为故事内容的衬托。瓦脊正中置一颗铜宝珠，宝珠的左右有相对的鳌鱼，鳌鱼气势非凡，有如翱翔在蓝天白云中。

文如璧是清康熙年间佛山著名陶业家，他以自己的姓名为店号，后其子孙沿用此号至清末。该店早期制作园林建筑及日用陶器制品，后期以制作陶塑瓦脊为主。祖庙除三门瓦脊外，庆真楼庭院中展出的"九龙谷"瓦脊式照壁，也是文如璧店的代表作品。文如璧店制作的瓦脊，在清嘉庆至道光初期多为浮雕花卉雀鸟类图案纹饰，道光晚期至咸丰以后，随着石湾陶塑艺术的发展，浮雕图案题材逐渐转变为历史故事和民间传说。由于受本地粤剧的影响，人物瓦脊所塑多是粤剧戏装人物，其造型千姿百态，生、旦、净、末、丑行当及其服饰齐全。粤剧的大袍大甲、靠旗、雉鸡尾等均见诸瓦脊人物身上；所塑人物一举一动、一颦一笑、一招一式，皆合法度，戏韵十足，生动传神，如同舞台上粤剧演员在鼓乐声中的精彩演出。石湾瓦脊使用的琉璃釉彩，主要有黄、绿、宝蓝、褐、白五种色彩，制作工艺以贴塑为主，塑造人物形象着重在轮廓线上下功夫，含粗沙的石湾陶土又特别适宜塑造肌肉外露、筋骨苍劲、粗犷简练的人物形象。此外，陶塑艺人在制作瓦脊的时候，充分考虑到瓦脊装饰整体群像组合与案头摆设小品的不同，瓦脊装饰在屋顶上与观赏者有一定的距离，因此大都采用粗线

22-2　　22-1

条的写实艺术创作手法，并使人物向前倾斜，便于从下往上观看。石湾陶塑艺
人将陶塑艺术与建筑装饰艺术和谐地统一在祖庙三门瓦脊中，使这座东方古祠
艺宫更具浓厚的地方色彩。（李小青）

22　石湾陶塑日神、月神

　　在佛山祖庙三门前东、西两侧墙壁上，陈设着两尊陶塑神像：东侧为日神，
西侧为月神。它们是清光绪二十五年（1899）重修祖庙时，由石湾著名陶塑艺
人黄古珍塑造的。

　　据说日神、月神的来源与人类起源的神话传说有关，即盘古开天、日月创
世。《五运历年记》亦认为中华民族的日月神是盘古氏的双眼所化，左眼化为日
神，右眼化为月神。民间流传的"男左女右"习俗，就由此而来。民间对信仰
神的崇拜也反映在人们的日常生活中，在庙宇祠堂的屋脊上塑造日神、月神像，
反映了人们望其能日夜庇护、助镇庙宇的心愿。

　　关于日、月神的另一个传说，与民间故事"桃花女与周公斗法"有关。故
事说周公为日神，桃花女为月神，两人原为真武大帝身边的一对金童玉女，因
经常争吵不休而遭贬人间，但仍然继续向对方挑衅争斗。周公设计以重金礼聘
迎娶桃花女，欲在她出嫁上轿时，施法术驱五么鸡精害她。桃花女适时识破，一
一防备逃过死劫，所以日月神里的月神一定是穿着嫁衣的。据说旧式婚礼中的
新娘足不履地、伴娘帮新娘撑伞遮头以挡五鬼、撒米在地转移鸡精的注意等习
俗，皆源自于当年桃花女出嫁时的情形。桃花女与周公在天上是一对，下到凡
间依然纠缠不休，关系从未真正断绝，因此他们的形象总是成双成对的出现，在
陶塑瓦脊上也如此。

　　祖庙三门前东、西两侧墙壁上的这对日月神，高0.85米，形体高大，釉色、
造型均臻完美。日神被塑造成白绀长须的老者形象，头戴博冠，身着绣有祥云

和烈兽的长袍，披甲衣，蹬长靴，一足抬起，一手叉腰，一手持象征太阳的铜镜，似将灿烂的阳光照向大地，形象显得苍劲有力，充满英武之美、阳刚之气。月神则被塑造成一个妩媚温柔的女子，身穿五彩羽衣，身形窈窕，神情动人，似乎能使人感到她那轻柔的笑声和如兰的呼吸。她一手叉腰，一手举着象征月亮的银镜，似将宁静的皓月清辉洒向人间。两神脚下都踩着祥云，上面书有"黄古珍"楷书款。黄古珍，清道光至光绪年间的石湾陶塑艺人，所塑人物，神态生动，善将人物的内心世界表现出来。日神、月神当为黄古珍人物作品中的代表作。（黄晓蕙）

23　陶塑看脊"哪吒闹东海"

"哪吒闹东海"陶塑看脊位于祖庙前殿西廊，是清光绪二十五年（1899）石湾"均玉"店的制品。

"哪吒闹东海"题材取自《封神演义》第十一回。故事讲的是陈塘关李靖的三儿子哪吒因天热难耐而出关闲游，在东海九湾河中洗澡，因用七尺混天绫蘸拭身体而使得河水通红，光华灿烂，波涛汹涌，乾坤震撼，更令得海中龙王爷的宫殿——水晶宫摇晃乱响。巡海夜叉李艮前往查看，与哪吒交战，被哪吒用昆仑山玉虚宫的宝物——乾坤圈打死。龙王三子敖丙得知李艮被一孩童打死，冲出水面，在浪如山倒、波涛横生的水面上与哪吒大战起来，最终亦毙命于哪吒的乾坤圈下，并被哪吒抽去筋绦。哪吒是个反抗性很强的人物，与《西游记》中的孙悟空一样，是深受人民群众喜爱的艺术形象，在他身上寄托着反抗封建礼教和伦理观念的精神，反映了深受封建礼教压迫的人民大众的愿望。因而这一故事广为流传，也常常出现在古建筑的装饰构件上。

这组"哪吒闹东海"陶塑看脊，长4.3米，高1米，楼台屋檐，构图严谨，真实生动。看脊分两层，下层塑人物十九个，长袍铠甲，姿态各异；上层塑人物八个，皆倚栏杆，向下张望，神态生动；下层脚踏风火轮，手执乾坤圈的便为哪吒，似刚刚凯旋，在向正襟危坐的父亲邀功呢！哪吒神态天真、活泼而趣稚，其父李靖稳重、严肃，似在怒斥这个调皮的顽童。（黄晓蕙）

24　陶塑看脊"郭子仪祝寿"

佛山祖庙前殿东廊看脊为"郭子仪祝寿"，是清光绪二十五年（1899）石湾"均玉"店的佳作。

郭子仪（697～781），唐代著名大将，华州郑县（今陕西华县）人，以武举累官至天德军使兼九原太守，在平定"安史之乱"及收复长安、洛阳时，战功卓著，升中书令，后又晋封为汾阳郡王。他一生品德高尚、忠君爱国、富贵寿考、儿孙满堂，七子八婿皆为朝廷高官，是一位集福、禄、寿于一身的传奇式人物，也是封建礼教所称颂的道德典范。瓦脊所表现的就是众儿孙在汾阳王府内为郭子仪贺寿的场面。

"均玉"是晚清广东石湾花盆行著名店号，以生产陶塑瓦脊及大型造像见长，创作出大量的以历史故事、神话故事和民间传说等为题材的优秀作品。

该看脊长4.3米，通高1米，塑造人物共三十八个，分五段烧制组合而成，以蓝、黄、绿、白、褐为主色调，庭台楼阁布局合理，人物刻画栩栩如生。作品运用传统制陶之捏塑、贴塑、印贴等装饰手法，在人物的造型、服饰和故事场景中，糅合了粤剧的舞台审美意识，把慈眉善目、福禄寿全的郭子仪和儒雅显贵的众儿孙们塑造得活灵活现。整幅作品虽然人物、景物众多，却层次分明、互相呼应，将汾阳王府内一片祥和的景象完美地展现在观众的面前。（张雪莲）

25 祖庙正殿瓦脊

祖庙正殿瓦脊，是清光绪二十五年(1899)祖庙大修时，由石湾吴宝玉店制造的。吴宝玉店始创于清同治年间，为石湾花盆行著名店号，店址在现石湾酒厂附近。该店创始人吴圣原，原籍广东四会，以制作陶塑瓦脊闻名，有孙吴登、吴海等继其业。

该脊是双面瓦脊，长7.5米，通高1.3米，主题是脍炙人口的三国故事"甘露寺看新郎"。故事说的是东吴孙权和周瑜设计，假意以郡主孙尚香许配刘备，骗取刘备到东吴，拘留作人质，索回荆州。在诸葛亮巧计安排和赵子龙周密保护下，刘备为了联吴抗曹的大业，冒险过江招亲。吴国太后不知就里，在甘露

寺相新郎，看中刘备，招为女婿。周瑜从此留下了"周郎妙计安天下，赔了夫人又折兵"的笑柄。

　　该脊左右两侧有大凤凰相伴，以凤头为屋脊的邸尾。殿堂建筑常用龙凤、麒麟、鳌鱼作屋顶装饰，表示吉祥、富贵和威严。

　　石湾瓦脊自清代中叶以来畅销国内外，东南亚的泰国、缅甸、越南、新加坡等地的庙宇建筑，多采用石湾瓦脊作建筑装饰，正如清人屈大均《广东新语》一书中所说："石湾之陶遍二广，旁及海外之国"。（吴庭璋）

26　陶塑瓦脊"穆桂英挂帅"

　　庆真楼院内陈列的这座陶塑瓦脊原是汾水铺永兴街"关帝庙"中规模最大的一座瓦脊，长10.19米，高1.8米，由石湾"文如璧店"于清光绪十七年（1891）造，1959年迁到佛山市博物馆，1962年安于此处。

　　整座瓦脊以中段为主，中段故事为"穆桂英挂帅"，长4.3米，高1.64米，共塑人物四十个。内容描述的是当时辽宋两国交战频繁，宋朝派出以杨继业为首的杨家父子率军与辽作战。在"金沙滩大战"中，杨家将遭奸臣潘仁美陷害，致使杨家七子出战，只有六郎一人归来。后辽军在"九龙谷"附近摆下天门阵对垒宋军，宋军再派杨家将应战，由杨宗保之妻穆桂英领兵挂帅，在她的巧妙调配下大破天门阵，使宋军大获全胜。此瓦脊借杨家将英勇抗敌的事迹，反映了清末人民抵御强虏、谴责权奸及对当朝政府无能腐败不满的情绪。

　　左段陶塑瓦脊为"牛郎织女"，长2.93米，高1.64米，共塑人物十一个。右段陶塑瓦脊为"天官赐福"，长2.96米，高1.62米，也塑有人物十一个。画

26-2

面描绘了神话传说中的"北极紫微大帝"端坐其中，旁边有献爵者、献桃者、持"紫微正照"方印者、执册而行者，都在向紫微大帝祝寿献礼。另有持"三田和合"联的，是指"和合二仙"，象征夫妻相爱、家庭和睦之意。手持金钱者为戏蟾的刘海。此组故事寓意着福、禄、寿、财、家庭和合等美好愿望。（范志红）

27 祖庙大院内陈列的七条陶塑瓦脊

佛山祖庙公园内共陈列着七条陶塑瓦脊，这些瓦脊都是二十世纪五十年代以来，在佛山市旧城区改造过程中，由佛山市博物馆征集保存的。这七条陶塑瓦脊的制作年代、生产店号和所塑的内容分别如下：

一、清道光七年（1827）英玉店造松龄鹤寿瓦脊。该瓦脊陈列于灵应祠正殿西侧外墙，是佛山现存最早的瓦脊。英玉店除生产瓦脊外，还有大型陶塑花窗等园林建筑构件，祖庙内忠义流芳祠北墙镶嵌的双面云龙蝙蝠纹花窗，就是英玉店的制品。

二、清道光十五年（1835）奇玉店造狮子滚绣球瓦脊。该瓦脊陈列于端肃门前通道左侧。所塑狮子为独角造型，神态活泼。据说独角狮的造型是根据佛山民间传说而来的。明代佛山人梁晚节家门口立着一对用西樵山石料雕刻的狮子，狮子日久作怪，践踏禾田。乡人提出"以怪治怪"之法，请扎作艺人用竹篾扎成头上长独角、两眼暴突、宽耳阔鼻的独角狮，当作怪的石狮出现时，乡人舞动独角狮向怪兽冲去，又持械追击至梁氏门口，石狮两足被击破，从此不再作怪。此后，独角狮的形象在民间广为流传，舞狮也成为人们喜爱的辟邪消灾、祈求国泰民安的活动。有无独角也成为南方狮与北方狮的区别之一。

三、清光绪十五年（1889）吴奇玉店造人物瓦脊。该瓦脊陈列于灵应祠正殿西侧外墙，现存陶塑人物四十六个，从人物的造型、神态分析，所塑故事内容为传统的戏曲故事。

四、清光绪二十三年（1897）奇玉店造瓦脊。该瓦脊陈列于端肃门前通道左侧。瓦脊所塑为鹊鸟、松鹤、麒麟、凤凰、宝鸭等吉祥图案。活泼的喜鹊登上枝头欢快"歌唱"，寓意喜上枝头；松鹤寓意长寿；麒麟是祥瑞之兽；凤为百鸟之王；宝鸭穿莲寓意读书人在殿试中连登榜首，"莲鸭"谐音为"连甲"，"穿"是"中"之意。

奇玉店的落款有吴奇玉店造、石湾奇玉、石湾吴奇玉店造等多种，该店号是石湾制陶业花盆行早期的著名老店号。清嘉庆二十二年（1817）已有较原始的人物瓦脊出品，是石湾陶塑人物瓦脊制作始祖之一，石湾陶师庙、关帝庙以及广州陈家祠都装饰有该店号的产品。

五、清光绪二十九年（1903）均玉店造人物瓦脊。该瓦脊陈列于院内展览馆前，由六段长约50厘米的构件组成，中间四段现存陶塑人物十六个，左右两段以花瓶形式装饰店号与年款。由于当年保存条件较差及多次搬迁的缘故，现存六段可能不是原装组合。

六、清光绪□□年均玉店"八仙过海"瓦脊。该瓦脊陈列于院内展览馆前。八仙是古代神话中铁拐李、汉钟离、张果老、吕洞宾、韩湘子、曹国舅、何仙姑、蓝采和八位神仙，传说他们学道成仙，各有一套本领，故有"八仙过海，各显神通"之说。该瓦脊除了塑八位神仙的生动神态外，更有活灵活现的虾兵蟹将等辅助装饰题材。

均玉店是清同治、光绪年间花盆行著名店号，所制陶塑瓦脊及大型造像最有名气。佛山市博物馆内大型陶塑神像及灵应祠内东西廊庑看脊都是均玉店的代表作。

七、未署年款及店号名称的富贵荷花图瓦脊。该瓦脊陈列于褒宠牌坊后，双面图案。正面塑牡丹图，有草书诗句："近年多种侯王地，怪得人称富贵花"；背面是荷花图，也有草书诗句："中通外直真君子，何事唐人作六郎"。正、背面图案皆寓意吉祥富贵。

石湾陶塑瓦脊，有正脊、垂脊、看脊之分，还有单面、双面之别。一般正脊装饰多为人物故事，垂脊装饰多为双面花卉图案，看脊则以单面人物故事为多。年代较早的瓦脊，其题材多为花卉鸟兽。据资料记载，清代乾隆、嘉庆乃至道光年间的瓦脊都是花卉鸟兽一类的装饰题材，道光后期才开始出现各种人物的塑造。清代瓦脊的生产制作属于花盆行的专利，石湾花盆行共有七十多家店号，其中吴奇玉店、均玉店、英玉店都是著名店号，所制陶塑瓦脊颇负盛名，产品远销两广及东南亚一带。（李小青）

28

29

28 砖雕"海瑞大红袍"

砖雕,是用凿和锤在砖上雕刻出各种人物花卉、鸟兽等图案的一种传统手工艺。它所用的材料是质地细腻的东莞青砖,经过"打坯"(即在砖面上凿出轮廓,确定其部位和层次,区分近、中、远三景)和"出细"(即精雕细刻)两个程序。砖雕曾广泛运用于岭南祠堂、庙宇及住宅建筑装饰中。

现镶嵌在祖庙端肃门南侧的砖雕"海瑞大红袍",是清光绪二十五年(1899)由砖雕艺人郭连川、郭道生合作雕刻的。该砖雕是壁龛式多层雕,高1.4米,宽2.83米,整个画面以人物题材为主,四周以花鸟图案作装饰。该故事出自清代长篇章回小说《海公大红袍全传》,描写了明中叶忠臣海瑞不畏权势、为民清愿、力主严惩贪官的故事。海瑞是明代广东琼山县人,字汝贤,号刚峰,明嘉靖举人。明嘉靖四十五年(1566)任户部主事,上疏批评世宗听信奸臣、不理朝政,后被逮入狱,世宗死后获释。明隆庆三年(1569)任应天巡抚,疏浚吴淞口,推行一条鞭法。该砖雕共雕刻二十五个人物,人物形态均刻画得惟妙惟肖。前右一的文官人物就是海瑞,他那刚正不阿的形象是如此高大,而坐在中后部、有两仕女打着御扇的嘉靖帝及前左的文官(奸臣)雕刻得十分矮小,对比之下,更突出了忠臣海瑞的崇高形象。这组砖雕不仅反映了佛山精湛的砖雕工艺水平,同时也是爱国主义和反腐倡廉的好教材。(周海燕)

29 砖雕"牛皋守房州"

在崇敬门南侧围墙上,镶嵌有一组精美的砖雕壁龛,内容为历史故事"牛皋守房州"。它在祖庙这座"东方民间艺术之宫"众多艺术作品中，以精湛的工艺、极富韵味的造型，显示出独特的风采。

砖雕"牛皋守房州"反映的是南宋名将牛皋抵御金兵，战守房州的场景。房州，古州名，辖境相当于现在湖北房县、竹山、保康、竹溪等县。牛皋，字伯远，汝州鲁山（今河南）人，南宋抗金名将岳飞的部将，屡立战功，官至承宣史，后任荆湖南路马步军前总督，因反对宋金议和，绍兴十七年（1147）被秦桧派人毒死。

砖雕高1.4米，宽2.83米，为壁龛式多层高浮雕，制作于清光绪二十五年（1899）。画面人物众多，场面热闹，主题突出，人物戏剧功架造型别具一格，明显受到了粤剧舞台艺术的影响。壁龛四周以寓意吉祥的瓜果、花卉、动物图案作边饰，左右两侧分别雕刻有："郭惠川、郭道生仝作"以及"李合胜、何煜记承造"字样。

作品选用的是质地坚实细腻的东莞青砖，雕刻技法则是圆雕、浮雕、镂空雕和镶嵌等多种手法的有机结合，使画面取得了景深大、视野广、层次多的艺术效果。砖雕舍去激战的场面，着意刻画牛皋及其部将的人物个性，让人感受到一种沉着自信、刚毅不屈的民族气节。作者巧妙地将画面三十五个神态各异的人物与殿堂楼阁组合成为一个整体，突破了时间的限制，把曲折、复杂的故事集中在一个画面上，兼收岭南风物形胜，并蓄佛山民间工艺精华，富有浓郁的地方特色。严谨精巧的布局，生动传神的人物造型，明快利落的雕刻技法，充分反映了佛山民间艺人高超的智慧和技巧，堪称砖雕艺术的代表作。

清代，由于官府对佛山祖庙祭祀的重新介入，在地方官的支持下，北帝崇拜达到了登峰造极的地步，并且把祖庙的修建作为合镇大事去办，"营造务求恢弘，雕饰务求精美"。因此，祖庙的修建十分注重质量，得到地方官的高度重视，我们今天所看到的祖庙建筑装饰，无一不是能工巧匠的精心之作。如今，砖雕工艺随着时代的发展已经濒临灭绝，祖庙有幸保存了这些砖雕艺术精品，可谓弥足珍贵。（黄 虹）

30 灰塑"唐明皇游月宫"

灰塑是岭南建筑常用的传统建筑工艺，俗称"灰批"。用草灰、石灰、纸浆等混合物在建筑上塑造装饰而成，多用于门额、窗框、山墙、屋脊等处，题材多为花卉、鸟兽、山水人物等。

端肃门是人们游览祖庙的重要入口，在门楼上方塑有一组灰塑——"唐明皇游月宫"。它是由出身灰塑世家的布根泉师傅于1942年制作，为多层立体浮雕，塑有唐明皇、月宫仙女及卫士等五人。

唐明皇即唐玄宗，"开元盛世"便是他励精图治之功。唐明皇游月宫的故事

见于凌蒙初所著的《拍案惊奇》，讲的是中秋之夜，玄宗一时雅兴大发，让高僧叶法善将板笏化成一道银桥直达月宫。当他来到月宫时，只见牌匾上书"广寒清虚之府"，月宫仙女并不理会玄宗的到来，只是各自吹奏跳舞，法善便说："这些仙女，名为素娥，身上所穿白衣，叫做霓裳羽衣，所奏之曲，名曰《紫云曲》。"另据《开元遗事》载：玄宗在位时，天下太平，一片繁华安定之景象。唐明皇有一天在皇宫里对大臣说："吾昨夜梦游月宫，诸神娱予以上清之乐，寥亮清越，殆非人间所闻也。……至月宫，仙女数百，皆素练霓衣，舞于广庭。问其曲，曰霓裳羽衣。"唐明皇将曲默记下来，醒后将其写成曲谱，让乐师演奏，名曰《霓裳羽衣曲》。而杨贵妃据此曲创出《霓裳羽衣舞》。后来此事流传于民间，便有文人雅士将其写成诗文，编成戏曲，广泛传颂。

端肃门上的这组灰塑采用后一种说法，在构图中突出游之美景，游之怡然：前有月宫仙女引导，后有臣子跟随，唐明皇悠然自得地欣赏月宫仙景，两旁古树仙草掩映，鸟兽和鸣，一派热闹喜庆的景象。(任智斌)

31 灰塑"桃园三结义"

灰塑"桃园三结义"位于崇敬门顶部，与端肃门顶部的"唐明皇游月宫"相呼应。内容取材于中国古典名著《三国演义》第一回"祭天地桃园结义"。传说东汉末年，天下纷争，王室衰微，各具才华的刘备、关羽、张飞恰巧相逢，三人意气投合，于是在河北涿州"桃园三结义"，誓同生死，救国扶危，匡复汉室。此后，风云际会，争得与曹操、孙权三分天下，形成鼎足中华之势，成就了一番英雄事业。

灰塑"桃园三结义"是民国三十一年（1942）祖庙修缮时，由佛山著名灰塑艺人布根泉制作。作品为多层式立体雕，表现的是刘、关、张三人于桃园结拜时焚香拜祭后举杯畅饮的情景，刘备居中，关羽居左，张飞居右，两仆童侍奉在后，背景装饰有美艳的桃花，苍郁的古柏。工匠利用灰塑材质可塑性强的特点，以纯熟的手法，对人物衣饰、造型、布局处理得准确适度，更能把握人物面部表情的典型性。刘备仁慈宽厚、关羽忠义仁勇、张飞骁勇善战的人物个性特征都刻画得淋漓尽致，栩栩如生。所敷色彩搭配和谐，具有独特的装饰效果。（黄 虹）

32 灰塑"云水龙"

位于祖庙正殿香亭东廊的灰塑"云水龙"，长3.5米，宽1.05米，由佛山著名灰塑世家的传人布柏生于1942年创作而成。画面塑一黄龙、一绿龙遨游在天际中，四周祥云缭绕，火珠喷发，云龙下簇簇海浪直拍云端。仰首观望时，只见双龙身形矫健，形态壮观伟美，张牙舞爪，飞腾于云水之间，给人一种英姿勃发、无所畏惧的豪壮感，可谓神龙活现云水间。（张辉辉）

33 灰塑"二龙争珠"

祖庙三门内侧檐顶上，有一组精美的"双龙戏珠"灰塑。灰塑长5.43米，高0.9米，内容除中间的双龙戏珠外，左右还伴有两幅麒麟图案。双龙戏珠中的双龙塑造得十分精细，两条张牙舞爪、威猛活泼的巨龙正围绕着一个火珠戏耍嬉弄，周围祥云缭绕，气氛喜庆欢快。双龙造型大致相同，一高一低，怒目相对，龙身蟠屈，尾部一伸一缩，各伸一前足，作抢珠状。作者采用了浮雕和圆雕相结合的雕塑手法，比例适当，线条流畅，生动活泼。作者布柏生，是佛山著名的灰塑世家传人，这是他1942年的作品。（招智明　黄玉冰）

34 灰塑"蕉园赏画"

灰塑"蕉园赏画"是民国初年的作品，作者不详，据说是"琴、棋、书、画四幅立体多层灰塑作品之一。"蕉园赏画"和"仙人弈棋" 位于祖庙正殿香亭东廊之上，而"琴"和"书"则位于西廊上方。目前尚存"棋"和"画"，"琴"和"书"已毁，1956年重修祖庙时，改塑成目前的两幅花鸟灰塑作品。

"蕉园赏画"描述古代文人雅士茶余饭后在幽静的蕉园中欣赏书画，充满闲逸的田园诗意。画面以榕树、蕉叶作背景，主人公在书童舒展的画卷前品评交

谈，远处楼阁，一小童扶栏遥听。一远一近，一主一次，相互呼应，且借远近对比，使本来难以表现景深的灰塑平添了几分透视感，使面积不大的灰塑画面拓展了回旋的空间。"蕉园赏画"灰塑色彩浓郁厚重，造型简朴明快，立体效果显著。为使蕉叶能以假乱真，作者打破常规，大胆使用薄铁皮制作蕉叶，再加上精细的彩绘，使蕉叶给人一种娟扇当空、随风摇曳的感觉。（王莎维）

35 锦香池东廊灰塑看脊

锦香池东廊灰塑看脊共分三段，左侧是"文五麟"，中间是"武五麟"，右侧是"柳浪闻莺"图案，是1942年佛山灰塑名家张容的作品。

"文五麟"是由凤、雉、孔雀等瑞禽组成的吉祥图案，"武五麟"则由麒麟、狮子、狻猊等瑞兽组成的吉祥图案，两者一文一武，类似于古代文官、武官补子的分类。"柳浪闻莺"描绘了一幅柳浪阵阵、莺鸣声声的优美画卷。在三个吉祥图案之间还有题诗三首，左边的一首是唐代李白的《望庐山瀑布》："日照香炉生紫烟，遥看瀑布挂前川。飞流直下三千尺，疑是银河落九天。" 右边的一首是唐代王昌龄的《芙蓉楼送辛渐》："寒雨连江夜入吴，平明送客楚山孤。洛阳亲友如相问，一片冰心在玉壶。"中间一首似乎未塑完，内容为："白云秋色海天长，玉树风来花自香。山水有缘千里外，……"。

锦香池东廊灰塑看脊内容以祥瑞喜庆、优美风景为主题，来烘托锦香池一带的环境氛围。所题的诗句，并不是专门为了配某一景而作，其中《望庐山瀑布》一诗，书法遒劲、流畅，表现了灰塑艺人高超的艺术水平。（肖海明）

36 灰塑"双凤朝阳"

灰塑又称灰批，常见的表现形式有多层式立体灰批、浮雕式半沉浮灰批，也有圆雕式单个造型的单体灰批等。多层立体灰批工艺难度最大，以开边瓦条或钢铁线作躯干、筋骨、支架，用根灰或纸根灰做单个人物的立体造型，然后在

壁上批塑出浮雕或通雕衬景饰物，最后把单个立体雕塑人物安装上去。工艺特点玲珑通透，层次分明，主题突出。半沉浮灰批工艺较简单，在壁上打上铁钉，糊上根灰，造半沉浮灰批造型即可。灰批工艺的最后工序是彩绘，线条要粗劲，色块要大，强烈清晰，注重仰视效果。

　　位于祖庙西墙门楼的灰塑"双凤朝阳"，是布柏生、布辉父子于1956年创作的。画面是两只美丽的凤凰拥着一轮红日，象征祥瑞和光明。在《诗经·大雅》中，把凤比作"贤才"，朝阳比作"明时"，后人借"双凤朝阳"比喻"贤才逢明时"。(麦木林)

37 灰塑"薛丁山三探樊家庄"

灰塑"薛丁山三探樊家庄"位于万福台东门楼上方，作者是布锦庭，作于民国初年。灰塑长4.1米，宽2.3米，属于多层式立体雕塑。该故事见旧章回小说《征西全传》第二十七至三十回，大意是薛仁贵领兵西征，途经寒关山，与关上老将樊洪的女儿樊梨花对阵。樊梨花是梨山圣母的徒弟，有移山倒海之法，撒豆成兵之术，又有诛山剑、打神鞭、混天棋盘、乾坤圈、分身术等法宝。她使用法术，三擒三放薛丁山。而薛丁山在领兵征战西番攻打青龙寨时，陷入敌阵，樊梨花倾力相助，攻克青龙寨救出薛丁山。经过许多曲折，薛丁山与樊梨花终于结成夫妻。

这幅灰塑主要突出"薛丁山三探樊家庄"时的情景，图中樊梨花身束腰带，头戴帽子，一身男装打扮。她一手持长枪，一手抓住薛丁山的枪拦住去路，一副威风凛凛、不可侵犯的气势，好一个巾帼不让须眉！（刘少梅）

38 灰塑"断桥会"

灰塑"断桥会"位于万福台西门楼上方，是一组多层立体式灰塑作品。其内容取材于传统戏剧故事"断桥会"：蛇仙与侍女小青思慕人间生活，下凡与书生许仙结成美满姻缘，金山寺长老法海却要拆散这对夫妻，并将许仙骗囚于寺中，后来，许仙三人经历许多磨难与曲折，终于重逢于杭州西子湖上的断桥，夫妻、姐妹重新团聚。

灰塑"断桥会"是布锦庭民国初年的作品。布氏是佛山著名灰塑艺术世家，布氏家族灰塑作品的特点是玲珑通透，层次分明，主题突出，色彩明快。布氏灰塑多装饰在建筑物高处，绘画线条一般较为粗劲，也充分考虑了仰视效果，让欣赏者站在平地观赏时感觉舒服自然。祖庙内制作的各组灰塑作品，是同类艺术创作中的佼佼者，多为布氏家族的代表作品。（李小青）

39 灰塑"仙人弈棋"

佛山祖庙古建筑群西侧外围墙上，有一幅"仙人弈棋"灰塑。作者为匹辉，作于1956年。画面上两个鹤发童颜、面带微笑的老人，正逍遥自在地下着棋，旁边有一年轻人，聚精会神地观看，仿佛在暗暗惊叹：他们的棋艺真高明啊！此故事出自成语"柯烂忘归"。

相传西晋时，信安（今浙江衢县）有一樵夫名叫王质，每天上山砍柴。一

天，他来到松林深处，见一巨大石室，石室前有两个老人正在下棋，觉得十分惊奇。于是，他把斧头放在地上，认真观看起来，甚至忘了腹中的饥饿。许久，一个老人笑嘻嘻地走到他面前说："你肚子饿了吧，我给你吃一枚枣子充饥。"王质接过枣子吃了，马上就不觉得饿了。两个老人下完一局棋后，其中一位老人朝王质看了一眼说："山中方七日，世间数千年，你快回去吧！"王质听了，想取斧下山，可一看，柯木做的斧柄几乎烂尽了，铁斧也锈迹斑斑，回首间，两个老人也不见了踪影，王质这才知道，自己遇到了传说中的神仙。他下山回村，整个村貌几乎认不出来了，也没人认识他了。（刘燕芳）

40

41

42

40　灰塑"江山入画图"

在祖庙西侧围墙外，有一幅灰塑"江山入画图"，由佛山灰塑艺人布柏生、布辉父子于1946年创作，高0.8米，宽3.3米，制作精良，经半个多世纪的风吹雨打，至今风采依然。

整幅作品宛如一幅完美的传统中国画，将亭、榭、楼、阁等中国古建筑用浮雕的形式予以展现，又以山水画的手法塑出了瀑布流水、青松红枫，加之人物的点缀，渔、樵、耕、读跃然壁上，体现了浓郁的中国人文风情。另一方面，作者父子又将西方透视艺术的立体概念融入作品中，以近焦细琢、远焦朦胧的构思，把万里江山之宽广、征帆远影之神韵、飞瀑倒影之奇趣，一一表露无遗。右下角红房上的斜顶式窗框，则是欧陆风情在中国画上的体现，见证了这一历史时期民间艺术汲取"洋气"的时代特色。

作品的右侧书有李白《月下独酌》诗句："花间一壶酒，独酌无相亲。举杯邀明月，对影成三人"。左侧书有清乾隆皇帝的诗句"好景一时观不尽，天缘有分再来游"。择句雅致，格调清丽。（王清萍）

41　灰塑"羲之戏鹅"

祖庙西侧外围墙上的"羲之戏鹅"灰塑，是佛山著名的灰塑世家布氏家族传人布辉1956年的作品。王羲之（321～379），是我国历史上最杰出的书法家之一，字逸少，东晋琅琊临沂（今属山东）人。据说他临池学书，持之以恒，在洗笔砚时将屋前的池水都洗黑了。为了掌握执笔、运笔的技巧，他爱鹅成癖，通过鹅的戏水动作寻找自己创作灵感，因而经常以鹅为友，与鹅结伴。一次，王羲之听说山阴道士养了一群鹅，便去观看，看了以后很高兴，想出高价把鹅买回去，道士说："你写一部《道德经》，我就把这群鹅送给你"。羲之欣然同意，写毕，拢鹅而去，故后世有"羲之爱鹅图"。此段灰塑以此为内容，造型生动，人物个性突出，把大书法家率真顽皮的一面表露无遗。（代先翠）

42 灰塑"公园春晓"

"公园春晓"灰塑位于祖庙的西侧外围墙上，制作于1956年，作者是佛山著名灰塑世家布氏家族的后人布志军。该灰塑描绘的是祖庙及周围的景色，画面上不仅有祖庙的"灵应"牌坊，"灵应祠"内的"文魁阁"，还有"仁寿寺"内的"如意塔"，"龙须沟"上的"金水桥"等具有代表性的佛山历史文化古迹，这是作者心目中的佛山历史文化之"春"。此外还可以从画面上看到苍劲参天的古松、枝繁叶茂的灌木、花草以及远处的农家、湖泊等景致。人们在这春光明媚、鸟语花香的公园内欣赏美景，这就是四季之春。文化之春和四季之春，共同构成了这幅"公园春晓"的主题内容。

画面两旁还配诗两首：其一，"空翠如烟雨，群峰镜里开，凉云三万顷，忽拥太湖来"；其二，"桃李春风蝴蝶梦，关山明月杜鹃魂"。这正是公园景色的真实写照。（龙敦柏）

43 端肃门楼上的灰塑"花鸟"

祖庙端肃门外侧门楼上的灰塑"花鸟"，实为绘画与雕塑的完美结合体。墙壁以灰黑色为背景，映衬着色彩亮丽的花鸟图。三只小鸟高低相应站立在嫩绿的花枝上，窃窃吟唱；粉嫩的鲜花正在盛开，花瓣的层次具有鲜明的立体感；小鸟身上的羽毛清晰可见。整幅画面轮廓分明，形态生动，画工精细，仿如步入鸟语花香、如梦如幻的美景之中。此作品制作年代与作者不详。（范志红）

44　三门贴金木雕花檐板

　　花檐板又称花板或封檐板，是保护檩条端部免受日晒雨淋的建筑构件，表面贴上金箔的便称为金木雕花檐板，一般有浮雕和通雕两种雕刻技法。三门是祖庙主体建筑的门面，建筑装饰十分考究。三门之上有一条长达31.7米通栏而过的贴金木雕花檐板，是清光绪二十五年（1899）祖庙大修时，由本地承龙街泰隆店制作。整条贴金木雕花檐板共雕刻了十四组故事，从西到东依次是：夜战马超、八仙贺寿、将相和、竹林七贤、苏护反商、梁山伯与祝英台、薛仁贵征西、六国大封相、薛刚反唐、三顾茅庐、罗通扫北、卞庄打虎、狄青怒斩王天化、渔歌唱晚，这些都是中国古代文学作品中脍炙人口、百姓津津乐道的故事。在一组组的浮雕人物故事中，适当地间以寓意吉祥的花卉鸟兽，在檐板开头和结尾的部位又以"加官进爵"的图案作结。此檐板雕刻风格既粗犷豪放又蕴含着细腻雅致，刻画传神，构思独特，表面贴上金箔，不但金碧辉煌，华丽美观，而且不易腐朽损坏，能长期保存，集装饰性和实用性于一体，具有很高的艺术欣赏和研究价值。

　　佛山木雕有着悠久的历史，是"广派"木雕的重要产地之一，尤以建筑装饰和祀神用品木雕最著名，如神案、彩门等。清代至民国年间，佛山承龙街又

是木雕行业的集散地，店铺、作坊有数十家，从业人员数百人，产品不仅为本镇、四乡及省会等地所用，而且还通过广州大批出口到东南亚各地。泰隆店是其中较为著名的店铺之一，祖庙三门上的这条贴金木雕花檐板当为该店的代表作。（李小青　何冠梁）

45　漆金木雕大门

　　祖庙三门正中有三个拱形门洞，分别安装了三对漆金木雕大门，中间的一对较大，每扇门高3.26米、宽1.12米，两侧的稍小，每扇门高为2.82米、宽0.92米，由清末西南埠（今佛山三水区）三友店造。

　　祖庙三门中以中间大门的雕刻最精细，两扇门的高浮雕均为人物故事，分别是：摘星楼、玩月楼、宣武楼、蛇盘寨、八仙过海和天姬送子。共分为上、中、下三组：右扇大门上组木雕刻有"摘星楼"三字，木雕中刻一个带手枷者作跳楼状，这是《封神演义》中"摘星楼胶鬲死节"一段的场面，讲述的是上大夫

胶鬲怒斥纣王轻信谗言、荒淫无耻的暴行后，堕摘星楼，死节捐躯。左扇大门上组刻有"玩月楼"三字，玩月楼是商纣王庭院内的楼阁之一。木雕中王者形象当为纣王，旁立女者为妲己，刻画了他们欢宴饮乐、荒淫无度而终致亡国的故事。中组有两个故事，即"蛇盘寨"和"宣武城"，均取材于民间神话传说。两扇门的下组分别为"天姬送子"和"八仙过海"，都是耳熟能详的民间故事，寄托着人们的美好愿望。大门刷黑漆，人物雕刻均贴金箔，显得庄重、富丽。门上还刻有"光绪二十五年孟冬吉旦"、"沐恩八步来安号敬送"、"西南埠三友造"等字样。

两侧大门式样基本相同，上部为透雕龙纹，下部为浮雕博古器皿。左侧两扇门刻有"光绪己亥年秋月立"、"沐恩花邑醮会敬送"、"西南三友造"等字样。右侧两扇门刻有"光绪己亥年秋月立"、"沐恩蔡述善堂敬送"、"西南三友造"等字样，说明这两扇门与中间大门一样，都是在1899年祖庙大修时制造。

佛山木雕是清末广派木雕的典型代表之一，在清光绪二十四年（1898）参加木雕行会的十八家店铺中，以"三友堂"最有名气。所谓"三友"者乃许、赵、何三位师傅合伙经营木雕店，故称"三友堂"。后三人分业各在一地，许师傅称"广州三友"，赵师傅称"佛山三友"，何师傅称"西南三友"，其作品风格以粗犷豪放、刀法利落、结实厚重为特色。祖庙三门的这三对漆金木雕大门可谓是"三友堂"的代表作。（黄晓蕙　沈新辉）

45

46 庆真楼木雕花檐板

在庆真楼一楼檐下，有一条雕刻精美的金漆木雕花檐板，制作精细，人物刻画生动传神。花檐板首尾纹饰皆为"天官赐福"，中间自西向东共雕有十组图案，除第一、三、五组为花鸟外，其余都是人物故事，分别为将相和、鸿门宴、夜战马超、狄青怒斩王天化、水漫金山等。"夜战马超"出自《三国演义》，描述马超为曹军所败，投奔张鲁，刘备入蜀，马超率军于嘉萌关与张飞大战的故事。"狄青怒斩王天化"描述北宋大将狄青怒斩王天化的故事。狄青在对西夏战争中屡立战功，被范仲淹等擢用，由士兵累升为大将。宋仁宗劝他用药除去面黥（兵士脸上刺的符号），他不肯，说留着可激励士气。皇祐五年（1053），升为枢密使同平章事，旋被排挤去职，出判陈州而死。

此条金木雕花檐板，为清末佛山承龙街泰隆店造，原非祖庙所有，是佛山市内其他旧建筑的装饰，佛山市博物馆征集时本已残缺损坏，后经徐浩修复，1975年安装于此处。（刘少梅）

47 万福台上的金漆木雕

万福台金漆木雕是佛山祖庙内规模最大的一套金漆木雕，制作于清光绪二十五年（1899），共四组六幅，全部装置于分隔前后戏台的隔板正面，内容为"三星拱照"、"曹操大宴铜雀台"、"降龙罗汉"、"伏虎罗汉"、"八仙"等。除"曹操大宴铜雀台"为多层镂空雕外，其余都为高浮雕，雕工浑厚有力，风格豪放，是典型的佛山木雕作品。全部木雕均贴以金箔，使整个万福台显得金碧辉煌，光彩夺目。

46

"三星拱照"位于万福台天幕正中上部。"三星"即福、禄、寿，其中福星手扶婴儿，象征子孙昌盛，一团和气，福泽绵绵；寿星手捧寿桃，从面部皱纹可以看出他寿与天齐，象征健康长寿，无痛无灾；禄星则腰围玉带，手抱玉如意，形态雍容富贵，为人间善男信女加官进爵，添财进禄。"八仙"位于万福台天幕上部的两侧。"降龙罗汉"位于万福台西侧，是常驻人间普渡众生的十八罗汉中的第十七位，即"迦叶尊者"。传说古印度有龙王用洪水淹那竭国，将佛经藏于龙宫，后来降龙尊者降服了龙王取回佛经，立了大功，故也称他为"降龙尊者"。"伏虎罗汉"位于万福台东侧，在十八罗汉中排位第十八，即是"弥勒尊者"。传说伏虎尊者所住寺庙外，常有猛虎因肚饿长哮，伏虎尊者把自己的饭食分给这只老虎，猛虎渐渐就被他降服了，还常和他一起玩耍。

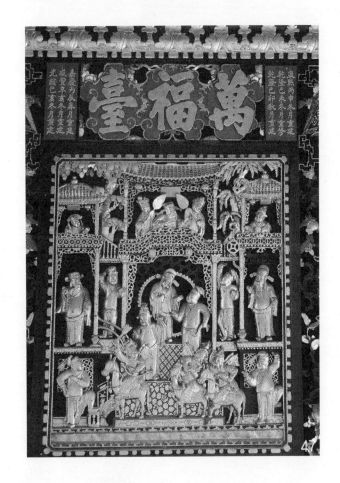

"曹操大宴铜雀台"位于万福台漆金木雕的正中，故事内容为：东汉建安十五年（210）的春天，曹操在邺郡漳河边建铜雀台，铜雀台的左边是玉龙台，右边是金凤台，三台森耸，各高十丈，上面有两座桥相通，千门万户，非常气派。相传此铜雀台是为江南名媛"二乔"所建，为庆贺铜雀台的建成，曹操大宴文武官员，命武官比试武功，文官比试诗文。当时正值曹操下"唯才是举"令，他先观武官比试弓箭。一近身侍卫将西川红锦战袍挂在杨柳枝上，下设战靶，离百步为界。武官分两队，曹氏宗族身穿红袍，外姓将士身穿绿袍。曹操传令：谁射中红心，谁得战袍，如射不中者，罚酒一杯。结果，两队均有多名将士射中红心，为争红袍，各不相让，后来曹操下令凡射中红心者都获得锦缎一匹。此木雕正是反映当时在铜雀台上比试的场景，人物刻画细致，造型生动，正中头戴金冠、身穿绿锦罗袍、腰围玉带者为曹操。（程 宜 陈爱勤）

48

48 庆真楼木雕花罩

庆真楼大厅装饰有精美的木雕红荔花罩和翠竹花罩，造型精美，惟妙惟肖，极具岭南木雕特色。

花罩通常在室内起间隔装饰作用，其背面施以大幅帷幔，使厅堂华贵大方。南方因气候潮湿，多不施帷幔。庆真楼大厅的花罩共有三幅，东、西两侧是以岭南佳果荔枝为题材的红荔花罩，尺寸分别为宽3米、高2.5米和宽4米、高3米；中间的一幅是翠竹花罩，宽5.5米、高3.5米，雕工精细，形象逼真，具有极高的仿真艺术水平。尤其是西侧红荔花罩，几乎达到了以假乱真的艺术境界，凡见过的人，无不叹为观止，实为佛山清末木雕中的精品。（杨文远）

叁

碑记对联匾额篇

（一）祖庙碑记

古代宫、庙前用以视日影和拴牲口的竖石称为碑。秦时开始在石上镌刻文字，作为纪念物或标记，也用以刻文告，称之为刻石。汉以后这种形式被广泛采用，并称之为碑记。

佛山历史上有过较多的碑记，据民国《佛山忠义乡志》记载，其中有关祖庙的碑记共十五篇。如今保存在祖庙内的石碑只有《重修庆真堂记·世济忠义记》、《佛山真武祖庙灵应记》和《忠义流芳碑记》三块，其中《重修庆真堂记·世济忠义记》和《佛山真武祖庙灵应记》是佛山现存最早的石碑，其余的据载亦曾竖于庙内，但因日久散佚，现在下落不明。

此处抄录的十二篇祖庙碑记原文，是研究祖庙历史的重要依据，也是研究佛山历史不可多得的珍贵资料。

1 重建祖庙碑记

祭法曰：法施于民，能御大灾大患，则祀之。观此，则佛山之民崇奉祖庙，不妄[1]矣。庙之创不知何代，以其冠[2]于众庙之始，故名之曰祖庙。所奉之神不一，惟真武为最灵。其鼓舞群动，捷于桴鼓[3]，莫知其所以然。当元季时，群盗蜂起，有龙潭贼势甚猖獗，舣舰于汾水之岸，欲摽掠乡土，父老求卫[4]于神。是时，天气晴明，俄[5]有黑云起自西北，须臾[6]，烈风雷雨，贼舰几尽覆溺，境土遂宁。乡有被盗者，叩[7]于神，盗乃病狂，自赍[8]所窃物，归其主。复有同贾，而分财不明者，矢[9]于神，其昧心者即祸之。其灵应多类此。

洪武[10]间，乡耆赵仲修重建祠宇，缘[11]卑隘[12]无以称[13]神威德。宣德四年[14]己酉，士民梁文慧等，广其规模，好善者多乐助之，不终岁而毕，丹碧焜耀[15]照炫[16]。林壂复与冼灏通率众财，贾庙前民地百余步，凿池植莲，号曰灌花池。由是景槩[17]益胜。塘之税，文慧、佛儿分承输官，其崇奉可谓诚至矣。众请记其事于石。余谓神之像，乃土木为之耳，无言语可闻，号令可畏，而能使强戾[18]者不得肆[19]其暴，昧心者不得遂[20]其奸。记谓：法施于民，能御大灾大患者，神岂爽[21]乎哉。民之崇奉宜矣。噫！世之都高位、享厚禄，以保民为己任者，求如神之为，何不多见耶！此陆龟蒙所谓缨[22]开言语之土木，视神之为可不发愧，而以善政自励者欤。文慧等所以勤勤恳恳，而新是庙者，盖亦藉神之灵化[23]人，使咸归于善耳。厥志良可嘉也，遂书于石，俾后人知所崇奉云。

宣德四年己酉，邑人唐璧撰。

注释

[1] 妄：荒诞。

[2] 冠：位居第一。

[3] 桴(fū)鼓：即枹鼓，古槌和鼓，古时作战，击鼓以示进军。桴鼓在这里指战争。

[4] 卫：防护，保卫。

[5] 俄：不久，瞬间。

[6] 须臾：片刻，一会儿。

[7] 叩：询问。

[8] 赍(jī)：抱着，带着。

[9] 矢：发誓。

[10] 洪武：明太祖朱元璋的年号，即1368～1398年。

[11] 缘：因为。

[12] 卑隘：卑小，狭窄。

[13] 称：颂扬。

[14] 宣德四年：1429年。

[15] 焜(hūn)耀：明亮。

[16] 照炫(xuǎn)：灿烂。

[17] 槩(gài)：同概，景象、状况。

[18] 强戾(lì)：强横凶暴。

[19] 肆：纵恣，放肆。

[20] 遂：顺，犹言如意。

[21] 爽：明亮，明德。

[22] 缨(yīng)：缠绕。

[23] 化：教化。

（王海娜）

2　重修庆真堂记

　　盖闻天地之间，道[1]为最大，三才[2]之内，神为最灵。故圣神之德，有以合造化[3]、致中和[4]、位天地而育万物，各得其所，体物宁得而远之乎。

　　恭惟玄天上帝[5]，太阴之化，水位之精，职居四圣之中，威镇九天之下，剪除妖怪，迅[6]秋令于雷霆，快护善良，沛[7]春恩于雨露，有求皆应，无愿不从。本堂奉事香火，世世相承。建基之初，不知何代也。以为冠[8]一乡众庙之始，名之曰祖堂。自前元以来，三月三日，恭遇帝诞，本庙奉醮[9]宴贺。其为会首者，不惟本乡善士，抑有四远之君子，咸相与竭力，以赞其成。是日也，会中执事者，动以千计，皆散销金旗花，供具酒食，笙歌喧阗[10]，车马杂逻[11]。看者骈肩[12]累迹，里巷壅塞，无有争竞者，岂非致中和之效乎。大德[13]之间，庙前有榕树二株，被风吹颓，乡人聚以二百余众，扶立不动。是夜忽闻风雨声，次早树起而端然，岂非圣神之德验乎，名之曰圣榕。元末群盗蜂起，时有龙潭贼来寇[14]本乡，艤船数十艘于汾水之岸，乡人启[15]之于神。是时天气晴明，俄[16]，有黑云自西南，既而狂风暴作，飘贼船于江之北，覆溺者过半，望见云中有神人披发，方知帝真救民于急难之中，驱贼于水火之际，有此显现。后元祚将移[17]，神亦升天矣。贼乃买致守庙僧，用晕秽之物窃污神像，遂入境剽掠，而庙宇、圣榕俱为灰烬，守庙僧不数日亦遭恶死。

迨[18]我圣朝，混一天下，民安其生。有乡老赵仲修等，节次抄题，重修庙宇，忽于小桥浦见水涌，随即一木跃出于淤泥之中，濯[19]如也，众以为神，稽[20]之父老。传言其木系是创基之初，雕塑神像之余，不敢毁以他用，是用藏之，迨夫岁久而失其踪也，今既显出，岂非神现而用之乎。遂命良工雕刻圣像如故，以奉事之，祁求雨旸[21]时若，百谷丰登，保佑斯民，以迄于今矣。

缘其栋宇卑狭，未足以称神光。宣德四年己酉，乡之善士梁文慧出为主缘，化财重建。其趋事赴工者，不厌不怠，经之营之，毕年[22]成之。起工之夜，庙前现一火毬[23]，大如车轮，滚于地上，光彻远近，倏然不见。竖柱之日，化缘中有不洁，神责其傅匠者，以言其过。庚戌之秋九月朔日，曙色初分之际，庙前现一神旗，风烟飒飒，初浓渐淡，隐隐不见。丁巳岁六月十有七日，现一白蛇，如蜿蜒之状，往来于栋梁之间，鸟雀惊呼，观者渐众，遂隐于藻，悦[24]不见。如此者，皆神光不测之妙也。何其盛欤。

矧[25]兹庙貌隘塞，无以阐其胜览。正统元年[26]丙辰岁，主缘梁文慧等各出己财，买到庙前民地一丘[27]，以步计之一百二十有五，凿为灌花之池，植以波罗、梧桐二木于余土之上。其地税粮则有梁文慧、霍佛儿分承在户，以输纳之，冀[28]千载之下，无有侵占，永为本堂风水之壮观也。

噫！积善之家必有余庆，积不善之家必有余殃，岂不信哉！近因邻境有无知者，妄借神缴[29]以为竞渡之戏，灾害随至，悔何及也。乡间有被盗者，旦夕来圣前祷告，而贼人阴怀畏惧修省之心，遂生无妄之灾，将财物以归其主也。又有同生理而财物不明，誓之于神，其瞒昧[30]之人皆有恶报。以此明彰昭报者非一，难尽枚举，姑书此，以记之。

正统三年[31]春，龙集戊午春，二月良辰花朝前一日化缘立。

呜呼！莫为于前，虽善弗扬，莫继于后，虽美弗彰。是祠之建，肇宋元丰，御灾捍患，赐额褒功。瞻彼神明，赫赫厥灵。顾彼前修，创造惟周。祠成绩著，刻木传流，阅历岁久，虑其颓朽。正德癸酉[32]，贵等会首，竭力构材，焕然重修。流芳堂建，爰及牌楼，灌花池飾[33]，寒林所就。六房改造，三门新构，庙貌增光，辉映宇庙，松柏森严，四时拥秀，永期壮观，民安物阜。噫！前之开今，今之继前，先后之用，心若是，咸欲传之悠久而有征耳。述前继后，端[34]有望于后人也欤。

大明正德八年[35]岁次癸酉孟冬吉日，撰跋霍球，会首霍时贵（本坊）、霍珏（左邻）、霍斌（突岐巷）、苏澄辉（祠道士），捨石霍珏，书丹陈澜，篆额张恺。

注释

[1] 道：即老子《道德经》中所讲的道。《道德经》："道可道，非常道。名可名，非常名。无名天地之始。有名万物之母。故常无欲以观其妙。常有欲以观其徼。此两者同出而异名，同谓之玄。玄之又玄，众妙之门。"

[2] 三才：天、地、人。《易·说卦》："是以立天之道，曰阴与阳；立地之道，曰柔与刚；立人之道，曰任与义；兼三才而两之，故易六画而成卦。"

[3] 造化：指自然的创造化育。

[4] 中和：儒家中庸之道，认为能"致中和"，则无事不达于和谐的境界。

[5] 玄天上帝：玄天，北方之天，《吕氏春秋·有始》："北方曰玄天。"玄天上帝即北帝。

[6] 迅：快，迅速。

[7] 沛：迅疾。

[8] 冠：位居第一。

[9] 醮(jiào)：祭祀。

[10] 喧阗(tián)：喧闹杂乱。

[11] 杂遝(dài)：众多纷杂貌。

[12] 骈(pián)肩：肩并肩，言人多拥挤。

[13] 大德：元成宗铁穆耳的年号，即1297—1307年。

[14] 寇：劫掠，侵犯。

[15] 启：陈述，告诉。

[16] 俄：不久，瞬间。

[17] 元祚(zuò)将移：祚，皇位。元祚将移指元朝即将灭亡。

[18] 迨(dài)：等到。

[19] 濯(zhuó)：洗去污垢。

[20] 稽：考核，查对。

[21] 旸(yáng)：晴。

[22] 毕年：一年。

[23] 毬：通球。

[24] 帨：通脱，作脱身解。

[25] 矧(shěn)：况，况且。

[26] 正统元年：1436年。

[27] 丘：古代划分田地、区域的单位。

[28] 冀：希望，期望。

[29] 繖："伞"本字。

[30] 瞒昧(mán mèi)：即瞒心昧己，指行事奸诈、违背良心。

[31] 正统三年：1438年。

[32] 正德癸酉：1513年。

[33] 飾：整治，修整。

[34] 端：副词，正好、果真、究竟。

[35] 大明正德八年：1513年。

（王海娜）

3 佛山真武祖庙灵应记

朝列大夫广东等处承宣布政使司、左参议前翰林院五经博士、会稽陈赉撰。

奉政大夫前河南按察司佥事、五羊赵纯篆额。

奉训大夫广西宾州知州南海钟顺书丹。

南海县佛山堡，东距广城仅六十里，民庐栉比[1]，屋瓦鳞次，几三千余家。习俗淳厚，士修学业，农勤耕稼，工擅炉冶之巧，四远商贩恒辐辏[2]焉。境内祠庙数处，有所谓祖庙者，奉[3]北极真武玄天上帝塑像及观音龙树诸像，因历年久远，故乡人以祖庙称之。水旱灾沴[4]，有所祈禳[5]，凤著灵响，一乡之人，奉之惟谨。

大明正统十四年己巳秋，海贼黄萧养，初以行劫禁锢，越狱亡命，有司缓于追捕，遂纠合恶党，剽掠村落，虏赀货，焚庐舍，迫胁兵民，从之为逆，弗从辄杀。聚其乌合之众，以数万计，舟楫塞川，攻围广城。而南海、番禺诸村堡，多有从为逆者，声言欲攻佛山。佛山父老赴祖庙叩[6]之于神，以卜来否，神谓贼必来，宜早为备。于是耆[7]民聚其乡人子弟，自相团结，选壮勇，治器械，濬筑濠堑，竖木栅，周十许里。沿栅设铺，凡三十有五，每铺立长一人，统三百余众，刑牲歃血[8]，誓于神前，曰：苟有临敌退缩，怀二心者，神必殛[9]之。众皆以忠义自许，莫不慷慨思奋。居无何，贼果率舟数百艘至。而其邻比之村堡之从逆者，皆视佛山为奇货，破之则大有所虏获，以充其欲，是以四面环而攻之者，昼夜弗休。每当战，父老必祷于神，许之，出战则战必胜，大有斩获，不许，则严兵防守，不敢轻出。贼夜遥见栅外列兵甚盛，有海鸟千百为群，飞噪贼舟上，又见飞蚊结阵自庙间出，飘曳空中，若旗帜形。贼屡攻而屡败之，获贼首级千数百计。贼又造云梯临栅，阻于沟堑，不能前，却，众掷火炬焚之。贼计穷，无如之何，遂退兵二里许，联舟为营，意将久驻，伺栅内食尽人意，不攻自破矣。然佛山大家巨室，藏蓄颇厚，各出粮饷资给，人皆饱食无虑。贼中有自恃勇悍、翘足向栅漫骂者，栅内火枪一发，中之即毙。凡若此者，乡人皆以为神之助之也。贼虽不复敢攻，而相持累月弗退。景泰改元，四月十一日，黄

正面　背面

萧养被擒，戮于广。贼闻之，一夕散去。盖佛山为广城上游，足为声援，佛山失守，则广城愈危，其所关系，岂细故哉！贼平后，余与金宪淮阳宫公安，同出诸处村落，招抚民之避寇流散者，俾[10]还复业，因过佛山，见其壕堑木栅与凡战舰，俱完然在，召其父老而奖劳之，父老述神明灵应事甚详悉。予与宫公往谒祠下，再拜瞻仰，嗟叹久之。诸父老请余为文记其事，以示来世。余归而言于方伯揭公，既而公以佛山耆民能保护境土及真武灵应，疏闻于朝。今命下核实，而父老复诣余，请记甚勤，义不可拒，因曰：真武玄天上帝，昔我太宗文皇帝，崇奉极其隆重，营建武当宫观，至今选廷臣往彼护视罔阙。而普天之下，士庶之家，奉侍真武，在在有焉。然其感通之机或有不同者，何哉？盖在诚心之至否。何如耳？大抵动天地、感鬼神，不过一诚而已，有其诚则有其神，无其诚则无其神，此理之自然者也。书曰：至诚感神，讵不信夫！惟尔佛山一境，民庶之于祖庙，莫不极其严奉，其来久矣。比剧贼临境，又能倾心叩祷，厥诚不止至乎神，乌有不感通者哉！宜乎灵应，昭昭如是，非偶然也。且夫叛寇，罪逆滔天，荼毒生灵，人神共怒，朝廷命将而大兵四集，贼尚不量力度势，自来送死，安知非神明欲其亟[11]亡而使之然耶？呜呼！彼各乡从逆叛党，其父母妻子今皆安在？而佛山一境，晏然无恙，室家相庆，父兄子弟，乡党族姻，欢好如旧，共享太平。视彼作恶者，相去岂特霄壤之悬绝，而忠义之美名将亘古而不息。矧[12]诸父老，殚心竭虑，保全境土，未尝有德色希望之心，而勤勤切切，惟欲表彰神明之休烈，以昭示遐[13]永。若此者皆可嘉也。因为备书而详录之，俾后之来者，世世严奉无有懈，则神亦福汝庇汝于无极矣。请文立石，署民名氏，列之碑阴。是为记。

景泰二年龙集辛未仲冬长至日立。

附：《佛山真武祖庙灵应记》碑阴刻文

六月二十日，余与金宪宫公同抚安人民，舟过南海县之佛山乡，因成五十六字，以美其乡人父老之能守。先是海贼猖獗，诸乡多遭劫虏，因而从叛者亦众。惟佛山人民辐辏，境内耆老泊诸闾胥[14]逻夫[15]之长，慨然奋发，以忠义自许，誓不从贼为叛逆事。乃聚其乡里子弟，自相团结，立营栅，利器械，申严号令，保护境土。众皆相率听命，寇至，莫不踊跃赴斗，再至而再却之。贼救死扶伤之不暇，遂退去，不敢再窥其境。且其地居广之上游，是为广城之声援者也。以诸乡人父老乃能如此信乎，其可嘉也矣。使它乡亦能若此，贼岂不殄灭哉！总戎已录其功，将闻于朝，必有旌赏[16]之来矣。诗以美之，亦所以劝忠也。诗曰："忠义心齐器仗精，万人守栅胜坚城。寻常锐炮如雷震，无数戈矛耀日明。狂寇再攻全失利，佛山从此远闻名。天朝早晚来褒赏，阖境皆应被宠荣。"

景泰元年[17]岁在庚午夏六月下瀚，朝列大夫广东等处承宣布政使司左参议前翰林院五经博士会稽陈赟书。

立石耆老姓名：梁广、梁懋善、霍伯仓、梁厚积、霍佛儿、伦逸森、梁濬浩、冼浩通、梁存庆、何焘凯、冼胜禄、梁敬亲、梁裔坚、伦逸安、谭履祯、梁裔诚、梁顈、梁彝頫、冼光、何文鉴、霍宗礼、陈靖。

注释

[1] 栉(zhì)比：像梳子齿那样密密地排列着。
[2] 辐辏：车辐集中于轴心，比喻人或物聚集一处。
[3] 奉：供奉。
[4] 沴(lì)：天地四时之气反常而起的破坏和危害作用。
[5] 禳(ráng)：祭名。去邪除恶之祭。
[6] 叩：询问。
[7] 耆(qí)：老。
[8] 刑牲歃(shà)血：古代盟会时，先杀牲畜，然后把牲畜的血涂在嘴唇上，表示诚意。
[9] 殛(jí)：杀。
[10] 俾(bǐ)：使。
[11] 亟：赶快，急速。
[12] 矧(shěn)：况，况且。
[13] 遐(xiá)：永久。

[14] 闾胥(lǘ xū)：闾，古代以二十五家为闾。闾胥，官名。

[15] 逻夫：侦察、巡逻人员。

[16] 旌赏：表彰。

[17] 景泰元年：1450年。

　　　　　　　　　　　　　　　　（王海娜）

4　世济忠义记

　　赐进士奉政大夫刑部朗中邑人卢梦阳撰文。

　　赐进士中顺大夫湖广按察司副使邑人陈绍儒书丹。

　　赐进士奉议大夫河南按察司佥事邑人李兆龙篆额。

　　余尝稽[1]古之人，所以制大敌、弭[2]大难，未有不因甲兵，据险塞，居得意之位，操能致之权者；及其论功于朝，则必晋[3]殊秩，膺[4]显号，铭[5]之旂常[6]，藏之金匮[7]石室，死则庙[8]而祀之，不以为异；其有功不受上赏者盖寡。惟夫祸变起于仓卒，而当其时与地，无甲兵之援，无险阻之限，而又无得意之位、能致之权，彼豪杰者出其间，不忍坐视其危，莫之救以死，徒以其忠义之所激发，能使阡陌耒耜[9]之辈奋而为精兵而大敌破，咆哮啸聚之徒化而为良民而大难平。其成事之难，概夫有所凭藉者，功相万也，若此者不尤伟欤？然而有司不以表扬，廷臣不以入告，不得论功于朝，卒与闾巷之人同堙灭不见，况敢希荣宠、豪庙祀、流闻当时、声施后世哉！自余所睹闻者，则余所居之南境曰佛山，百余年来，两遭[10]变乱，而亦莫不有豪杰之士共济艰难者出焉，人才之不必取借于异代异地亦明矣！正统十四年，黄贼作乱，为岭南患，聚党数万人，楼橹[11]二千艘，攻城掠地，僭[12]号称制，张官置史，所过之地，屠僇殆尽。则佛山之父老若梁广、梁懋善、霍伯仓、梁厚积、霍佛儿、伦逸森、梁浚浩、冼浩通、梁存庆、何焘凯、冼胜禄、梁敬亲、梁裔坚、伦逸安、谭履祯、梁裔诚、梁颕、梁彝頪、冼光、何文鑑、霍宗礼、陈靖者二十二人，度[13]贼且至，首倡大义，罄[14]赀财，树木栅，浚沟堑，储兵械，一夕而具，盖若神所助焉。贼至，则供具酒食，以劳敢战之士，不避锋镝[15]，为有众先，飞枪连弩以摧其阵车，熔铁水焚其皮帐，奇谋迭出，斩其伪将彭文俊、梁升、李观奴、生擒□嘉□等，前后斩首二千余级，无亡矢遗镞之费，而黄贼已困矣！由前所云，无甲兵之援，险塞之限，徒以其忠义之激发，能使阡陌耒耜之辈，奋而为精兵，而大敌破者，此也耶！左布政使揭稽上其事于朝，而当事者归于真武庙之神，名其乡曰忠义乡，而二十二人之功不与焉。此余之所闻者也。嘉靖三十二年，山东淮徐皆大侵[16]，岭南尤甚，道路死者相枕藉[17]。盖因年谷不登，赋役繁多，财力诎乏，人无余蓄，有司限民平籴[18]，法非不良也，顽悍之民从而挟取之，而剽掠之衅启矣。佛山尤地广人众，力田者寡，游手之氓充斥道路，欲为乱者十家而七。当是时，倡为乱首者一二人，而四境之民一日云合而响应者四五百人，明日即数千人矣。初尤以乞济为名，旋即恣[19]所欲而取之矣。白昼大都之中，斩关而夺之金，倾覆良善，震动官府，而乱势成矣。时则主事冼子桂奇，愤同室之斗，不避危险，亲往谕之，诱之以利，惧之以祸，其人亦皆愧服，解其党而去，愿受约束。是日所保全者，盖数十姓云。于是画为权约，先自出粟煮粥以劝，二十四铺之有恒产者，亦各煮粥以周其邻近，遣人分护谷船米市以通交易，阴械为首之最桀骜[20]者一人，以惊冥顽，亟[21]诉当路，遣官抚谕，以安良善，乞粟于公府，以继粥之不足。始因淫霖伤稼，躬祷晴于神以慰民望，继因铁虫为灾，复为文以驱之，是以一权约立而民罔有背戾[22]者焉。拯数百家之危，活千百人之命，而不尸[23]其功者，冼子是也。由前所云，无得意之位、能致之权，徒以其忠义之所激发，能使咆哮啸聚之徒化而为良民而大难平者，非此也耶？佛山及张槎之父老多冼子之功，合词于行部，欲与二十二人者并入祀典祀之。冼子闻而力止之。此余之所睹者也。谨按国朝[24]议功之典，以宁济一时与摧锋万里者同赏。然则二十二人者能悍外变，摧锋于万里，冼子能靖内乱，宁济于一时，其劳佚[25]久速有不同，而同于共济艰难者也，要皆在所议者，顾非其时与地，则人以为是适然耳。汉邹阳有言：明月之珠，夜光之璧，以暗投人于道，众莫不按剑相盼[26]者，无因而至前也；蟠木根柢[27]，轮囷[28]离奇，而为万乘器者，以左右为之先容也。天下之事，大率类此。余独悲二十二人者，布衣起穷巷，建大勋劳，将必有隽异[29]之行，为众所推服者，而当时之人皆淳朴，不以文字显于世，故其行不录。若冼子甫登第授职，辄谋归养，屏迹城市，开径方山，古今载籍，靡所不究，文多著述，迹晦而道愈明，身隐而名弥显，是以取信于乡人久矣。夫以介然[30]一身，坐销大变

于万姓危疑之日，谓不有所本哉？余暇日，为此论，人吾之家乘，将以告吾子若孙，知邻境有此变乱，而亦莫不有豪杰之士共济艰难者出焉。忠义乡之名，于是为不诬云。无何广西大参玄山陈子至自钱塘，丹阳令石台岑子至自京师，闻余有是论也，率诸士庶，造[31]云帽之庐，谓余曰：吾乡有忠义之士焉，功成而弗居，名立而不传，犹幸吾子之持正论也，或可籍以不泯。顾因吾子之言，吾将图为锦，藏之祖堂，岁时祭祀赛会必张之，以明示我后之人，其于风化，似非小补。且冼浩通者，冼主事君之高大父也，世以忠义相济，其庸以无述乎哉！余故并论著题，曰世济忠义记，以归之。

嘉靖三十二年[32]岁次癸丑八月一日，佛山堡二十四铺士民陈图、梁宇、霍琪、冼震熙等同立石。

注释

[1] 稽：考核，查对。

[2] 弭(mǐ)：平息，消除。

[3] 晋：进，升。

[4] 膺(yīng)：受，当。

[5] 铭：铭记。

[6] 旐(qí)常：旗名。古代王用太常，诸侯用旐，以作纪功授勋的仪制。

[7] 匮(guì)：大型藏物器。

[8] 庙：旧时供祀祖宗的屋舍。庙在这里作动词用。

[9] 阡陌耒(lěi)耜(sì)：阡陌，田间小路；耒耜，上古时的翻土农具，耜以起土，耒为其柄。阡陌耒耜在这里借指农民。

[10] 遘(gòu)：遭遇。

[11] 楼橹：古时军中用以瞭望敌军的无顶盖高台，后来借指战船。

[12] 僭(jiàn)：越分，即超越身份、冒用在上者的职权行事。

[13] 度：揣测，考虑。

[14] 罄：完，尽。

[15] 锋镝(dí)：刀箭。泛指兵器。

[16] 大侵：侵，古称荒年为侵。《穀梁传·襄公二十四年》："五谷不升，谓之大侵。"

[17] 枕藉：纵横相枕而卧。

[18] 平籴(dí)：旧时遇到荒年，农民按平常价格买粮食。

[19] 恣(zì)：放纵，听任。

[20] 桀鳌(jié áo)：凶暴，乖戾。

[21] 亟：赶快，急速。

[22] 背戾(lì)：违背，乖张。

[23] 尸：陈述，展示。

[24] 国朝：本朝，这里指明朝。

[25] 佚(yì)：通逸。

[26] 盻(xì)：怒视。

[27] 根柢(dǐ)：树根。

[28] 囷(qūn)：曲折回旋的样子。

[29] 隽(jùn)异：出众。

[30] 介然：专一，坚定不移。

[31] 造：去，到。

[32] 嘉靖三十二年：1553年。

（王海娜）

5 重修灵应祠鼓楼记

灵应祠之镇，忠义乡也。诚一方鸿芘[1]，万古巨观。其为右掖也，有鼓楼焉，源远流长，递[2]修递圮[3]。迄今夕阳斜入，碧草堆长，殊深壁破垣颓之感，其何以峙[4]左右之钟鼓，而壮庙貌之形胜也。余每徘徊环顾，中心踊跃，丞[5]欲旦夕而鼎[6]新之。幸赖梓里[7]同志者，多咸乐捐输，得若而人，合得金钱若干。而遂庀[8]材鸠[9]工，于五月十五日经始[10]，八月之晦[11]日告成，实冲宇[12]霍君之力居多焉。肃次芳名勒石[13]，永垂不朽。今而后闻鼓兴，思莫不倍奋忠义，期继响于千秋，亦好义终事之一斑云尔。

崇祯二年[14]己巳月，里人李待问撰。

注释

[1] 芘(bì)：通庇，遮盖，掩护。

[2] 递：交替，顺次更迭。

[3] 圮(pǐ)：毁坏，坍塌。

[4] 峙：耸立。

[5] 丞：屡次，一再。

[6] 鼎：亦作"新"解。

[7] 梓里：故乡。

[8] 庀(pǐ)：具备。

[9] 鸠(jiū)：聚集。

[10] 经始：开始营建。

[11] 晦：农历每月的最后一日。

[12] 冲宇：冲，幼小；宇，四境，界限，空间。冲宇在这里是谦称，可作本地解。

[13] 勒石：刻文于石。

[14] 崇祯二年：1629年。

（王海娜）

6 重修灵应祠记

昔人谓南海盛[1]衣冠[2]之气者，岂偶然哉！说者谓地脉[3]使然，而不尽然也，是必有神明之胄[4]血食[5]其间，如解州之关夫子庙，朱仙镇之岳武穆庙，是皆其神灵降绥[6]，禋祀[7]兹土，用能维千百年之命脉，而俾[8]国家长享有道于不穷。吾乡佛山，旧为南海之冠，凡庇[9]兹宇者，咸获鸠[10]其保聚，生齿[11]日繁，四方之舟车日以辐辏[12]者，则实惟帝之灵爽有以致之也。其庙号祖堂，以其岿然[13]为诸庙首。其神司北方之水，是为玄帝。予自幼闻诸父老言，帝之著异于吾乡者不一，独于御黄萧养之乱为神最灵，亦最奇。后予服官于朝，垂[14]三十余年，累藉[15]神庥[16]，备员卿辅。岁辛巳，予以请告南还，即谒[17]神祠，而见夫墙垣日久，茀茨[18]不除，朱题漫灭。又其堂庑湫隘[19]，虽曰具粢盛[20]，备肥腯[21]，不疾瘯蠡[22]，而一拜一跪间，得毋顾风雨而飘摇，委神依于草莽乎？因退而敬捐俸金，谋所以为新厥[23]庙貌者，材取其庀[24]，工取其坚，自堂徂[25]基，壮丽宏敞，榜[26]其殿曰紫霄宫。外列牌楼，复以其前为照壁，饰[27]以鸱吻[28]。是役也，董[29]其事者则有予侄述生，从侄几生。经始[30]于辛巳孟夏，历数月而工始竣。由是而游于庙中者，遂有轮轮奕奕[31]之观焉，而心力亦云竭矣。顾自念筮仕[32]以来，清白之衷[33]久矣，在帝左右。今兹之役，实荷[34]神棐[35]。继自今，其惟帝昭明[36]，迄用丰年，岁修禋祀，以阜[37]，成我忠义之赐邦。上翼[38]圣主有道之灵长，下启我师之毗倚，俾吾南海衣冠之气日新而月异者，又岂独一乡之福庇而已哉！因书其事于石，以垂不朽云。

崇祯十四年[39] 辛巳月，里人李待问撰。

注释

[1] 盛：盛行。
[2] 衣冠：借指士大夫。
[3] 地脉：指地的脉络。
[4] 胄(zhōu)：后代子孙。
[5] 血食：古代杀牲取血，用以祭祀。
[6] 绥：安定。
[7] 禋(yīn)祀：祭祀。
[8] 俾(bǐ)：使。
[9] 庇：遮盖，掩护。
[10] 获鸠：获，获得；鸠，安定。
[11] 生齿：古以人生男八月而生齿，女七月而生齿，官府俱登记其数，载入户籍。后来称人民为生齿。
[12] 辐辏：车辐集中于轴心。比喻人或物聚集一处。
[13] 岿(kuī)然：屹立貌。
[14] 垂：将近。
[15] 藉：凭借。
[16] 庥(xiū)：庇荫。

[17] 谒(yē)：晋见。
[18] 茀茨(fú cí)：杂草。
[19] 湫(jiǎo) 隘：低下狭小。
[20] 粢(zī) 盛：祭品。指盛在祭器内的黍稷。
[21] 肥腯(tú)：牲畜兽类膘肥肉厚。
[22] 不疾瘀(yū) 蠡(lǐ)：疾，憎恨；瘀，枯残；蠡，虫蛀木，引申为器物因腐蚀或磨损而剥落断绝。
[23] 厥：其。
[24] 庀(pǐ)：具备。
[25] 徂(cú)：往，到。
[26] 榜：匾额。在这里作动词用，即悬挂匾额。
[27] 饬(chì)：整治。
[28] 鸱(chī) 吻：中式房屋屋脊两端的兽形构件。用陶或琉璃制成，有固定屋瓦的作用。传说鸱吻为龙的九子之一，因能喷浪降雨，故用在屋脊上，取避火灾之吉祥。
[29] 董：督察。
[30] 经始：开始营建。
[31] 轮轮奕奕：高大。
[32] 筮(shì) 仕：古人将出仕，先占吉凶，谓之筮仕。后来称入官为筮仕。
[33] 衷：善，福。
[34] 荷：承受，承蒙。
[35] 棐(fěi)：辅助。
[36] 昭明：显明，光明。
[37] 阜：旺盛。
[38] 翌：通翼，承接。
[39] 崇祯十四年：1641 年。

（王海娜）

7 修灵应祠记

南海，广郡附郭邑也。所隶有佛山堡，距会城五十里，为上游地，连乡接畛[1]，沃衍[2]四达，漓郁之水经于其北，四方商贾之至粤者，率[3]以是为归。河面广逾十寻[4]，而舸船[5]之停泊者，鳞砌而蚁附。中流行舟之道，至不盈数武[6]，桡楫[7]交击，争沸喧腾，声越四五里，有为郡会之所不及者。沿岸而上，屋宇森覆，弥望[8]莫极。其中若纵若横，为衢为衕[9]，几以千数。阛阓[10]层列，百货山积，凡希觏[11]之物，会城所未备者，无不取给于此。往来驿络，骈踵摩肩，廛肆[12]居民，盈逾[13]十万，虽曲隧[14]之状无以过也。其逼[15]西一隅，为地脉[16]所由钟[17]，有祠而颜[18]曰灵应，所祀为元天上帝。垩斫[19]之制，大类唐宋以上，盖其所以权舆[20]乎兹乡者，不知几千百年矣。当明景泰中，海寇黄萧养倡乱，屠陷乡邑。郡南数百里，堡落万千，无不为其所胁。至于覆官军，围郡县，锋焰所至，曾莫与撄[21]。而佛山四面列栅，相拒[22]数句，贼众辄见皂靡[23]中有巨人，元[24]衣披发，手挥长剑，冉冉而出，故当之者毋不披靡[25]。云事平后，布政使揭公上其状，诏予祀典。迨[26]崇祯时，乡人大司农李捐资重修，制度视前稍扩矣。惟祠前之地，逼于民居，湫隘[27]特甚，且历代所捐送田亩，为香灯奉者，悉入中饱。甲子之春，乡绅士庞之兑、李锡简等，耆老冼閤生、何景纯、庞燕甫等，发愿重修，设簿广募。祠前民舍，高值买置。牌坊、廊宇、株植、台池，一一森布，望者肃然。而几筵椽桷[28]，丹腹[29]一新，盖庙貌于是成大观。而田亩铺舍咸就清理，收其岁租以供祀典，中饱之弊遂绝。则绅耆继事之劳不可没焉。然神之为道，至幽杳[30]难知者也。而帝之灵，其应如响，盖不特退贼一事为然。其于佛山之民，不啻[31]如慈母之哺赤子，显赫之迹至不可殚[32]述。若是者何也？岂以南方火地，以帝为水德，于此固有相济之功耶？抑[33]佛山以鼓铸为业，火之炎烈特甚，而水德之发扬亦特甚耶？吾闻上帝之祀，有天下者之礼则然，而兹下逮[34]于氓庶[35]，毋乃亵神而渎其贶[36]乎。不知王者之祀，郊天之大典，氓庶之祀，事天之实心也。然则所谓上帝者，一天而已矣。万物本乎天，是则能事天者，乃其真能事上帝者也。佛山之民其庶几[37]乎？故在五行，则有相济之用，在人心，则有敬神之功。帝之庙食乎兹土者，岂偶然哉！余备藩东粤，百神之所主也。故于落成序其事以志[38]之。凡田若干亩，铺舍若干椽[39]，土名若干处，与首事[40]之绅耆，捐助之善信，其名氏悉载于碑阴。

　　康熙二十三岁次[41]甲子月立。

　　广东承宣布政使奉天郎廷枢[42]撰。

注释

[1] 畛(zhěn)：田间的道路。

[2] 沃衍：土地平坦肥沃。

[3] 率：大概，一般。

[4] 寻：古代长度单位。八尺为一寻。

[5] 舸(gě)舶：舸，船，舶，大船，海船。舸舶泛指船。

[6] 武：古以六尺为步，半步为武。

[7] 桡(ráo)楫：船桨。

[8] 弥望：满眼。

[9] 衢、衍(qú háng)：四通八达的道路。

[10] 阛阓(huán huì)：阛，市垣；阓，市之外门。古代市道即在垣与门之间，故称市肆为阛阓。

[11] 希觏(gòu)：希，少、罕见，觏，遇见。希觏即少见、少遇。

[12] 廛(chán)肆：廛，公家所建供商人存储货物的房舍；肆，市集贸易之处。

[13] 盈逾：盈、逾都作超过解。

[14] 曲隧：弯曲，旋转。

[15] 逼：迫近，靠近。

[16] 地脉：指地的脉络。

[17] 钟：聚，集。

[18] 颜：匾额。

[19] 垩斫（è zhuó）：垩，用白土涂刷；斫，用刀斧砍。

[20] 权舆：起始。

[21] 撄（yīng）：接触，触犯。

[22] 相拒：相持，对峙。

[23] 皂麾（huī）：皂，黑色；麾；旌旗之属，作指挥用。

[24] 元：同玄，黑色。

[25] 披靡：谓草木随风倒伏。此处作倒下解。

[26] 迨（dài）：等到。

[27] 湫（jiǎo）隘：低下狭小。

[28] 几筵（yán）榱（cuī）桷（jué）：几，桌子；筵，铺在地上的坐具；几筵后来泛指灵座。榱桷，椽子。

[29] 丹膜（huò）：油漆用的红色颜料。此处作动词用。

[30] 幽杳（yǎo）：昏暗。

[31] 啻（chì）：但，只。

[32] 殚：尽。

[33] 抑：表示选择，相当于"或"。

[34] 逮：及。

[35] 氓（máng）庶：民众。

[36] 贶（kuàng）：赐与，加惠。

[37] 庶几：也许可以。表示希望或推测之词。

[38] 志：记录。

[39] 椽（chuán）：房屋间数。

[40] 首事：首先起事。

[41] 康熙二十三岁次：1684年。

[42] 郎廷枢：辽东人，康熙二十一年至二十五年任广东布政使。

（王海娜）

8　重修锦香池记

　　昔晋记室郭景纯留谶[1]于灵洲，曰：南海盛[2]衣冠[3]之气。当是时，人物盛于江左，粤隶属遐陬[4]，乃若所云，岂非灵气所钟[5]，善审气机者豫[6]得而券[7]之耶！夫气之翕而聚也，必有神焉守之，气之流而行也，必有神焉宣之。虽时有先后，主之者惟神。佛山乡夙[8]称巨镇，祥汭之水西来，青螺之嶂北峙，勋名文物埒[9]于中邦，五岭以南亦一都会也。其间四方之贝[10]货，商旅之辏集，仕宦之往来，络绎于兹。有神曰真武元帝，保障功高，不可殚[11]述。昔景泰间，渠魁黄萧养，蜂拥流劫乡邑，或惧而倒戈。此乡藉[12]神威镇，星旗赫濯[13]，望风披靡，卒罹[14]天诛。有司疏厥功请封典，敕为灵应，令州县岁修祀典，载在邑乘，童叟至今纪之。神庙食于斯，据形腾之上游，接灵州之佳气，委蛇窿伏，延袤百余里，特钟灵于此，维帝主焉。初祠曰龙蠹，形家者[15]言曰：元武[16]属水，龙得水而变化乃神。爰[17]凿池于祠之南，为锦香、为灌花，二池相表里，以潴[18]众流之汇。日久淤堙，至今灌花为平壤矣，锦香尚存，甃[19]以砺石，缭以雕阑，刻石为龟蛇状，引流植树其间。游观者有临流眺望之乐。日久池水渐涸，雨潦时至，四衢[20]为之洋溢，是坎离[21]不交、山泽之气未通也。爰议浚之，由古洛社涌旁，始结石渠，引水而灌之池。谋诸人，人曰可，卜诸神，神曰从，质[22]诸星历形胜诸家[23]，佥曰吉。用是酿金[24]输粟，鸷士[25]鸠[26]工，不数月而告成。自是众流之水以池为归，龙得水而神益灵，龟蛇得水遂其生，日星云物得水而显其精，文之澜、词之源、学之海得水以成其文，猗欤[27]休哉。神之在天，犹水之在地也，神之降福，犹水之在下也。掬[28]之注之，则覃[29]而阔，疏之沦[30]之，则流而行，潴之蓄之，则停而平，凡此皆人力之为，亦神威之佑也。工既竣，将勒石[31]以纪其事，属言于予。予世居此乡，荷[32]神庥庇[33]，仰[34]报无从，兹举也，何敢逊[35]谢，爰捉笔而为之记。里人冼煜撰。

注释：

[1] 谶(chèn)：预言吉凶得失的文字、图记。

[2] 盛：盛行。

[3] 衣冠：借指士大夫。

[4] 遐陬(xiá zōu)：遐，远；陬，隅、角落。

[5] 钟：聚，集。

[6] 豫：事先为备。

[7] 券：通倦，蹉跎。

[8] 夙：旧，平素。

[9] 埒(liè)：等同。

[10] 贝：财物。

[11] 殚：尽。

[12] 藉：凭借。

[13] 赫濯(zhuó)：鲜明。

[14] 罹(lí)：遭遇。

[15] 形家者：风水先生。

[16] 元武：玄武，清代避圣祖玄烨讳，改玄为元。

[17] 爰：于是，乃。

[18] 潴(zhū)：水积聚。

[19] 甃(zhòu)：修井。

[20] 衢(qú)：四通八达的道路。

[21] 坎离：坎，八卦之一，象征水；离，八卦之一，象征火。

[22] 质：咨询。

[23] 星历形胜诸家：即风水先生等人。

[24] 醵（jù）金：凑钱。

[25] 錾土：錾即锹。錾土作挖土解。

[26] 鸠（jiū）：聚集。

[27] 猗欤（yī yú）：语气词，表示赞美。

[28] 挹（yì）：舀，酌取。

[29] 覃（tán）：延，长。

[30] 沦：沉没，湮没。

[31] 勒石：刻文于石。

[32] 荷：承受，承蒙。

[33] 庥（xiū）：庇，庇荫。

[34] 仰：表示恭敬。

[35] 逊：辞让。

（王海娜）

9　重修灵应祠记

西雍[1]四畤[2]，秦祀不闻黑帝子。汉兴，高祖加祀北畤，五帝之名始著。前代[3]正统间，神捍黄萧养乱，庙遂为吾乡灵应祠，谕祭春秋祀典勿绝，宜哉！岁三月，都人士上巳赛神，莫不虔恭。饬事[4]饮至[5]庙中，奉璋[6]以告，奉酒醴[7]告，奉粢盛[8]告，钦[9]哉！盖各承灵[10]一天，睹备物之咸有矣。然年甲不再日月，其除兹往事之易湮，维废兴于吾党，变本加厉，因故宇[11]而光大之，实予叔祖忠定公捐资，力新厥美，而予家大人瑞映公亦捐资，任兹厥劳，则庙石固存，宁俟[12]口碑传信耶！迄今世远人违，田渐并于豪强，器或臁[13]于世守，予向忧之而力未逮[14]。藉[15]缘首冼闇生诸公，广为募化，而庙貌之剥蚀以新，东侣[16]庞公与同事六君子力为廓清，而祭器之残缺以饬。庚午之役，予亲身勘丈，而田土之湮没以归。凡岁时袁对[17]，庙中遂无不平不戒之虑焉。今春吾弟公贲与值事诸公，复恐其久而漫灭也，于是图诸剞劂[18]，嘱予志之。首庙貌，次土田，次祭器。夫钟鼓集鲸音[19]之震响，用妥神依楼台，肃貌座之高，明聿毗[20]圣寿，览人庙而生其敬者，览斯图而可知已。泰山之祀，爰[21]锡祜[22]田，保介之咎，受厘[23]上帝，所以成民力而致于神也。今而后其敢有率我蟊贼[24]，而荡摇我疆里乎！召虎平淮[25]昭有功，则锡尔珪瓒[26]，倗父南伐节孚金，则彰尔鼎彝[27]。神为天子，默佑斯民，可无钟悬之守也，庶几[28]哉！其毋有讥挈[29]瓶而悲失坠者矣。余尝俯仰[30]百年间，神之威灵如在也，而庙典之存亡，创兴之率由者，代有其人。予故嘉诸君子，能相与有成，与庞、冼诸公之志，无遗后先，用大慰。予所未逮者，扬神庥于罔替，享国祀之无疆，其在斯乎！是为记。

康熙二十九年[31]庚午，日月吉旦，里人李锡祚[32]撰庙志。

注释:

[1] 雍：即雍州，古九州之一，今陕西、甘肃及青海额济纳之地即古雍州。

[2] 四畴(chóu)：畴，酬谢。四畴即酬谢四神。

[3] 前代：明代。

[4] 饬(chì)事：饬，整顿、整治。饬事在此可作完事解。

[5] 饮至：古时，盟伐既归，合饮于宗庙，谓之饮至。

[6] 璋：玉器名。古代朝聘、祭祀、丧葬、发兵用以表示瑞信。

[7] 酒醴(lǐ)：汁滓混合之酒。

[8] 粢(zī)盛：祭品。指盛在祭器内的黍稷。

[9] 钦：恭敬。

[10] 承灵：承奉神灵。

[11] 故宇：旧庙宇。

[12] 俟(sì)：等待。

[13] 隳(huī)：毁坏。

[14] 逮：及。

[15] 藉：凭借。

[16] 东伍：即东邻，东边的邻居。

[17] 裒(póu)对：裒，聚集；对，校对。

[18] 剞劂(jī juě)：刻刀。

[19] 鲸音：钟声。

[20] 聿毗(yù pí)：聿，助词，用于句首或句中，无意义。毗，连接。

[21] 爰：于是，乃。

[22] 祊(bēng)：邑名。其地在今山东费县境内。

[23] 受厘：即受釐，受神之福。

[24] 蟊(máo)贼：吃禾稼的害虫，后来比喻冒取民财的贪官污吏。

[25] 召虎平淮：召虎，即召穆公，召公奭的后代。周宣王时，淮夷不服，宣王命召虎领兵沿江汉出征。

[26] 珪瓒(guī zàn)：珪、瓒皆为朝会所执的玉器。

[27] 鼎彝：鼎，古代烹任器；彝，古代宗庙中的礼器。常于上刻铭功纪德的文字。

[28] 庶几：也许可以。

[29] 挈：提。

[30] 俯仰：低头和抬头，比喻一上一下。

[31] 康熙二十九年：1690年。

[32] 李锡祚：李待问的孙子。

　　（王海娜）

10　忠义流芳碑记

　　南海，粤东首邑；佛山，南海巨镇。考之志，佛山旧名季华乡，后敕赐忠义乡，岂非乡以人重哉。明景泰中，海寇黄萧养作乱，假设名号，迫胁齐民，凶焰将及季华。乡之壮士梁南园等二十二人誓不从贼，谋同捍御，祷于北帝神祠，祈默为相佑。神报以吉。于是二十二人各出其赀财，以供兵食，备器械，率乡之子弟，合力巡守，环村树栅，一夕而就。栅上时有群鸟飞翔，若旌旗队伍之状，贼望见惊怪。时值中秋，朗月皎洁，外严守备，内令儿童鼓乐游戏，以示暇豫[1]。贼果骇愕[2]，不敢犯而去。及寇平，藩司揭公上其事于朝，遂敕赐神祠为灵应祠，春秋遣官致祭；复嘉予二十二人忠义，授以冠带职衔，辞不受；赐其乡为忠义乡，以旌表[3]之。后二十二人殁，立祠于灵应祠侧，名忠义祠。子孙世世，奉祀无缺。然祠虽建而素无祀田，每当祭日，其子孙敛财以供办，此亦向来之缺典也。予摄篆兹土，思与邑中兴举废坠，适[4]祠之后人梁广庵等呈称：追念旧勋，乞酌[5]有余，以补不足，请于其先人捐入灵应祠之田土名排后窑、今成铺屋者，量拨一间以为祭业。余即行属官，集乡之绅衿里老详议，具报详称，众皆欣跃，遂允其请，拨排后窑东首铺屋一间与祠中，永远办祭。呜

呼！当海寇之猖狂也，攻城略地，锋不可当，仓卒顺从，以求延旦夕之命者，所在多有。而佛山一乡，地平鱼齿，非有城堡之固，甲兵之强。此二十二君一旦奋其忠义，遂能捍御强寇，不污兹土；又功成谦退，辞还褒典。《易》曰："劳而不伐，有功而不德。"岂非古君子之高义哉！予舣舟河下，恭谒北帝神祠，因仰二十二君之风规，记其始末，勒石[6]藏诸祠壁，俾[7]后之览者感发兴起焉。

敕授文林郎、署理南海县事、候补知县蒋迪撰。

南海县五斗口司常详为有祠无祀，恳批着赐，以慰前功事。雍正六年十一月奉署南海县正堂加三级蒋批：据里民梁广庵、伦圣仪等禀前事称：前朝正统年间，强贼黄萧养围掠佛山，通乡无策。蚁祖[8]梁南园等二十二人赴北帝庙杯卜[9]，神许拒盗，捐粮助饷，督率壮练，设法防守，复藉[10]神威赫濯[11]，披发现身，星旗耀敌，贼畏潜退，咸沾神佑，通乡安枕。祖等

联陈神功，特疏具奏。前帝[12]敕赐灵应祠春秋谕祭，祖等亦蒙旌奖[13]，在庙右建立忠义祠，以垂不朽。蚁祖见庙无祭业，义将排后窦等处田宅，捐送入庙，以为祀典，庙志可稽[14]。迄今兹积租利，每年约计三四百金，丰祀之外，仍有余溢，而蚁祖有祠无祀，神人难忍。况莫为之前，虽美弗彰；莫为之后，虽盛弗传。现今庙有余资，岂忍祠无祀典！势着联恩仁天金批，着令绅衿耆老，量给猪羊祭品，俾蚁等子孙，春秋祭奠，先人获偿前功。一笔阳春，公侯万代。等情。奉批，仰五斗口司传集衿耆，确查妥议详夺。印发到职。奉此。卑职遵即传集通乡衿耆，在庙公议，去后，随据绅士谭会海、梁叶千、黄国钺、冼湛、梁绪祐、冼上莲、陈元佐、梁国选、梁仪舜、庞上枢、梁应璘、梁瑾、梁贻、何士赳、梁应珠、梁调元、梁鳌、梁国辅、冼重、黄上科、谭简上、梁之麟、梁麟祯、麦尚均、梁应珑、梁应璕、霍白，耆民梁元声、梁子善、霍朗仁、梁宣仲、霍万朝、伦恒茂、梁元长、冼殿祯、梁子忠、何作君、冼奕汉、梁南仲、梁贵雄、伦象廷、谭伦上、梁桂庭、梁可仪、梁智高、冼国相、何登朝、霍瓛远、陈国焕等，禀为遵依回覆、籲天[15]赐详事称：蒙台奉县台批，据梁广庵、伦圣仪等陈为一件有祠无祀等事。奉批。传集衿耆，确查妥议详夺。海等遵传，赴庙众议。查得正统年间，逆贼黄萧养围掠佛山，伊祖联同二十二人捐粮防守，藉神现身退贼，致蒙敕赐灵应祠，春秋谕祭。伊祖旌奖忠义，建祠庙右。但伊祠确无祭业，凡遇春秋，子孙科敛祭奠，而灵应祠每年租利，祭祀之外，实有余溢，致庵等以有祠无祀具陈。况稽庙志，排后窦等处田宅，伊祖子孙俱有捐送入庙。现排后窦地一所，建得铺屋二十八间，菜塘二口，粪地二段，共租银二百余金。今众查议，就将排后窦铺第一间满盈店，现租银二十五两，令伊子孙收租，俾二十二公永远得藉供祀，庶[16]见前功不忘，即捐送之义亦不忘矣。蒙传查议，合遵回覆，伏乞赐详覆夺，合众欢忻[17]。等情，前来。据此，随该卑职查看，得梁南园等，正统年间，逆贼黄萧养围掠佛山，是时园等二十二人，捐粮设法堵御，后藉神恩赫濯，贼畏潜退，联陈特疏具奏，前帝敕赐灵应祠，春秋谕祭，即园等亦蒙旌奖，在庙右建立忠义祠。今庵等追思念切，致以有祠无祀，具陈宪台。蒙批。仰职传集衿耆，确查妥议详夺。卑职随即传集衿耆人等据禀，佥[18]云具称：正统年间，逆贼黄萧养围掠佛山，委[19]得其人，况园等子孙各有田产捐送入庙，今竟有祠名而缺失祭，庵等亦依依念切。议将排后窦铺第一间满盈店，租银二十五两，俾春秋二祭，每公均沾裸帛，余资听令伊子孙收租供祀。籲恩前来，以属妥协。但卑职微员，未敢擅便。今应否出自宪恩，统候批示遵行，非卑职所敢擅便也。等由，到县。奉批。查胜朝[20]正统年间，逆贼黄萧养围掠佛山，居人梁南园等捐粮集众，协力守御，义气所感，神显威灵，俾一乡安堵无事，至今民崇神功，愈不能谖[21]公之忠义。但当年虽奉旌奖建祠，尚未议及祭典，宜[22]庵等有给资设奠之请也。兹据该司详，据绅士耆民议覆前来，应顺舆情[23]，合将排后窦铺第一间店租银二十五两，发给公等子孙收租，永为忠义祠春秋供祀，以昭前功可也。此缴。

计丈排后窦海便铺第一间地税三分，载在佛山堡二十图又一甲灵应祠户内。流芳祠子孙收租，永远办纳粮务。

雍正己酉年[24]四月二十六吉日勒石[25]。

注释：

[1] 暇(xiá) 豫：悠闲逸乐。

[2] 骇愕(è)：惊讶。

[3] 旌表：表彰。

[4] 适：正好，恰好。

[5] 酌(zhuó)：斟酌。

[6] 勒石：刻文于石。

[7] 俾(bǐ)：使。

[8] 蚁祖：蚁，即蚁合，形容众多。蚁祖，多位祖先。

[9] 杯卜：占卜。

[10] 藉：凭借。

[11] 赫濯(zhuó)：鲜明。

[12] 前帝：明代宗朱祁钰。

[13] 旌奖：表彰。

[14] 稽：考核。

[15] 籲(yù) 天：呼天告冤。

[16] 庶：百姓，平民。

[17] 欢忻(xīn)：欢欣，欣喜。

[18] 佥：皆，众。

[19] 委：确实。

[20] 胜朝：新王朝称已经覆灭的前王朝。

[21] 谖(xuān)：忘记。

[22] 宜：副词，殆、大概。

[23] 舆情：民众的意愿。

[24] 雍正己酉年：1729 年。

[25] 勒石：刻文于石。

（王海娜）

11　重修南海佛山灵应祠碑记

国家治隆化洽，百神效灵，虽村社田师，亦福民而享报，况司天一之水，称北方之帝者哉。

吾乡有灵应祠，厥祀北帝。曷[1]名灵应，则以明景泰时，神捍大患之故，盖眷护[2]所由来旧矣。迄今士庶殷繁，人物蔚盛[3]，倍加于畴[4]昔，非神之益昭其庇[5]欤！夫虔于事神，用抑[6]承圣天子敬神之德意，此固官是地、居是地者之所宜为。奚敢有圮[7]弗修，有美弗饰也哉。驻防司马赵公睹斯祠之将颓，慨然兴修举之志，爰[8]谋诸乡之人士，佥曰：愿如公旨。各输其力，合资一万二千有奇。经始[9]于己卯之秋，迄辛巳之腊月告成，欢趋乐事，殆神之感孚[10]者深欤。其规度高广，仍旧无减增，从青鸟家[11]言也。材则易其新良，工必期于坚缜[12]，门庭堂寝巍然焕然，非复[13]向[14]之朴略[15]矣。门外有绰楔[16]，则藻泽[17]之，绰楔前为歌舞台，则恢拓[18]之，左右垣旧连矮屋，则尽毁而撤之。但筑浅廊以贮碑扁，由是截然方正，豁然舒敞，与祠之壮丽相配。其圣乐宫及祠右之观音堂亦并修建，图[19]整肃也。于以揭[20]虔妥[21]灵，其庶几[22]与！夫神之祠遍天下，独是祠，邀谕祭之典，故锡福无疆，久乃弥著，神若藉以报春秋礼飨[23]之休命[24]也。然则今之栋宇辉煌，余知神必陟鉴[25]安居，以绵威惠于是地焉尔。抑余闻之，神无不爱于人，而予福则量其可受，惟庆神之新其祠，即勉以自新其德，则迓[26]嘉祥而拜神，赐必属桑梓之吉人，且为国家之良士，此则司马公之所厚期于吾乡者，而非徒以重修侈雄钜之观也。余曩[27]修乡志，于祠事载之极详，亦欲乡之父老子弟，群入祠而生敬，随发其仁义之馨香，斯俗美风淳，不负神之保庇。兹何幸新祠之益，有以耸其目也。余窃忭[28]焉，会值事诸君以记言见属，遂欣然振笔从之，为次其概，以镌诸石，俾盛事传于世世无穷云。

　　赐同进士出身，翰林院庶吉士、解元、里人陈炎宗[29]撰。

　　里人朱江书丹并篆额。

　　乾隆二十七年[30]岁次壬午季秋吉旦值事彭金昭、龚昭等立。

注释：

[1] 曷：何故。

[2] 眷护：眷顾，保护。

[3] 蔚盛：兴盛。

[4] 畴(chóu)：报酬。

[5] 庇：庇荫。

[6] 抑：连词，表示转折，相当于则、然。

[7] 圮(pǐ)：毁坏，坍塌。

[8] 爰：于是，乃。

[9] 经始：开始营建。

[10] 孚：即孚佑，信任保佑。

[11] 青鸟家：青鸟，六朝前方士名，相传其善葬术，著《相冢书》，后世风水先生奉其为祖。
　　　青鸟家即风水先生。

[12] 坚缜(zhì)：坚固精密。

[13] 复：恢复。

[14] 向：旧时，往昔。

[15] 朴略：质朴简略。

[16] 绰楔：古时立于正门两旁，用以表彰孝义的木桩。

[17] 藻泽：藻，修饰；泽，光润。

[18] 恢拓：扩大。

[19] 图：画像。

[20] 揭：揭示，显示。

[21] 妥：妥帖。

[22] 庶几：也许可以。

[23] 礼飨（xiǎng）：祭祀。

[24] 休命：美善的命令。

[25] 陟（zhì）鉴：陟，登；鉴，明识。

[26] 迓（yà）：迎接。

[27] 曩（nǎng）：往昔，从前。

[28] 窃忭（biàn）：窃，私下；忭，即忭跃，欢欣踊跃。

[29] 陈炎宗：字文樵，号云麓。其父陈清杰为康熙甲午举人。炎宗性聪颖，少孤，乾隆辛酉领解额，戊辰成进士馆选，两月后告归，居家三十年，主讲岭南义学，并搜集文献，辑成《佛山忠义乡志》。

[30] 乾隆二十七年：1762 年。

（王海娜）

12　重修灵应祠鼎建灵宫碑记

儒者作事，论理不论数，而要事之成否，则无非数也。见为理所当为，辄思奋然为之。然或格[1]于众议，或绌[2]于物力，谋之而弗行，行之而弗成，直俟[3]有大力者，倡其说而众莫违，括其资而人乐助，而其事迄用有成，是不谓之数焉不可也。

予自乾隆丁未岁，乞假归里，旋蒙当事延为粤秀书院山长，乡事概[4]弗暇为经理。甲寅冬，诸友向予言灵应祠祀北极镇天真武上帝，旁设神墩安奉帝亲，前修庙时，未之或易，此狃[5]于故习而莫之革也。夫为子居中，亲乃旁坐，理不顺，情不安，甚非所以教孝也。今议庙后鼎建灵宫，崇祀帝亲，各自为尊，以正伦理。予曰：是宜勉为之矣。既而事弗果成，询之众，佥曰：志不一，不可集事，财不裕，不可图功。予曰：有其举之，存乎其人，此中莫不有数焉，君等姑以待之。

乙卯之冬，司马杨公名楷，来署佛山同知篆，方予在谏垣，风闻公为山东单县宰，卓有政绩，廉介之声，无间远迩，锄强梗[6]以植善良，尤素志然也。佛山夙为文物之区，居斯土者，类多醇雅[7]，顾商贾辐辏[8]，五方杂处，寇攘奸宄[9]，恒溷[10]迹其间，恣强横，逞凶暴，善良受毒者多隐忍而无所控告，此匪党之所以日肆行而莫忌也。公至，廉知其状，亟[11]捕治之。有以被害告者，公即差拘，立惩以法，民无讼累。公急于听断，至不遑食[12]，初未尝以勤劳惮[13]也。群匪畏公明威，潜为遁去。然公究以剧贼不除，则善良不保。剧贼如陈迭举等擒解，速正典刑，余党悉相继捕获。凡各乡往来道路，奔走虚市[14]，率无复遭手刃而夺之金者矣。佛山人不更咸藉安堵[15]哉！昔黄萧养寇佛山，灵应祠神实为捍御，公计擒匪贼，祷于神，辄获是神，特附之以捍御，而感通冥漠[16]有独至也。丙辰正月望日，公诣[17]祠焚香，向乡人士曰：庙修自乾隆己卯，于今三十余年矣，以起敬畏，则神将宜装饰也，以肃观瞻，则栋柱宜刮摩也，墙垣宜黝垩[18]也。捐俸金五十两为之倡，命乡人士董[19]其役。众因言于公曰：前甲寅岁，曾议建灵宫，缘其地有数百年古树，人不敢议伐，故众志弗一，兼乙卯之春，米价日腾，遂寝[20]其说，今修灵应祠其并建灵宫可乎。公曰：创别宫以隆享祀礼，固宜然是，乌可以不建。遂出示谕重修灵应祠及鼎建灵宫，谆切敷陈[21]，以此见公之留心风化也。人凛[22]公明示，靡不响应，而神更式凭焉。二月十四夜，天大雨以风，庙后树株大如合抱忽折，其右偏折处如刀切状，中一株枯而复萌，大已盈拱，俱被压倒，数十工人睡廊下者，一无所伤，一无片瓦堕地，众共异之。翌日，恭行谕祀。乡人士以告于公，公往视曰：神之欲建此宫也，其示诸此矣，夫复何所疑焉。闻之而往观者，殆不可以数计。众于是愈惕然于神之灵，而倍加踊跃佥捐，工费银两共九千七百有奇。经始[23]嘉庆元年二月，至十有一月而落成。

余曰：事之成也，莫不有数焉，此非其彰明较著乎！是役也，余虽厕名司事，然鸠[24]工庀[25]材，未尝身任，功不敢尸[26]，即日有事于程材课工者，亦不自以为能。咸曰：杨公能成民而致力于神，神罔怨而罔恫也，民奉令而承教也。微杨公之力，其奚能为此也。继自今人庙，而睹金碧之辉煌，观瞻肃矣，敬畏起矣。宫分前后，体统昭焉，伦理正焉，尊尊亲亲之义明矣。杨公之功亦伟矣哉。爰悉书之，俾镌诸石。

里人陈其焜[27]撰，里人李可端[28]书。

嘉庆二年[29]丁巳仲冬。

注释：

[1] 格：被阻遏。
[2] 绌：不足，减损。
[3] 俟(sì)：等待。
[4] 概：系念，关切。
[5] 狃(niǔ)：贪。
[6] 强梗：强横梗阻。
[7] 醇雅：淳朴，文雅。
[8] 辐辏：车辐集中于轴心，比喻人或物聚集一处。

[9] 寇攘奸宄(guǐ)：寇攘，盗贼；奸宄，坏人。
[10] 溷(hùn)：混乱，混杂。
[11] 亟：赶快，急速。
[12] 不遑食：遑，闲暇。不遑食即没时间吃饭。
[13] 惮(dàn)：畏惧。
[14] 虚市：农村市集。
[15] 安堵：相安，安居。
[16] 感通冥漠：感通，此有所感而通于彼；冥，高远；漠，寂静，无声。
[17] 诣(yì)：往，到。
[18] 黝垩(yǒu è)：涂以黑色和白色。
[19] 董：督察。
[20] 寝：止息。
[21] 敷陈：铺叙。
[22] 凛：恐惧。
[23] 经始：开始营建。
[24] 鸠(jiū)：聚集。
[25] 庀(pǐ)：具备。
[26] 尸：居其位而不做事。
[27] 陈其焜：字介炎，号琬同，祖籍新会，世居佛山。乾隆癸未进士，授翰林洊官给事中，后因病归故里，当道聘其主持粤秀讲席十余年。生平和易可亲，谦退自处。
[28] 李可端：字凝修，号次云。嘉庆丙辰进士，授翰林院检讨，参与修国史。后主试湖南，邹家燮、杜堮、孔昭虔、倪琇等皆出其门。卒于京邸。
[29] 嘉庆二年：1797年。

（王海娜）

（二）祖庙对联

祖庙过去的对联颇多，不少木质对联因年久废坏或移作它用，现存的木质对联仅有九副，石柱对联十二副，共二十一副。祖庙的对联与我国许多名胜古迹的对联一样，属建筑物不可分割的组成部分，它依附于建筑物，同时亦提升建筑物的文化品位。它不仅涵容了中国古代传统文化中的辞赋诗文，且融书法雕刻、建筑艺术、园林设计为一体，形成具有中华民族独特风格的艺术珍品。

1　祖庙左配殿石柱对联
上应娵訾据福地以钟灵辉煌北极
外环旗带合众流而并汇拱卫南离

[1] 娵訾(jū zī)：十二星次之一，其位置相当于现代天文学上黄道十二宫中的双鱼宫。

[2] 钟灵：神灵专注、集中。

[3] 旗带：过去祖庙前面有一条小河蜿蜒而过，称旗带水。

[4] 拱卫：在周围警戒保卫。

[5] 南离：离为八卦之一，象征火。按阴阳五行的说法，南方为火地，所以南离可作南方解。

（王海娜）

2 祖庙正门石柱对联

溯铜瓶捍御之功鸟阵蚊旗共懔神威赫赫
膺玉册褒旌之祀霓楣云㮰肃瞻庙貌峨峨

[1] 铜瓶：据民国《佛山忠义乡志》卷十
六《金石》载："铁瓶，灵应祠养花
瓶也，高五尺，铁质，制极古朴，
当御黄萧养贼党时乡人取以诳贼，贼
遥见疑为大炮，不敢逼……"又铜瓶
条："乾隆三十三年制，……与明正
统间却贼铁瓶不同，有图。"所以此
联中的铜瓶当为铁瓶之误。

[2] 鸟阵蚊旗：据《佛山真武祖庙灵应
记》记载，在黄萧养起义军进攻佛
山时，有成群的飞鸟在起义军的战
船上空盘旋飞噪，结阵助威；又有
一群群的蚊子从祖庙飞出来，聚集
在天空，状若旗帜。乡人认为这是
北帝显圣，暗中庇佑，他们才得以
捍卫佛山，成功抵御起义军的进攻。

[3] 膺(yīng)：接受，承受。

[4] 楣：门框上边的横木。

[5] 㮰(jié)：柱头斗拱。

撰者介绍：

陈贽，字惟戊，余姚人，杭州知府卢玉润荐为儒学训导，后任翰林待诏，迁五
经博士，以学士高穀荐升广东布政司左参议。景泰癸酉迁太常少卿。(邹文平)

3 祖庙右配殿石柱对联

祀溯元明物阜年丰千载长承覆帱
乡传忠义饮和食德万家共乐帡幪

[1] 覆帱：出自《礼记·中庸》"譬如天地之无
不持载，无不覆帱。"覆帱就是指天地养育及
包容万物。

[2] 乡：即佛山。

[3] 忠义：忠义之事。民国《佛山忠义乡志》卷
一《舆地》记载："明正统己巳，乡人梁广
等捍海贼黄萧养有功，景泰初敕赐佛山为
忠义乡而名益著。"另据《世济忠义记》碑
文记载："则佛山之父老若梁广……吾乡有
忠义之士焉，功成而弗居，名立而不传，
……世以忠义相济。"

[4] 帡幪(píng méng)：帷幄，帐幕。在旁曰
帡，在上曰幪。

　（王海娜）

4　祖庙前殿左门木雕对联

庄严冠禅山群庙

灵应为福地尊神

上款：光绪己亥仲冬　里人卢宝森拜撰　佛山同知刘国光敬书

下款：重修总理叶如松　陈远攸　潘怀成　苏藻芬　魏永兴　李沛怀　梁璧
　　　生　孙继元　梁汝坤　敬献

[1] 禅山、福地：皆指佛山。

[2] 灵应：指北帝。

撰者介绍：

卢宝森，不详。

　　（程　宜）

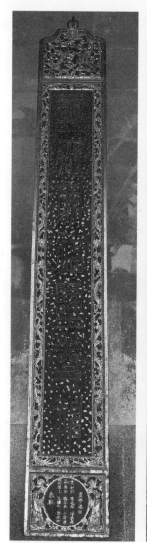
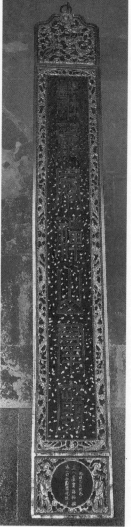

5 祖庙前殿正门木雕对联

凤形涌出三尊地

龙势生成一洞天

上款：里人户部尚书李待问题奉　康熙甲子岁孙锡璿重修

下款：乾隆己卯秋元孙夔棠重修　咸丰辛亥冬昆孙恒夫　灿夫　洪夫重修

　　　光绪己亥冬昆孙尧夫　云孙应祠　湫溁重修　中华民国三十三年十

　　　月李敦睦堂众子孙重修

[1] 凤形、龙势：过去的风水先生将佛山的地形称为翔凤之形、蛟龙之势，因而凤形、龙势皆指佛山的地势。

[2] 三尊地：指佛山得名之由。唐贞观二年(628)，本地塔坡岗民众挖地取土，出土古铜佛像三尊，传是东晋时西域圣僧到此地的传经遗物，故将本地取名佛山。

[3] 一洞天：道教称神仙居处为洞府，此指北帝庙，即祖庙。

撰者介绍：

　　据史料载，上联为明代乡宦李待问所作。李待问，字葵儒，佛山人，明万历甲辰进士，崇祯时官至户部尚书，后告老还乡，次年病卒。曾编撰最初的《佛山志》，建立佛山的地方武装。他的家族在佛山的冶铁史上占有重要地位，明末几次维修祖庙，均由李待问主持进行。下联相传为民间巧匠补鞋能对出来的，据说他在征对下联时，敢于与官府斗智斗勇，留下佳话。（黄晓蕙）

6 祖庙前殿右门木雕对联

廿七铺奉此为祖

亿万年惟我独尊

上款：光绪己亥仲冬　里人冼宝桢拜撰　佛山同知刘国光敬书

下款：沐恩弟子顺邑　苏培元　允元　敬献

[1] 廿七铺：指整个佛山。佛山以铺划区源于明景泰初年，当时黄萧养起义军欲攻佛山，以冼灏通为首者民乡勇自相团结，筑濠竖栅，沿栅置铺。以往的"铺"是卒伍戌宿之所，而佛山在此时立铺则是兼取营戌里舍之意。当时共分二十四铺，各铺之间首尾相连、互为应援。这种以铺分区的形式发展至清代中期又增加三处，合为二十七铺。它们分别是：铸造业作坊集中的山紫、锦澜、桥亭、明照、栅下五铺；炒铁、打铁行业集中的丰宁、明心、耆老、真明、突歧、医灵、东头、彩阳堂八铺；丝织行业集中的岳庙、社亭、仙涌三铺；商业聚集的汾水、大基、富民三铺和工商民居聚集的福德、潘涌、鹤园、石路头、纪纲、黄伞、观音堂以及祖庙八铺。

[2] 此：指北帝庙，即祖庙。

[3] 我：指北帝。

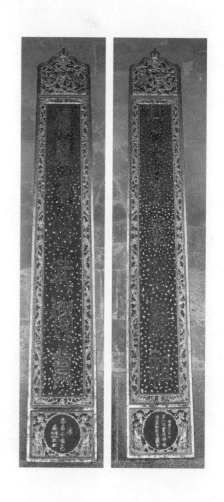

撰者介绍：

　　冼宝桢，清末佛山人，字香周，会试不第，曾当幕僚，为佛山鹤园望族，此联是他于清光绪二十五年（1899）撰写的。

　　从这副对联可以得知，明、清时期北帝庙曾被全佛山的民众所接纳，作为诸庙之首，该庙所供奉的北帝，更被崇尚至无以复加的地步。（张雪莲）

7　祖庙前殿过亭石柱对联

普帝德已垂休统二十七铺子妇丁男胥归覆帱

握天枢而立极合三百六度经星纬宿并耀灵奇

上款：梁可城偕男应棠　应焜　孙世和　世杰　世谦等　曾孙朝升　朝澧等
　　　敬送　光绪己亥岁　孙世澄　元辅世清　保泰世行全重修

下款：咸丰元年岁次辛亥仲夏吉旦　梁九图敬书

[1] 二十七铺：见前注。
[2] 子妇丁男：丁男，成年男子。子妇丁男在这里作男女老少解。
[3] 胥：皆，都。
[4] 覆帱：出自《礼记·中庸》"譬如天地之无不持载，无不覆帱。"覆帱几是指天地养育及包容万物。
[5] 天枢：天的枢纽。
[6] 极：顶点，最高地位。
[7] 三百六度经星纬宿：泛指整个天空。

撰者介绍：

　　梁九图，清朝岭南名士、诗人，字福草，祖籍顺德，世居佛山。他才智过人，性情高旷，淡泊名利，醉心于治学、书画、玩石，自号十二石斋人，著有《十二石斋诗集》、《紫藤馆文抄杂录》、《汾江随笔》、《佛山志余》、《岭南琐记》等。广东四大名园之一的佛山梁园就是由当地诗书画名家梁蔼如、梁九章、梁九华及梁九图叔侄四人，于清嘉庆、道光年间陆续建成，历时四十余年，为佛山旧八景之一。（王海娜）

8 祖庙前殿过亭石柱对联

禅山居南海之冲鲸鳄风清快睹龟蛇气肃
帝座仰北方之极旗幢采拥久传瓶镜光腾
上款：梁植荣 薰沐敬书
下款：咸丰元年冬月 梁树滋堂敬送

[1] 禅山：佛山。
[2] 冲：交通要道。
[3] 鲸鳄风清：古代称鲸鳄为水患之首，如唐代潮州有鳄鱼之患，当时任地方长官的韩愈曾写过《祭鳄鱼文》，祈求它不要为害。鲸鳄风清即没有水患。
[4] 龟蛇：此处指北帝。北帝为传说中北方之神，形似龟蛇。
[5] 帝座：北帝的座向。
[6] 幢(chuáng)：古称旗子一类的东西。
[7] 瓶镜：瓶，祖庙旧存铁瓶，见前注。镜，指铁镜，据民国《佛山忠义乡志》卷十六《金石》记载："铁镜，灵应祠古器，铸造不可考，久藏祠中，顽黑无色，盖千年物也，明嘉靖中筑祠前照壁，出此镜，悬之则光芒四射，不可逼视，遥望宝气腾跃，若有神寓焉。俄，邻乡以镜能远照，惊眩不安，遂仍还祠中。"

    （王海娜）

9 祖庙前殿石柱对联

玉音　捍患御灾今古英灵不泯

玉音　褒功赐额春秋享祀无穷

上款：大清乾隆廿四年己卯秋九月谷旦　贡生吴文柱偕男员鼎　孙廷柱

　　　廷枢　廷森　廷槐　敬奉

下款：咸丰元年辛亥十一月吉旦　四房裔孙等重修　光绪己亥冬月　吴

　　　元柱裔孙发昌等重修

[1] 玉音：皇帝的声音。

　　明朝黄萧养起义失败后，朝廷以北帝显灵助阵杀敌、保卫佛山为由，将北帝庙敕封为灵应祠，春秋两季由官吏祭祀。明代宗朱祁钰于景泰二年（1451），敕赐了两副对联及四块匾额歌颂北帝，这是其中的一副。（陈渭圆）

10　祖庙前殿木雕对联

恪祀春秋颂乃圣兮还歌乃武
追思保障闻其风者亦畏其神

上款：咸丰元年岁次辛亥修庙值事立
下款：霍载熙　薰沐敬书

[1] 恪祀春秋：在春秋两季虔诚地祭祀。

[2] 追思保障：追念北帝捍卫佛山。明正统十四年（1449）发
　　生黄萧养起义，被乡民推举出来的二十二位乡老到祖庙门
　　口叩之于北帝神，以卜是否出迎抵抗义军，结果出战并打
　　了胜仗，便认为是祖庙北帝显灵，捍卫佛山。

（李惠玲）

11 祖庙前殿木雕对联

默祷岁时常裕顺
愿登黎庶尽纯良
上款：嘉庆丙辰仲冬月
下款：两广总督觉罗吉庆敬题

[1] 登：登记，记载。
[2] 黎庶：黎民。

撰者介绍：

　　觉罗吉庆，满洲正白旗人，由官学生补内阁中书，迁侍读，历御史。清乾隆五十年 (1785) 嗣世职骑都尉，乾隆五十六年 (1791) 出为山东巡抚，清嘉庆元年 (1796) 擢升两广总督。任两广总督期间，因与巡抚瑚图礼素有隔阂，受其疏动，解职等待审查。后来瑚图礼独自审讯他，设囚具，吉庆不堪其辱，于嘉庆七年 (1802) 自杀而卒。（王海娜）

12 祖庙前殿木雕对联：

帝自有真经纬台垣元天并仰尊无二

庙原称祖古今俎豆福地应知此最初

上款：咸丰元年岁次辛亥十一月谷旦

下款：光绪二十五年花县阖邑众信重修 湖南巡抚里人骆秉章并书

[1] 真：本原，本性。

[2] 经纬台垣：泛指天空。

[3] 元天：玄天，清代避圣祖玄烨讳，改玄为元。玄天即北方的别称，《吕氏春秋·有始》："北方曰玄天。"

[4] 俎(zǔ) 豆：俎、豆分别是古代祭祀、设宴时的礼器，俎是置肉的几，豆是盛干肉一类食物的器皿。俎豆即祭祀，崇奉。

[5] 福地：指佛山。

撰者介绍：

骆秉章，花县人，居佛山，清道光十二年（1832）进士，曾任湖南、湖北巡抚，在任期间残酷镇压太平天国起义，后官至四川总督，卒于任上。（王莎维）

13 祖庙前殿木雕对联

逞披发仗剑威风仙佛焉矣耳

有降龙伏虎手段龟蛇云乎哉

上款：录苏文忠公成联

下款：光绪二十五年岁在己亥孟冬之月 里人蔡乃勋敬送 顺德李沅

　　　敬书

[1] 逞：施展。

[2] 仙佛焉矣耳：仙佛也不过如此。

[3] 龟蛇云乎哉：龟蛇算得了什么。

[4] 苏文忠公：苏东坡的谥号。

　　据民国《佛山忠义乡志》卷十八《杂志》记载，此联为吴炳南书，但对联下款为"顺德李沅敬书"，或许乡志所记有误。（张辉辉）

14　祖庙正殿前过亭石柱对联

崇褒祀四百余年焕栋辉栭不过踵前贤之事

佑季华二十七铺骈阛坒阓当思答曩日之庥

上款：赏戴蓝翎五品顶戴内部主事加一级张日宣督修敬奉 光绪己亥仲
冬吉旦

下款：咸丰元年岁次辛亥仲冬吉旦 偕男国经 拱枢国杰 拱治国兰仝敬
沐恩张国经 国杰重修 志

[1] 栭(ér)：柱顶上承托栋梁的方木，即栌，又称
斗拱。

[2] 踵：追随，因袭。

[3] 季华：即佛山。民国《佛山忠义乡志》卷一
《舆地》："佛山向名季华乡，不知始自何时……"

[4] 二十七铺：见前注。

[5] 骈(pián)：并列。

[6] 坒(bì)：连接。

[7] 阛阓(huán huì)：阛，市垣；阓，市之外门。
古代市道即在垣与门之间，故称市肆为阛阓。

[8] 曩(nǎng)：往昔，从前。

[9] 庥(xiū)：庇荫。

　　（王海娜）

15　祖庙正殿前过亭石柱对联

帝德普中天忠义乡恒蒙子惠

神灵敷下土民人辈咸萃寅恭

上款：咸丰元年辛亥仲冬吉旦

下款：沐恩卢永诚堂敬酬　光绪己亥重修

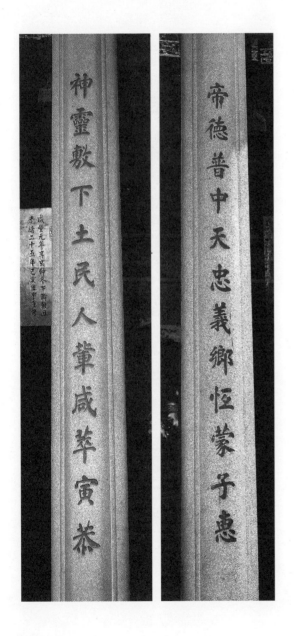

[1] 中天：天空。

[2] 忠义乡：即佛山。民国《佛山忠义乡志》卷一《舆地》记载："明正统己巳，乡人梁广等捍海贼黄萧养有功，景泰初敕赐佛山为忠义乡而名益著。"

[3] 子惠：谓统治百姓，像家长爱抚子弟。

[4] 敷：布施。

[5] 萃：聚集在一起。

[6] 寅：恭敬。

（高天帆）

16 祖庙正殿两侧石柱对联

坎德恢千古

离明照万方

上款：乾隆廿四年己卯孟秋谷旦 高天生敬奉

下款：咸丰元年岁次辛亥仲冬下浣 五世孙高品良等重修

[1] 坎德：坎，八卦之一，象征水。坎德指的是北帝的功德。传说北帝以道德开化天地，有降妖伏魔的本领，《真武灵应图册·复位坎官》记载："上帝命玄帝曰：'卿可当披发跣足，摄踏龟蛇，见皂纛玄旗，躬甲位，镇坎官，天称元帅，世号福神……'"。大意是说，玉帝命北帝坐镇在坎官，在天上当元帅作玉帝的辅臣，在下则为人间消灾降福，人们号为福神。

[2] 恢：扩大。

[3] 离明：离，八卦之一，象征火。离明即光明。

　　这副对联虽寥寥十个字，却高度赞扬了北帝救危惩恶、积德行善的精神。人们兴建祖庙正是为了纪念这位功德无量的福神，并对其顶礼膜拜，以祈求北帝解厄济世，造福人间。(曾冠军)

17　祖庙正殿中间石柱对联

北极南天新肸蠁

玉虚金阙壮威灵

上款：大清乾隆廿四年己卯秋九月谷旦 吴恒孚偕男澄运 启运 升运
　　　鸿运 澍运 济运 清运 泽运 孙嵩峰敬立

下款：咸丰元年岁次辛亥仲冬下浣 孙男耿光等重修敬书

[1] 肸蠁(xī xiǎng)：散布，弥漫。指声响或
　　气体的传播，此处借指神灵感应。

[2] 玉虚金阙：虚，洞孔；阙，指皇帝居所。
　　玉虚金阙在此处作辉煌壮丽的庙宇解。

　　（王海娜）

18 祖庙正殿木柱对联

玉音　法界大开真武殿正直从人祷

玉音　神光普照兆民家奸邪不尔私

[1] 玉音：皇帝的声音。此对联亦为明
　　代宗朱祁钰所赐。

[2] 法界：佛教指整个宇宙现象界。界
　　是分界、种类的意思。诸法一一差
　　别，各有分界，名为法界。

[3] 从：听从，依顺。

[4] 兆民：万民。

[5] 尔：你。

[6] 私：私心杂念。

　　（王海娜）

19 祖庙紫霄宫前木雕对联

北极照临南土东渐西被忠义赫奕乎四方海国长资保障

大明崇报玄功春禘秋尝灵应馨传于万祀佛山普拜凭依

上款：皇明崇祯辛己岁夏四月吉旦 里人户部尚书李待问题

下款：皇清乾隆岁在己卯秋吉旦玄孙夔棠重修 咸丰辛亥冬昆孙恒夫

　　　灿夫 洪夫重修 光绪己亥岁仲冬吉日昆孙尧夫 云孙应桐 湫漻

　　　重修?

[1] 东渐西被：光线由东向西照射。此处作普及解。

[2] 忠义：指佛山。

[3] 赫：显赫盛大。

[4] 奕：高大，盛美。

[5] 资：凭借，依托。

[6] 大明：明朝。

[7] 玄功：北帝的神功。

[8] 春禘(dì) 秋尝：禘、尝皆为祭名。《礼记·王制》："天子诸侯宗庙之祭，春曰礿，夏曰禘，秋曰尝，冬曰烝。"

[9] 灵应：指灵应祠，即祖庙。

[10] 馨：芳香，比喻好声誉。

[11] 万祀：万年。

撰者介绍：

　　李待问，字葵孺，佛山人，明万历三十二年（1604）进士，后官至户部尚书，为人忠孝宽厚，乐善好施，为官刚直敢言，不恃权贵，民间至今还流传着许多关于他的传奇故事。此联是李待问于明崇祯十四年（1641）题赠的。

　　这副对联陈列在北帝庙内紫霄宫神庵前两侧，是祖庙内所有木刻对联中字数最多的，楷书，笔力遒劲，漆以金箔，金光闪耀。（张雪莲）

20　庆真楼正门石柱对联

德耀元天帝心还有欲报之德
尊居北极众志尤当敬其所尊

[1] 元天：即玄天，北方之天。《吕氏春秋·有始》："北
　　方曰玄天。"
[2] 帝：北帝。
[3] 欲报之德：父母养育之恩。

　　中国的传统道德历来提倡孝行，因此在中国
各地供奉北帝的紫霄宫后面，大都建有专殿供
奉北帝双亲。为了崇祀北帝的父母，祖庙庆真
楼于清嘉庆元年（1796）建成。这副对联的内
容正是对这一传统道德思想最好的诠释，即使
是位居北极、人人敬仰的北帝，也和凡人一样，
希望报答父母的恩德，希望大家都敬爱自己的
父母。（李小青）

21 万福台对联

传来往事留金鉴
谱出高歌徹紫霄

[1] 金鉴：铜镜，此处作借鉴解。

[2] 徹：即彻，作通、透解。

[3] 紫霄：帝王之居。道家称北帝的居所为
紫霄宫。

为了便于演戏酬谢北帝的保佑，
清顺治十五年（1658）在祖庙前建成
了一座专门的戏台，初名华丰台，后
改为万福台。自此以后，每年秋收至
十二月，万福台好戏连台，响彻云霄。
（王海娜）

（三）祖庙匾额

匾额是悬挂在门头、堂室、亭园等处的大字题额，旧时多刻木为之，亦有石刻匾额。祖庙过去匾额颇多，但因历岁久远，许多木匾额废坏或移做它用，现存匾额共十七块。介绍如下。

1 祖庙前殿正门木匾额
敕封　灵应祠

明正统十四年（1449），黄萧养起义军进攻佛山，当地乡民曾来北帝庙祈求庇护，在北帝的"保佑"下，最后打败黄萧养军队，捍卫了佛山。此事上报朝廷后，明王朝认为这是北帝显灵的结果，于景泰二年（1451）将北帝庙敕封为灵应祠，并由明代宗朱祁钰御赐了这块"灵应祠"匾额。（王海娜）

2　祖庙前殿过亭南侧木匾额

会其有极

上款：咸丰元年辛亥仲冬下澣谷旦　光绪二十五年己亥值事重修

下款：修庙值事　永发荷　美盛号　玉和号　红兴荷　恒益号
梁童万　永华行　聚隆号　广新号　东源行　宜昌号　以
义号　广德行　丰源行　梁福记　万源号　余三兴　蔡
顺利　两益号　德昌号　德元号　会元号　金鱼塘　陈祠
澳口南祠　李大宗祠　水便陈祠　大墟黄祠　霍大宗祠
栅下何祠　鹤园冼祠　和花梁祠　仝敬立

[1] 会：领悟，理解。

[2] 其：指北帝。

[3] 极：顶点，最高点。此处
指北帝登峰造极的法力。

这块木匾额黑底金漆，配以"会其有极"端凝拙朴的四个大字，在庄严肃穆的灵应祠
里，显得格外耀眼。该匾立于清咸丰元年（1851），清光绪二十五年（1899）重修，由佛山
细巷李氏、金鱼塘陈氏、善庆坊霍氏、大墟黄氏、鹤园冼氏、栅下何氏、和花梁氏等几大家
族联合捐赠。（黄　虹）

3 祖庙前殿过亭北侧木匾额

玉音　国朝祀典

上款：景泰二年辛未仲冬谷旦立

下款：民国三十五年一月吉日重修

[1] 玉音：皇帝的声音。

[2] 国朝：对本朝的称谓，这里指的是明朝。

　　这块匾额是由明代宗朱祁钰于景泰二年(1451)御赐的。明王朝认为黄萧养起义军围攻佛山失败是北帝显灵的结果，于是将北帝庙敕封为灵应祠，由代宗御赐了这块"国朝祀典"匾额，并且规定每年由本朝的官吏准备祭品，春秋离职，亲自来祭祀北帝，答谢神恩。(汤兆红)

4 祖庙前殿过亭左侧木匾额

道则高矣

上款：咸丰元年季冬吉旦立　光绪廿五年孟冬吉旦重修

下款：沐恩锡箔行元兴祖会众信敬奉

[1] 道：即道行，僧道修行的功夫。

[2] 锡箔行：打制锡箔的行业，大概始于明代，在佛山颇有名，兼造银箔，产品远销海外。清末民国年间，佛山有锡箔工场十数家，工人三四百。

　　这块歌颂北帝具有高超道行的匾额，是由锡箔行、元兴祖会捐赠的，清咸丰元年(1851)初立，清光绪二十五年(1899)重修。(王海娜)

5 祖庙前殿过亭右侧木匾额

坎德流辉

上款：咸丰元年重修　光绪廿五年重修　道光廿一年首夏吉旦

下款：进殿祖会众信仝奉

[1] 坎德：坎，八卦之一，象征水。坎德指的是北帝的功德。

[2] 流：散布，传递。

[3] 辉：光辉。

　　这块匾额所表达的含义是北帝的功德永远散布着光辉，由进殿祖会的诸位善信于清道光二十一年（1841）敬奉的，后经历了清咸丰元年（1851）、清光绪二十五年（1899）两次重修。（王海娜）

6 祖庙前殿木匾额（正面）

辰居端拱

上款：咸丰元年仲冬谷旦　光绪二十五年仲冬吉旦重修

下款：簪花胜醮众信奉　灵山张锡封敬书

[1] 辰：北极星。北帝尊居北极，所以"辰"在此处指北帝。

[2] 居：处于，位于。

[3] 端拱：帝王敛手无为而治。

　　这块匾额是由张锡封于清咸丰元年（1851）题写的，清光绪二十五年（1899）重修。歌颂了北帝尊居北极，从而达到无为而治的崇高境界。（王海娜）

7 祖庙前殿木匾额（反面）

泽普安定

上款：光绪岁次丙子孟冬吉旦　光绪二十五年岁次己亥仲冬重修

下款：倡建胜醮值事　（略）　仝敬奉

驰封中宪大夫翰林院修撰加五级军功补用军民府梁鹤年敬撰拜书民
国三十二年岁次癸未冬月梁元合　梁镜河重修

[1] 泽：恩德，恩泽。
[2] 普：遍，全面。

这块匾额是由梁鹤年撰书的，立于清光绪丙子年（1876），并于光绪二十五年（1899）、
民国三十二年（1943）进行重修。该匾赞颂的是北帝的恩德遍及佛山，保佑佛山长治久安。
（王海娜）

8 祖庙正殿过亭木匾额

玉音　忠义鸿名重地

上款：景泰四年癸酉仲夏谷旦

下款：嘉庆元年丙辰众信重修

中华民国三十四年岁次乙酉仲夏谷旦修庙会修理

[1] 玉音：皇帝的声音。
[2] 忠义：即忠义乡。民国《佛
山忠义乡志》卷一《舆地》
记载："明正统己巳，乡人
梁广等捍海贼黄萧养有功，
景泰初敕赐佛山为忠义乡
而名益著。"
[3] 鸿名：大名，崇高的名声。

这块匾额是由明代宗朱祁钰于景泰四年（1453）御赐的，清嘉庆元年（1796）、中华民
国三十四年（1945）两度重修，歌颂佛山是享有"忠义"这一崇高声誉的地方。（王海娜）

9 祖庙正殿过亭木匾额

天理昭彰

匾额附文：先父耀南素居佛镇，安业营生，守分循理，不料于道光十九年有棍徒串同郑一嫂索诈弗遂，恃二品命妇，诬控不休，先父思彼平空捏陷，天理定当难容，遂虔赴上帝案前沥情禀诉，果藉威灵显赫，奸恶难逃，更荷蒙两广总督林大人暨列廉明秉公，立判究办，奏革命妇。此诚天理昭彰而福善锄奸之炳鉴也。悉书之以阐幽焉。

下款：道光庚子季秋穀旦　沐恩信绅制　伍汝瑞奉酬

[1] 天理：天道。
[2] 昭彰：明显，显著。
[3] 两广总督林大人：即当时的两广总督林则徐。

清道光十九年（1839），伍耀南被人诬告，于是到北帝面前痛诉实情，后来北帝显灵，时任两广总督的林则徐秉公办案，使其得以平反。为了答谢北帝，其子伍汝瑞于清道光庚子年（1840）敬奉了这块"天理昭彰"匾额。（王海娜）

10 祖庙正殿左侧木匾额

位居其所

上款：同治八年岁次仲春吉旦立　光绪廿五年孟冬吉旦重建

下款：沐恩酬绅士冈州蟠龙乡直隶州分州黄永麒 兆麟 偕男英锦 良佐 英楷 英钺 英
　　　辉 英翰 良俭 英韶 英元 孙兆熙 兆鹏 兆翰 义信 义昌 文灿 兆鸿 德昌 鸿楷
　　　鸿恩 兆桂 凤凰 兆松 鸿湛 兆凤 兆焯 仝敬

[1] 位：方位，位置。
[2] 居：处于，位于。

　　这块匾额所表明的是北帝处在它所应该处的位置，立于清同治八年（1869），清光绪二十五年（1899）重修，由冈州（今新会）蟠龙乡直隶州分州的黄永麒、黄兆麟及其儿孙共同敬奉。（王海娜）

11 祖庙正殿右侧木匾额

辰居式焕

上款：咸丰元年辛亥仲冬下澣谷旦　光绪二十五年己亥值事重修

下款：潘汪谰 任应垣 林梁 吴弥光 骆秉章 莫以枋 吴时敏 李应棠 伍荫棠 杨澄芳
　　　杨清芳 梁应棠 任本义 张日晖 陈树仪 麦颖 劳宗贤 霍承恩 张日宣 李光瑚
　　　秦文光 伍锡祥 莫以楠 李应材 黄世康 黄作明 吴洒烜 冼凤诏 黄成安 陈永公
　　　仝敬立

[1] 辰：北极星。北帝尊居北
　　极，所以"辰"在此处指
　　北帝。
[2] 居：处于，位于。
[3] 式焕：式，发语词。焕，光
　　亮、鲜明。式焕即越来越
　　光明、显赫。

　　这块匾额立于清咸丰元年（1851），清光绪二十五年（1899）重修，由潘汪谰、任应垣、林梁、吴弥光、骆秉章等三十位士绅联合敬献。其表达的是北帝尊居北极，越来越光明、显赫。（王海娜）

12 祖庙紫霄宫左侧木匾额

联藉鸿恩

上款：咸丰元年岁次辛亥仲冬谷旦　光绪廿五年岁次己亥仲冬重修

下款：裱对　联合行敬奉献　荷邨徐台英书

[1] 联：联合。

[2] 藉：凭借。

[3] 鸿恩：大恩，多指皇恩。这里指北帝的大恩。

　　这块匾额由徐台英书写，清咸丰元年（1851）初立，光绪二十五年（1899）重修。所表达的是大家都凭借着北帝的大恩大德，充满了对北帝的赞誉之情。(王海娜)

13 祖庙紫霄宫右侧木匾额

北极昭明

上款：光绪二十五年己亥仲冬上浣

下款：督修总理　王星五　苏藻芬　叶如松　魏永兴　梁璧生　陈远儆　霍俭崇　孔恺臣　陈德舆　李作霖　梁耀廷　潘信生

修庙协理　苏仁甫　何典三　萧璧南　谭藻裳　罗星桥　黎馨甫　廖养珊　梁秉铨　梁乃伯　陈福台　莫康衢　周和广　邓业　何碧峰　叶益林　李梯朝　芳子棠　魏奕卿　梁杞田　潘星湖　陈基绪　叶渭川　陈良甫　何和基　区星池　周渭川　冯心田　周炳初　孔广楠　潘华廷　陈耀南　范科连　雷作霖　卢运生　曹家驹　苏仪光　杨养臣　刘少棠　陈穗生　黄佩行　崔眷之　陈寿宇　何松年　曾兴汝

里人陈熊敬书

[1] 北极：北极星。北帝尊居北极，所以"北极"在此处指北帝。

[2] 昭明：显明，光明。

　　这块匾额是由佛山人陈熊于清光绪二十五年（1899）书写的。赞颂了北帝的光明、显赫。(王海娜)

14 祖庙紫霄宫上部木匾额

紫霄宫

上款：皇明崇祯辛巳岁夏四月吉旦　赐进士第户部尚书李待问题

下款：皇清康熙甲子岁孟冬吉旦孙锡璿重修　乾隆己卯岁仲秋吉
旦元孙夔裳重修　咸丰辛亥岁仲冬谷旦昆孙恒夫　灿夫　洪
夫重修　光绪己亥岁仲冬吉旦昆孙尧夫　云孙应桐　湫溁重修

[1] 紫霄宫：紫霄，帝王之居。
道家称北帝的居所为紫霄
宫。

这块匾额是由户部尚书李待问于明崇祯辛巳年 (1641) 题写的，并由李待问的后人于清
康熙、乾隆、咸丰、光绪年间进行了四次重修。(王海娜)

15 庆真楼正门木匾额

庆真楼

上款：一九七五年农历乙卯重修

下款：林君选敬书

16 锦香池前牌楼木匾额

灵应

上款：明景泰辛未年仲冬穀旦鼎建

下款：皇清康熙甲子上元吉旦重修

正面

圣域

背面

　　从匾额的上款所署年代可知，该牌楼是明景泰辛未年（1451）明王朝将北帝庙敕封为灵应祠时所建。牌楼匾额的"灵应"、"圣域"四字为景泰帝朱祁钰御赐。据民国《佛山忠义乡志》记载，当时明代宗御赐的匾额为"玄灵圣域"，而不是"灵应圣域"。"灵应圣域"应该是清康熙年间重修时，为了避清圣祖"玄烨"的讳，改"玄灵圣域"为"灵应圣域"。(王海娜)

17　祖庙正门牌楼木匾额

祖庙

外侧

　　这块匾额上的"祖庙"二字是1972年祖庙重修时，由佛山市博物馆的工作人员从旧的隶书字帖中集来的。

　　祖庙原称为北帝庙，为何称为祖庙，一般有两种说法：一说是因创建时间比佛山的其他庙宇早；二说是过去佛山人把它作为宗庙始祖尊崇。第一种说法不准确，因为从史料记载可知，佛山最早的庙宇是建于晋、唐的经堂寺，即塔坡寺，而祖庙建于北宋元丰年间，可见它并非创建时间最早。第二种说法较为准确，即"祖者，始也，己所从始也"。黄萧养起义军进攻佛山失败后，朝廷将北帝庙敕封为灵应祠，并大肆吹捧北帝，于是佛山人逐渐形成"祖庙不但是庙的始祖，而且是整个佛山的始祖"这样的意识，祖庙前殿右门对联"廿七铺奉此为祖，亿万年惟我独尊"便是最好的说明。

古祠艺宫

　　这块匾额是1972年祖庙重修时由林君选撰写的，称赞祖庙是"古代的祠堂，艺术的宫殿"。因为当时"文化大革命"正如火如荼，不时兴名人题字，所以林先生题写匾额后没有留下名字。(王海娜)

内侧

肆

民俗篇

1 劏仔石

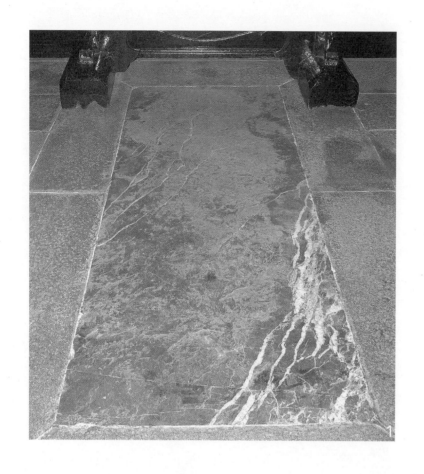

在祖庙灵应祠前殿南北中轴线上，有一块长2.2米、宽0.87米的黑石板，板面平滑黑亮，间有数条白纹。这块石板是明景泰年间祖庙被敕封为"灵应祠"后，供地方官员春秋二季致祭时跪拜之用，故称拜石。关于此拜石，在佛山民间还有一段广为流传的故事。

相传明朝末年，佛山有一贫苦少年，自幼丧父，与母黄氏相依为命，日子过得十分艰难。有一天，相邻的恶霸丢了一只鹅，怀疑是少年宰食了，便询问其当天吃了什么。少年患有口吃，所以他口齿不清地答：食"螺"。由于佛山方言中"螺"与"鹅"音相似，恶霸便诬其偷吃了他的鹅。少年急忙辩解，无奈恶霸仗势欺人，勒令黄氏交纳十倍罚款并赔礼道歉。黄氏不服，惨遭拷打逼供。无助的黄氏唯有将伸冤之事寄托于神灵，在她的再三要求下，众人来到了祖庙。在北帝像前，黄氏点燃香烛，跪拜说：若我儿偷鹅，请降下签。黄氏拜毕，接过签筒一摇，下签已落地，如此三次，结果都一样。恶霸及其随从凶神恶煞般地喝令黄氏认罪伏法，否则解官究办。可怜的黄氏又怎知恶霸买通了庙祝，在下签的签头上灌了水银呢！由于下签头重，只要一摇签就落地了。在恶霸面前，性情刚烈的黄氏有冤无处诉，为求清白，她把心一横，将儿子放在黑石板上，一刀剖开儿子的腹部。众人皆见其肠中只有螺肉而没有鹅肉。群起哗然，纷纷指责恶霸冤枉良民，造成母杀子的惨剧。悲痛欲绝的黄氏，抱着儿子血肉模糊的尸体，哭昏倒地。那凄惨的哭声惊动了真武大帝，他降下法旨，令少年还阳康复，母子团聚，那恶霸也得到了应有的惩罚。

从此，人们便把灵应祠内的这块黑石板称作"劏仔石"了。（陈渭圆）

2 补鞋能智对下联

凤形涌出三尊地

龙势生成一洞天

佛山祖庙前殿正门处悬挂着由明朝户部尚书李待问题写的这副对联。

相传明朝末年，祖庙大修。李待问欲为祖庙撰写对联，于是写下上联："凤形涌出三尊地"，讲述了佛山得名的故事。因为佛山地形似凤，所以用"凤形"比喻佛山。

写出上联后，李待问怎么也想不出合适的下联，于是在祖庙门前张贴告示，以重金征集下联。众多读书人都跃跃欲试，但几周过去了，都未能收到合适的下联。

当时，祖庙门前是热闹的街市，聚集了各种买卖行当。一群补鞋匠长期在此设摊为生，却常常遭到衙门的驱赶。补鞋匠中有一位名叫补鞋能，平日爱好读书写字。他的伙伴怂恿说："补鞋能，你要能把下联给对出来，就能为大伙出口气，别人就再不敢小看咱们了。"补鞋能一听，心想："是啊，我怎么不试一试呢？"他来到告示前，仔细琢磨着，周围的人都取笑他："难道凭你一个补鞋匠也能对出好的下联不成？"他想，上联以佛山地形和地名典故为题材，下联能以佛山的神权、政权、族权荟萃之地——祖庙为题材就再合适不过了。这一天，他茶饭不思，潜心思考，终于想出了下联："龙势生成一洞天"。

第二天一早，他将下联交到了李待问手上。李待问一看，拍案叫绝，说道："这个下联太好了！龙势，指喻祖庙，表现了祖庙神秘而威严的气势；洞天，指道教中的圣地，正符合北帝是道教之神的说法；上下联一合，意境与形制都十分工整。"之后，补鞋能拒绝了李待问的酬金，只请求允许补鞋匠在祖庙门前设摊。李待问欣然答应。

自此，这副对联就挂在了祖庙的正门，补鞋能智对下联的故事也流传开来。

（邝倩华）

3 苏真人揽大沙爆

在祖庙正殿香亭的东西两侧，供奉着四位神祇，其中一位是"本祠住持劝善大师苏真人"。苏真人姓苏名澄辉，字碧真，是明嘉靖年间管理祖庙香火的庙祝。他为人忠厚，不辞劳苦，为修缮祖庙殚精竭虑。嘉靖三十一年（1552），灵应祠前建造了一座雕刻花龙纹饰的石照壁，就是由苏真人募集资金修建的。现在这座照壁已经不存在了，照壁拆毁后留下的石块，在后来筑锦香池时改用作围栏。苏真人虽然在祖庙修缮工作中多有建树，但由于不擅长会计而被人诬陷贪污。他无以自白，郁郁而终。后人不忘其功绩，塑像纪念他。

在佛山民间，关于苏真人最有名的传说就是"苏真人揽大沙爆"的故事。

明清时期，祖庙有烧大爆的祭祀仪式，在每年三月初三北帝诞的次日举行。所谓烧大爆，就是燃放巨大的爆竹以享神，并让众人拾抢爆首以接福的娱神活动。这种大爆以大瓷罐内填火药沙石、外缚篾竹、松脂、沥青而制成，直径四至八尺不等，药引长二丈有余。燃放者攀于高架之上，以庙中神火掷之，发声如雷，人如果站在大爆旁边，必炸死无疑。据说，苏真人遭诬陷时，为表明自己清白，曾于庙会酬神庆典时，揽着快要燃爆的大沙爆说："如果我确实贪污，就会随爆而死，若是清白，则人神可鉴，当会安然无恙。"也许是事有凑巧，又或许是善有善报，这一次的沙爆果然是哑爆。此后，本地就有了"揽大沙爆"这句俗语，即为表明自己所言属实，绝无虚假，就以揽大沙爆为誓。（李小青）

4 云龙柱的故事

在祖庙公园茂密的玉兰树下，竖立着两座用石栏杆围着的青石华表。在高大的绿树掩映下，它们并不十分惹人注目。但当你走近石华表，就会为它们柱身上精湛的雕刻工艺而惊叹。

这两座华表的柱身原为佛山禅城区朱紫市（今佛山市东下路附近）药王庙梁架的石柱，雕于清道光四年（1824），原名云龙柱。1957年拆卸该庙时，石柱被运到祖庙。1958年在柱顶加上云板、蹲兽，在下面加上底座，改建为华表。

云龙柱高约4米，柱身直径30厘米，是用著名的连州青石雕造的。雕刻手法以高浮雕衬托圆雕、镂空雕，刀法柔和，线条流畅，立体感强，风格沉厚古拙，是岭南石雕艺术的精品。

世人传说云龙柱能报雨。过去药王庙前是一个大晒场，凡是来这里晒东西的人，都要先看看这两根石柱，以它们的干湿来决定当天是否晒物，已晒的东

西要不要收。因为每逢阴雨天气，这两根石柱都湿漉漉的；暴风雨来临之前，石柱上的两条龙就像哭泣一样水滴滴的，柱子周围都湿透了。关于云龙柱能报雨的原因，民间还流传着一段广为传诵的辛酸故事。

相传，药王庙的这两根双龙石柱是由一对生活非常贫苦的师徒承造的。为了赶上药王庙开庙的日子，本来需要三年才能完成的制作工期，硬是被蛮横狡诈的老板缩短为一年半。可是，在师徒俩昼夜加紧赶制的时候，可恶的老板竟丧心病狂地把工期又提前了三个月，并威胁他们：如果不能按时完成，就要师徒二人赔偿巨款。师徒俩无奈，只能含泪更加勤奋地工作。结果，师傅由于疲劳过度，加上年老力衰，口吐鲜血累倒了，徒弟独自承担起余下的全部工作。就在双龙石柱雕成之日，徒弟累死在石柱旁。师傅本来身体已经十分虚弱，加上遭此大创，不胜悲痛，气血攻心，也跌倒在徒弟的身旁，气绝身亡。

那个老板看到两根石柱要了师徒二人的命，非但没有任何怜悯和内疚，反而为能把工钱据为己有而沾沾自喜，还残忍地把师徒二人的尸体抛到荒郊。在药王庙开庙当日，石柱上的雕龙突然活了起来，飞腾而起，顿时雷电交加，风云骤作，地裂成沟，掩埋了师徒的尸体，飞龙还缠死了那个残忍的老板，为师徒二人报了仇。当飞龙回到石柱上的时候，龙的双眼就像哭泣一样，泪滴滴的，从此每逢阴雨天气，石柱就变得湿漉漉的了。（沈新辉）

5　龙珠的传说

在佛山祖庙三门的正脊上有一颗铜宝珠，俗称"龙珠"。它装饰在瓦脊的正中，两侧还有一对张口翘尾、跃跃欲试的"铜鱼"，故称"二鱼戏珠"。这"二鱼戏珠"，十分精美，凡是见过的人都赞叹不已，但也有一些坏家伙，心怀鬼胎，企图偷盗。

相传，在清朝的时候，有一个外国商人到中国来做生意。有一天他来到祖庙观光，一见到瓦脊上的"二鱼戏珠"就被深深地吸引了，同时也在心里打着歪主意，要把这颗龙珠偷来据为己有。他暗自盘算偷龙珠的法子，后来打听到有一个绰号叫"飞贼"的人。听说这个盗贼神出鬼没，来无影去无踪，他想要偷的东西谁也没法防范，于是这位外国商人出重金收买了"飞贼"为他偷宝珠。

这一晚，外国商人在旅馆房间焦急地等待，而"飞贼"也的确出手不凡，三更刚过，果然把龙珠偷来了，外国商人手捧宝珠"OK、OK"不停地赞叹。这一夜他欣喜若狂，通宵没合眼。第二天，他决定再去祖庙，要看看这两条鱼还有什么宝珠可戏！他把龙珠锁好放在皮箱里，临出门前还加了一把锁，才放心地离开房间。到了祖庙，他抬头往瓦脊上看，龙珠还是照样圆溜溜、金闪闪、黄灿灿。他马上赶回旅馆，打开皮箱，真是惊呆了，那龙珠已不翼而飞。他顿时面色如土，冷汗淋漓，但又贼心不死，决心出更高的价钱，请"飞贼"再去偷。

铜宝珠又被偷回来，这一次商人更小心，皮箱上了锁，还加上三道交叉的封条。当他第二天再来祖庙看时，龙珠还在那里闪烁着诱人的金光。他回到旅馆见箱子上的封条还是贴得牢牢的，可是一打开箱子，龙珠又不见了。

就这样，晚上把龙珠偷来，白天龙珠又飞回祖庙瓦脊，偷来偷去他总是没办法保存，而钱财已经耗去一大半。可是这个外国商人还是不死心，打定主意最后再偷一次。龙珠真的又被偷来了，商人把龙珠放入皮箱锁好，捆了又捆，再加上封条，然后把皮箱紧紧地抱在怀里，迷迷糊糊地一直坐到天亮。天刚明，他就什么也不顾，一步一瘸地抱着皮箱来到祖庙，举目向瓦脊望去。天哪！龙珠依然如故。他赶紧放下皮箱，撕去封条，拆开绳子，再打开锁，揭开箱盖一看——哪有龙珠的影子！刹时他就像五雷轰顶，两眼发黑，双足颤抖，颤巍巍地朝祖庙门口走了两步，就"啪哒"一声倒在地上，口吐白沫，再也没爬起来。（陈为民）

6　九里香

在锦香池的左右两端，由条石围起了两个高台，各植一棵冠如伞盖、曲如游龙的小树，那就是极受人们喜爱的观赏植物——九里香。

九里香是芸香科、九里香属的灌木或小乔木，原产于亚热带，分布于我国华南和西南，因花香浓郁，很远就能闻到，故名"九里香"。在广东，九里香地栽、盆植皆宜，是制作盆景的佳材。它四季常青，树形端正秀美，又可作药用，有活血散瘀、行气活络的功效。

锦香池内的两棵九里香，据传已有五百年的树龄，至今依然葱翠繁密，秀雅美观。因其历史久远，外形秀美，被人们视作吉祥的象征，成为祈福求愿的"发财树"，节日里人们纷纷向树上投钱掷币，希望能够获得好"意头"。（苏东军）

7 "祖庙卖鱼龟搭嘴"的故事

"祖庙卖鱼龟搭嘴"是佛山人的一句俗语。祖庙是供奉北帝及其部将的庙宇，与卖鱼似乎毫不相干，且"龟搭嘴"又是什么意思呢？

原来，在新中国成立前，祖庙三门前的大片空地及锦香池周围一带地方，是一处人来人往的繁杂之地。每天各式地摊小贩聚集于此，占卜看相的、剃头的、补鞋的、杂耍的、卖武的、卖膏药的、卖香烛元宝的、出租小人书的、出卖劳动力的，还有卖甘蔗、卖熟蕃薯、卖汤丸等小吃的，一摊接一摊，一档连一档，好不热闹，犹如赶庙会一般。虽然市井喧嚣热闹，但这里聚集的绝大多数是下层劳动人民。

话说当年在锦香池以东，大概相当于现今祖庙东侧红墙的位置，有两三档卖鱼的小摊。鱼贩每天都在这里兜售他们辛辛苦苦在东平河捕捞回来的鲜鱼，指望换得少许养家糊口的血汗钱。然而，有一天，太阳已经偏西，鱼篓中活蹦乱跳的鱼儿还没卖出，眼看出租旧书的老头儿已经开始收拾书箱准备撤摊，剃头匠也挑起他那副剃头挑子，补鞋匠也在收拢他的工具，原本热热闹闹的市井开始渐渐归于平静，卖鱼者非常焦急。

"买鱼吗？生猛河鲜啊，买些吧！"卖鱼的向过路人招揽生意。过路人匆匆而过。

"便宜些给你，买鱼吧！"又一路人略为踌躇一下，还是没买就走开了。

尽管鱼儿新鲜，尽管卖鱼者许诺以最便宜的价钱出售，鱼儿还是没卖完。太阳已经西沉，天色渐渐黑了，卖鱼者依然在喊，"卖鱼喽，生猛鲫鱼，新鲜挞沙鱼！"天完全黑下来了，卖鱼者的声声叫卖似乎惊醒了锦香池里的乌龟，刚醒过来的乌龟发出"唔唔"之声，这声音在卖鱼者听来似乎是"不买、不买"之声，这让愁绪满腹的卖鱼者听来分外刺耳。他恼怒地说："我卖我的鱼，关你乌龟屁事。"

佛山话"祖庙卖鱼龟搭嘴"译成普通话大概相当于"狗咬耗子多管闲事"。这虽然是一则流传的民间故事，但故事的内涵不是正好印证了《佛山忠义乡志》中"四方之商贾萃于斯，四方之贫民亦萃于斯。挟资以贾者什一，徒手而求食者什九"这样一段文字吗？占当时佛山人口大多数的是徒手而求食的四方贫民，

那些匆匆过路的人或许连自己这顿晚饭还没着落，鲜美的河鲜只能是他们的奢望了。（李小青）

8 窦元帅与"凤林"茶楼的传说

相传民国年间，与祖庙相邻的祖庙大街，有一家"凤林"茶楼，以虾饺精致可口、烧卖爽滑鲜美而远近驰名。茶楼坐落在出入祖庙的必经之路，邻近繁华的三元市，周边商铺、会馆、作坊、民居鳞次栉比，人口密集。因此，"凤林"茶楼一年四季客似云来，一日三市宾客满座，生意红火，在佛山一带颇有名气。

有一天，茶楼掌柜在晚上收市"埋轨"（结账）时，发现有两张"溪钱"（冥币），明明白天收的都是真金白银，何来"溪钱"呢？这一奇怪的现象令大家百思不得其解。专心留意了几天，尤其是结账时更是百倍小心，唯恐某个环节出错。然而，几天过去了，仍然未发现问题出在哪里，收市"埋轨"时却总是出现两张冥币。后来，一位身穿对襟灰色布衫、眉慈目善、鹤发童颜的老人引起了大家的注意。这位老人每天都来"凤林"茶楼，专挑临窗位置，"一盅两件"自斟自饮。他在同一时辰来，又在同一时辰去，而且从来不与他人交谈。这位神秘老人的举动引起了大家的怀疑，于是，伙计有意在他离开时，不动声色地跟随其后观察，连续数天，这位老人离开茶楼走进祖庙后就像人间蒸发一样，无踪无影。于是伙计又生一计，待老人次日来饮茶时，偷偷把一条长长的红线用缝衣

针别在老人的衫脚上，另一头的线圈则牵在自己手上。伙计为自己想出这个办法好不得意，心里暗想："有这条红线牵住，这回看你插翅也难飞了。"谁料，刚刚踏进祖庙三门，老人同样了无踪影，地上只剩下缝衣针和红线。伙计惶恐万分，竟许久说不出话来，待清醒之后，才连呼神奇，急忙赶回禀告掌柜："不知是哪路神仙，神龙见首不见尾，恐怕是祖庙里面的神灵！"掌柜也感到事有蹊跷，于是怀着诚惶诚恐的心情到北帝神像前，将事情的前后一一禀告北帝。

自此后，老人再也没有到"凤林"茶楼饮茶，同时人们又发现，灵应祠正殿供奉的"赏善罚恶枷拷威勇窦元帅"神像的身上忽然被一条铁链紧紧地锁住了。原来，这位北帝部将，每天早上都化作老人模样，偷偷走出灵应祠，到"凤林"茶楼享受人间美味，被北帝认为没有尽忠职守，扰乱民心，而受到了"铁链加身"的惩罚。

据说这位神灵的消失，令"凤林"茶楼的生意逐渐由旺转淡，茶楼掌柜知道事情原委后，不但每天到祖庙朝拜北帝，同时也不忘为这位"赏善罚恶枷拷威勇窦元帅"焚香点烛。（黄 虹）

9 真武显圣救危

传说元代末年，由于朝政腐败，社会动荡，民间百姓生活十分困苦。一些不法之徒借机纠集在一起，到处劫掠财物。当时，佛山附近的龙潭乡有一贼帮，组织了数百人，手持各式武器，分乘船只沿着汾江河企图入侵佛山洗劫财物。乡人得知后都惶恐万分，眼看一场灾难马上到来，大家都聚集在祖庙北帝神前祷告，祈求真武大帝庇护乡人，保佑佛山平安。

傍晚时分，当贼船即将接近汾江河岸时，原本晴朗的天空霎时刮起了狂风，下起了暴雨，震耳欲聋的雷声轰鸣不断。突然，西南面的天空出现了一面黑旗，有一神人披头散发，仗剑而立，赫赫神威化作一股猛烈的暴风雨，有横扫千钧之势，瞬间将贼船推到了汾江河的北面，此时的河面恶浪翻滚，船覆人落，贼人溺水过半。浮起的尸首皆七孔流血，染红了半条汾江河。剩下的贼寇吓得半死，纷纷抱头鼠窜。事后，人们方知是真武大帝神明显圣，驱除贼帮，救民众于危难之中。

过了一段时间，盗贼心有不甘，重新纠合，企图再次进犯佛山。这一次，他们暗施一计，以重金贿赂守庙僧人，暗地里用污秽之物弄脏祖庙内的神像、香案、仪仗等物，以致真武帝灵气顿消，无法显圣。群贼借机闯入佛山剽掠洗劫，并纵火焚毁祖庙以及庙前圣榕以泄愤。事后两天，守庙僧即遭恶报突发暴病而死，劫贼也先后死的死，病的病，残的残，得到了应有的惩罚。直至明洪武五年（1372），祖庙才在佛山乡人赵仲修的热心捐助下得以修复重建。现在祖庙正殿香亭东西两侧廊下，竖立着一组清光绪二十五年（1899）由"顺邑甘竹李敬慎堂"敬奉的木雕高脚牌，其中一面书写着"污秽勿近"字样。这是捐赠者根据历史传说，告戒世人："保持灵应祠神圣之地的洁净，北帝神灵才能庇佑广大民众"。

关于这段民间传说，在明正统三年（1438）《重修庆真堂记》碑刻、清乾隆《佛山忠义乡志》、清道光《佛山忠义乡志》、民国《佛山忠义乡志》中均有记载。这说明在当时，佛山人对北帝神有一种依赖与敬畏相交织的感情，也体现了佛山人坚信祖庙是神圣不可侵犯的处所，北帝报应是必然无误的。佛山地区统治集团，正是利用人们这种心态，通过这些故事的传播，强化民众对北帝的恐惧敬畏心理，增强祖庙的神圣性，从而达到增强内部凝聚力，维持地区团结，稳定社会秩序的目的。（黄　虹）

10　庙前两圣榕

祖庙建于北宋元丰年间（1078~1085），初建时虽然面积不大，但奉祀以来，香火不断。由于相信北帝威灵显圣，民间百姓虔诚有加，每天前来上香祈愿者络绎不绝，庙前总是人流如潮。到了炎热的夏天，烈日当空，人们倍感难受，于是，有热心人在庙前左右种植了两棵榕树。年深日久，两棵榕树逐渐长大，苍郁茂盛，绿阴如盖，将古老的祖庙映衬得更加神秘、肃穆。古榕、神庙日夕相伴，已成为不可分割的一体。茶余饭后，街坊邻里都乐于到此纳凉小憩、闲谈会友，孩童们也喜欢在此追逐游乐、玩耍嬉戏。

相传，元代大德年间（1297~1307）的某一天晚上，一场猛烈的飓风吹袭佛山，两棵古榕被连根拔起，轰然倒地。第二天早上，祖庙前聚集了数百人，人们用手推、用棍撬、用绳拉，想扶正它们，然而，想尽一切办法，用尽各种方式，两棵古榕如落地生根似的，纹丝不动。直至夜幕降临，人们仍无计可施，只有扼腕叹息。当晚三更时分，祖庙周边的乡民忽闻风雨声大作，随后响起了一阵阵怪异的声音，而门外漆黑一片，电闪雷鸣，谁也不敢迈出家门半步。次日清晨，天刚放亮，人们就急忙赶往祖庙看个究竟。到了祖庙门前，眼前的情形令人不可置信：两棵古榕竟然一夜之间立如旧貌，且树更壮了，叶更绿了。原来是北帝显圣，令古榕恢复了原貌。乡民啧啧称奇，无不拍手欢呼，感叹北帝神灵法力无边，体恤民众，于是纷纷走进祖庙，摆上供品，点上香烛，磕头礼拜，酬谢北帝神恩。同时，乡民也深信：两棵古榕已吸收了日月精华和北帝的灵性，非一般的植物，而是通灵性的圣物。故"祖庙圣榕"之名不胫而走。

元朝末年，"祖庙圣榕"被入境抢劫的乱贼焚毁。如今，两棵古榕早已不复存在，但这段神奇的传说仍然在民间流传，成为人们茶余饭后的美谈。（黄　虹）

11　陈盛勇破看戏陋规

祖庙万福台是佛山最著名的古戏台。过去，各行业一年一度贺师傅诞的演出、徒弟满师请戏的演出、秋收之后的酬神演出以及各戏班的首场演出等等，都会选在万福台。这使得万福台上笙歌不断，好戏连台，一年之中鲜有不上演歌舞之日，因此到万福台看大戏成为佛山及周边乡民最重要的娱乐活动。

万福台前的两廊包厢专供达官贵人及其眷属使用，台前开阔的空地才是平民百姓观戏的场所。每当粤剧演出时，台前空地常常人头簇拥，一派"万人围住看琼花"的热闹、祥和景象。可是当时圣堂乡有几十名恶霸，自恃武艺高强，称霸一方。他们来万福台看戏，强行立下规矩：万福台空地的前三排位置只准圣堂乡人就坐，其他地方的人不得僭越，否则必遭毒打。外地不懂规矩的人挤到前排看戏，常常遭受皮肉之苦。时任佛山鸿胜馆馆主的陈盛听说此事后，义愤填膺，决心教训一下这帮恶霸。于是，一天傍晚演出前，陈盛早早就来到万福台前，毫不犹豫地坐在第一排，等待开演，即遭到圣堂乡恶霸的群起围攻。陈盛毫不畏惧，施展出过硬的蔡李佛功夫，赤手空拳将四十多名手持长凳的大汉打得抱头鼠窜，并当场宣布从此取消这一陋规，先到先坐。此举打击了恶霸的嚣张气焰，乡民无不拍手称快，万福台欢乐祥和的演出气氛又得以延续。此后，陈盛勇破看戏陋规的故事开始在佛山广为流传。（黄晓蕙）

12　祖庙与佛山婚俗

佛山祖庙，这座有着近千年历史的古庙，历来被佛山人视为百行之祖、众庙之首，灵应祠供奉的北帝被视为佛山人的守护之神。结婚是人生大事，人们都会把婚礼的仪式办得喜庆热闹，并追求吉祥如意。佛山人迎亲一般都会选择走一些名字吉祥的街道，如寓意平平安安的永安路，寓意福禄双全的福禄路，寓意早生贵子的筷子路，还有升平路、锦华路等，而祖庙更是必到之处。

每年除清明节所在的月份外，祖庙门前常常可见到装饰华丽的结婚花车排成长龙的景象。新郎新娘、伴郎伴娘与他们的亲朋好友都从花车中走出来，在祖庙牌坊前拍照留影，把一对新人一生中最有纪念意义的日子定格在这吉祥之地。古建筑的红墙碧瓦、新人洁白的婚纱、花团锦簇的彩车，组成了一道美丽的民俗景观。近年来，佛山地域范围在城市发展的过程中不断扩大，人们迎亲的路线即使不一定沿着古老的吉祥路径，但无论如何，祖庙依然是必到之处。近来更有在祖庙里面举办婚礼的。在祖庙里，新人在礼仪小姐的导引下，面向灵应祠虔心参拜，饮交杯酒，大妙姐的祝福词，便是新人们的美好愿望。在这里，灵应祠为凭，锦香池作证，新人们手系赤绳，共同把硬币掷向龟蛇，许下了他们心中最美好的愿望。移至万福台前，新人齐齐拜天地，双双拜高堂，把祖庙传统婚礼推向了高潮。（李小青）

13　体恤民情不护短的北帝公

相传民国年间，在祖庙后的西边头有一座公用厕所，门口摆放着一尊"土地公"。途经的路人都感到十分诧异，因为土地公通常安放于门前或供奉于土地庙内，这尊土地神安放在公共厕所门口，且毫无遮蔽，究竟是什么原因呢?

原来，祖庙三门外自清代以来一直是佛山镇一条非常繁华的商业街道，各地客商、手工艺人、小贩、香客穿梭往来，人群如织。附近山紫村、南浦村、弼唐村的农民为耕种家里的菜地，每天都要赶早到佛山镇上各居民点收集粪肥，经由祖庙门前挑粪而归，日久便成为庙前独特的一景。佛山人称挑粪的农民为"倒尿公"。然而，有一段时期，祖庙门前出现了一种怪现象：每凡"倒尿公"担着粪肥木桶经过祖庙门前时，不是木桶突然"爆箍"，就是"倒尿公"闹肚痛，而其他路人则相安无事。一时人心惶惶，胆小的农民干脆绕道而行；胆大的虽然不信其怪，依然从庙前经过，然而只要一到祖庙门前，肚痛就像准时发作一样，五脏六腑如翻江倒海，脸色煞白，疼痛难忍，无论搽油、吃药都无济于事。"倒尿公"倍感疑惑，于是结伴到北帝神前磕头跪拜，将这件事的前前后后，一五一十地禀告北帝，期望北帝能为他们做主，庇佑平安。

当晚，北帝托梦"倒尿公"中年纪稍长的财叔：原来是祖庙灵应祠中有一名北帝的部将非常厌恶尿的气味，不满意"倒尿公"经常路过祖庙门口而有意捉弄，一旦他们经过祖庙门口，就施法术令其腹痛难忍。北帝公还托梦说："我的部将不爱护百姓，让你们受苦了，明天你们继续到镇上担尿种菜吧，他做了错事，我是不会饶恕他的，他应当受到严厉的惩罚。"第二天，人们惊异地发现，灵应祠中原有的二十五尊神像，一夜之间少了一尊，而西边头的公用厕所门口却半夜冒出了一尊"土地公"。要知道，祖庙内的一砖一瓦，一草一木，佛山乡民都了如指掌，视为生命，哪件神案挪了位置，哪件仪仗缺失了棱角，他们心中都一清二楚。如今缺了一尊神像，那可是非同一般的大事啊！消息一传十，十传百，坊里乡间无不知晓，整个佛山镇都震动了。大家为这尊去向不明的大神忐忑不安，不知是祸是福。这时，"倒尿公"财叔才猛然想起北帝托梦一事。原来，厕所前的土地公就是灵应祠里面消失的那位大神，北帝惩罚他不体恤佛山的乡民，所以将其贬出了祖庙，让他到厕所旁长期驻守，以弥补过失。

从此北帝神庇护佛山乡民，严惩手下部将，不徇私护短的故事，一时传遍了佛山的大街小巷。此后，佛山乡民对北帝更加虔诚崇信了。（黄　虹）

14　鸟阵蚊旗

明正统十四年（1449），广东爆发了一次声势浩大、震惊明朝统治者的黄萧养农民起义。当起义军扬言要进攻佛山时，佛山的梁广等二十二人立刻聚集在一起，发誓永远不与黄萧养等"乱贼"同流合污，共同商量抵御"敌人"的办法。当他们举棋不定的时候，便来到祖庙，虔诚地跪拜在北帝神像面前，讲明了他们的来意，祈求北帝显灵，为他们指引一条抗击"敌人"的路子。他们的虔诚和英勇深深地打动了北帝，北帝便暗示他们应早做御敌的准备。于是，梁广等人再次磕头跪拜、答谢神恩后，立刻起身，分头行动，动员父老乡亲，有钱的出钱，有物的出物，有力的出力。他们只用一天的时间，就准备好了器械、食物，并在周围十多里的地方挖好壕沟、竖起铁栅栏，时刻准备着与义军交战。

当黄萧养起义军进攻佛山时，佛山的乡民各展其能，奋勇抵抗。正在双方打得难解难分之时，北帝又一次显灵了：只见成群的飞鸟从栅栏里面飞出来，在起义军的战船上空盘旋飞噪，结阵助威，扰乱义军的军心，使他们不能安心作战；又有一群群的蚊子从北帝庙里面飞出来，聚集在义军的上空，像旗帜一样飘扬。义军见到如此怪异的鸟阵蚊旗，万分惊恐，军心大乱。此时，栅栏里面的民众又扮演起秋色故事，造成一派歌舞升平的景象，使义军不知虚实而不敢强攻。义军久攻不下，最后以失败告终。佛山人相信这是北帝在冥冥中保佑着他们，协助他们击退了义军的进攻。于是北帝在他们心目中变得更加灵应、更加神圣了。（王海娜）

15 李待问的传说

相传李待问是嘉禾县县令李畅八十岁的遗腹子，他的母亲陈氏当年只有十六岁，是一个聪明漂亮的婢女。当陈氏与老县令相好怀孕后十分惶恐，无名无份怎么办呢？老爷子叫她取出一把玉扇，在玉扇上赋诗一首"八十岁衰翁，临老人花丛，生子叫待问，生女叫娇蓉"。之后叫她好好珍藏，并叮嘱她："如果我死后小孩才出生，他们为难你时，你就亮出此扇，自会有人为你做主。"果然老爷子死后，小孩才出生。县令家的妻妾儿女等以恶语来欺负她们，陈氏拿出玉扇为证，果真有宗族叔公出头为其做主，还其名份，并叫县令妻妾的儿女认其为庶母。但是，他们表面认庶母，暗地里却百般刁难。陈氏很有骨气，携子离开李家，在外租屋住。没钱供儿子读书，就自己教他识字。后来被一私塾先生得知，便免费带待问到私塾读书，由于李待问天生聪明，再加上勤奋好学，成绩一直名列前茅，被人称为神童。他二十一岁参加乡试中举人，二十二岁会试中贡士，二十三岁殿试中进士，先到福建任知县，后来逐级升迁，五十一岁官至户部尚书。享年六十岁。

李待问身居高位，不忘为百姓办好事，谋利益，深得百姓爱戴。在佛山祖庙的修缮上，他也出钱出力，贡献颇多。（黄玉冰）

伍

研究篇

瑰伟独绝　独树一帜

——佛山祖庙建筑研究

一　广东著名的三大祠庙之一

广东境内有三座著名的祠庙，即佛山祖庙、龙母祖庙和陈家祠。龙母祖庙是西江流域人民共同朝拜的祖宗——龙母娘娘之庙。据统计，西江流域在民国时有大大小小的龙母庙数以千计，这些龙母庙都以德庆县悦城镇的龙母庙为祖，称为"龙母祖庙"。广州陈家祠为广东全省规模最大的陈姓合族宗祠，落成于清光绪二十年（1894）。当时取名为"陈氏书院"，是因为广东官府担心宗族势力聚众与官府抗衡闹事，严禁在广州城内建造祠堂，为避官府禁令才这样取名。佛山祖庙奉祀的是真武帝。据《佛山忠义乡志》记载："真武帝祠之始建不可考，或云宋元丰时，历元至明，皆称祖堂，又称祖庙，以历岁久远，且为诸庙首也。"庙门一副对联云："廿七铺奉此为祖，亿万年惟我独尊"，它说明佛山一带的人奉北帝为祖，北帝庙就是佛山人的祖祠。

三大祠庙规模宏大、建筑华美，其建筑和装饰艺术，集岭南建筑和装饰艺术之大成，是岭南建筑和装饰艺术之杰出代表，均为全国重点文物保护单位。三大祠庙在建筑和装饰艺术上各有千秋，本文重点分析佛山祖庙的建筑特色。

二　四千年以上的历史文化渊源

在广东的三大祠庙中，佛山祖庙的历史文化渊源最为久远。方志记载："真武帝祠之始建不可考，或云宋元丰时，历元至明，皆称祖堂，又称祖庙。"（冼宝干《佛山忠义乡志》卷八《祠祀》）

为什么佛山一带尊真武帝为祖呢？

据《山海经·海外北经》："北方禺强，人面鸟身，珥两青蛇，践两青蛇。"郭璞注："字玄冥，水神也。庄周曰：'禺强立于北极'。一曰禺京"。据郭璞，禺强即禺京。禺京是生活在北海地区的氏族首领，以鲸鱼为图腾。鲸即《庄子·逍遥游》中所说的大鱼"鲲"。禺京被尊为水神。据考证，禺京即夏禹之父鲧，其后代的一支为夏族，到河南嵩山一带，创立了夏朝；另一支为番禺族，南迁至越，广东番禺即为番禺族活动留下的地名[1]。

《后汉书·王梁传》："玄武，水神之名。"李贤注："玄武，北方之神，龟蛇合体。"按玄武即道家所奉之真武帝，宋时避讳，改玄为真。

[1] 陈久金：《华夏族群的图腾崇拜与四象概念的形成》，《自然科学史研究》，1992，11(1)：9~12。

佛山祖庙灵应牌坊

他是番禺族的祖先禺京（又名禺强）。禺京既以鲸为图腾，又以龟蛇为图腾。佛山和珠江三角洲一带的越人，为番禺族的后裔，真武帝为他们的祖先，真武帝祠也就理所当然称为祖堂和祖庙了。

《礼记·檀弓》曰："夏后氏尚黑。"作为夏族后裔之越人有尚黑之俗，建筑色彩多为黑色和黑红色。佛山祖庙的柱子即是例证。这种尚黑之俗，已有四千多年的历史。佛山祖庙的历史文化渊源之久远，令人惊叹！

三 明代灵应牌坊的建筑结构和艺术价值

佛山祖庙的灵应牌坊（图1），建于明景泰二年（1451）。牌坊宏丽壮观，在明代是佛山祖庙的大门，人们先经过牌坊，跨过锦香池石桥，然后进入三门庙内。

这座牌坊是"敕封"灵应祠的标志，其形象自然构成佛山祖庙的第一道风景线。在神州大地，牌坊、牌楼应有成千上万座，"敕封"的牌坊保留下来的也应有数百座。灵应牌坊在这众多的牌坊中别具一格、独树一帜。具体说来有如下独特之处：

1 国内现存年代最早的三间四柱四楼牌坊

笔者到全国各地考察，并翻阅有关文献资料，见到各种各样的牌坊，有三间四柱三楼，有三间四柱五楼，也有一间二柱三楼，但如佛山祖庙的灵应牌坊为三间四柱四楼相当罕见。江西于都水头木牌坊是三间四柱四楼的形式，也是明代牌坊，但建于明嘉靖年间（1522～1566），晚于佛山祖庙的灵应牌坊。另外，广东境内的揭阳县"排门百岁"坊，为清乾隆十九年（1754）建，潮州市"急公好义"坊，为清光绪十七年（1891）建，均为三间四柱四楼式牌坊，但都晚于佛山祖庙灵应牌坊。因此，佛山祖庙灵应牌坊是目前所知现存最早的三间四柱四楼牌坊。

歙县许国坊

2　国内现存年代较早的进深为三柱两间的立体式牌坊

从明代起，牌坊打破了平面的形式，出现了立体式牌坊。如浙江永嘉岩头进士木牌坊（建于明嘉靖四十四年，1565）和永嘉花坦宪台牌坊。歙县城中跨街而立的许国坊（图2），也是立体式牌坊，建于明万历十二年（1584）。北京东岳庙琉璃牌坊，进深为二柱一间，建于明万历三十五年（1607）。广东境内也有不少立体式牌坊，如大埔茶阳"丝纶世美"坊（图3），进深三柱两间，建于明嘉靖十四年（1535）。从目前笔者掌握的情况看，立体式的牌坊，尤其是进深三柱两间的牌坊，以佛山祖庙灵应牌坊为早。至于它是否为目前国内现存立体式牌坊年代最早的一座，还不能下此结论，有待进一步调查考证。但是，可以明确的是它为目前国内现存立体式牌坊中年代较早的一座。

3　有很强的抗台风灾害的功能

灵应牌坊结构坚固耐久，下面两边各有4.9×3.8×0.75米的石台基（图4）；进深三柱中，前后为石柱，中间为木柱；面阔四柱三间，共有十二根柱子；每一屋盖均以柱头科、角科、平身科的拱枋构成坚固的框架——槽；而最上层的屋盖，则在明间额枋上出左右二小柱直通上面屋盖正脊，在这两根小柱上置额枋和平板枋，上置两朵平身科斗拱，两根小柱上则出角科插拱，与平身科斗拱共同支承最上层的屋盖。四个屋盖的拱枋槽与十二根柱连成一体，成为坚固的牌坊结构。珠江三角洲自古多台风之灾，该牌坊自明景泰二年（1451）建成以来，历500多年考验，1976年曾承受12级台风吹袭而安然无恙[2]，可见其抗御台风灾害能力之强。

由于珠江三角洲多台风之灾，灵应牌坊有较强的抗台风灾害的结构体系，而立体式的进深二间三柱的结构形式，又是这一结构抗风的重要特色。可以推测，正是为了抗御珠江三角洲频繁的台风灾害，明代建此牌坊的设计师，才创造了这一立体式的抗风结构形式。这一推测有待进一步的考证。

[2] 见《佛山文物》，佛山市文物管理委员会编，1992年12月，第90页。

大埔茶阳"丝纶世美"坊　　　　　　　　　　　　　灵应牌坊局部

4　抬梁式和穿斗式结构的完美结合

在这一牌坊中，同时存在着抬梁式和穿斗式两种结构形式（图5）。其明间前后柱和次间前后柱，采用抬梁式结构，在平板枋上置柱头科斗拱。而明间的中间木柱和小柱，则柱头科从柱身上出拱，即采用穿斗式斗拱。穿斗式结构对抗风有优势，抬梁式结构对抗震有优势，这两者的完美结合，无疑对抗御地震灾害和台风灾害都大有好处。

5　体态壮美、庄重，在建筑造型艺术上是完美之作

灵应牌坊在一般四柱三间三楼的牌坊造型基础上，在中间加建一楼，以展示"圣旨"之额，造型上更显崇高、巍峨。其明间为人行道，在两侧砌筑0.75米的石台基，使牌楼进一步升高，使之形态更为壮美，又不失其庄重，在古代建筑艺术上是个优秀之作。

灵应牌坊上部

四　三门九开间，壮阔有气势

三门（图6）为明景泰初年所建，面阔九开间，达到31.7米。按照明朝的制度，祖庙三门是不能建

6

佛山祖庙三门

九间的。宫室之制，明初建南京宫殿，"（洪武）二十五年改建大内金水桥，又建端门、承天门楼各五间"。公门府第"正门五间，七架。"百官第宅，明初，禁官民房屋，不许雕刻古帝后、圣贤人物及日月、狻猊、麒麟、犀象之形……洪武二十六年定制，官员营造房屋，不许歇山转角、重檐重拱及绘藻井，惟楼房重檐不禁。"公侯，……门三间，五架……。一品、二品，……门三间，三架"。

（《明史》卷六十八《舆服四》）

　　为了使门面壮阔，又不违反明朝的宫室房屋制度，祖庙之门屋称为三门，即山门、崇正社学和忠义流芳祠三座门屋的总称。其中，山门为五开间，两边各二开间，共九间；进深则均为三间。

　　三门为硬山顶，符合明朝制度。正脊的灰塑、陶塑等为清代所加，在明代是不允许用的。

五　前殿的建筑历史和艺术价值

　　前殿面阔三间（10.93米），进深五间（11.94米），平面近乎方形，进深大于面阔，单檐歇山顶，建于明宣德四年（1429）。究其进深大于面阔的原因，与明朝营建制度相关，面阔限于三间，为扩大殿内面积，进深则做了五间。虽经历代修葺，但其结构仍保持了明代特色。尤其是其前檐的如意斗拱（图7），明间平身科为三朵，次间为一朵，斗拱高度与柱高之比约为1：4，保持了明代斗拱的特色。前殿的如意斗拱比真武阁底层的如意斗拱（图8）（明万历元年，1573）还早一百多年。

　　如意斗拱，目前所知的最早实例为四川江油窦圌山云岩寺飞天藏（图9），为南宋淳熙七年（1180）所建，是小木作。佛山祖庙前殿的如意斗拱比飞天藏的如意斗拱晚249年，但作为用于大木结构的如意斗拱，祖庙前殿仍然是较早的实例，有其历史和艺术价值。

六　正殿建筑的价值

　　正殿是佛山祖庙最重要的建筑。佛山祖庙相传建于北宋元丰年间

（1078～1085），而元朝末年毁于兵燹。据明宣德四年（1429）唐璧撰《重建祖庙碑记》云："元末龙潭贼寇本乡，舣舟汾水之岸，众祷于神，即烈风雷电，覆溺贼舟者过半。俄，贼用妖术贿庙僧，以秽物污庙，遂人境剿掠，焚毁庙宇，以泄凶忿。不数日，僧遭恶死，贼亦败亡，至是复修，乡人称之为祖庙。"

又据明正统三年（1438）《重修庆真堂记》载，明洪武五年（1372）"乡人赵仲修复建北帝庙"，"不过数楹。"明宣德四年重修北帝庙"。

从以上两篇碑记所载，可知元末佛山祖庙遭兵火之灾。但是否所有建筑均被烧毁，却难以了解详情。对现存结构和斗拱进行考察、分析研究是了解当时情况的途径。

正殿面阔三间（阔12.37米），进深三间（深12.62米），平面是正方形，进深稍大于面阔。这是宋式小殿常见的平面。其明间阔5.43米，约合宋尺（一宋尺约为0.316米）一丈七尺；次间3.47米，约合宋尺一丈一尺。进深第一间为3.48米，合宋尺一丈一尺；进深第二间5.55米，合宋尺一丈七尺五寸；第三间3.59米，合宋尺一丈一尺。正殿平面大体保留了宋代平面。

正殿的结构方式也十分独特，前后檐用四椽栿，仅前檐用双抄三下昂八铺作斗拱，后檐则仅用后檐柱的二跳插拱承托撩檐枋。进深第二间用六椽栿，从结构的特色看，前檐是宋代的结构形式，进深第二、三间则是明代建筑结构形式。

正殿前檐的宋式斗拱分为柱头铺作、补间铺作和转角铺作三种。正殿斗拱一材一契平均27.5厘米，材高20厘米、宽10厘米，材断面高宽比为2：1。这与宋肇庆

7 佛山祖庙前殿如意斗拱

8 真武阁底层的如意拱

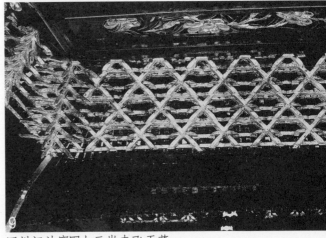

9 四川江油窦圌山云岩寺飞天藏

佛山祖庙正殿外跳斗拱

梅庵大殿相同，为广东特色，与《法式》3：2不同。栔高7.5厘米，材高合为宋尺6寸3分，宽合宋尺3寸2分，约在宋《营造法式》规定的五等材和六等材之间。五等材，《营造法式》规定"殿小三间，厅堂大三间则用之。"故其用材正是三间小殿，大致与《营造法式》规定相符。

柱头铺作为前出双抄三下昂，后转出华拱二跳偷心造，承托四椽栿，前出二跳华拱之上的第一跳昂之昂尾正好压在乳栿前下方。其上第二跳昂尾和第三跳昂尾都长达四椽，分别压于正中六椽栿下的雀替后尾及六椽栿的后尾。

补间铺作明间二朵，次间各一朵，符合宋制。补间铺作前出与柱头铺作同。后出则为六跳华拱偷心造，上出华头子承托前出第一跳昂的昂尾，其昂尾长三椽。第二跳、第三跳昂的昂尾分别长四椽，分别压于金柱间的隔架科下。

祖庙正殿材高20厘米，1分°=20厘米/16 = 1.25厘米。

以下是一些关键的指标。

1 铺作高与柱高之比

佛山祖庙正殿斗拱高2.285米，檐柱高4.38米。

铺作高与柱高之比为2.285：4.38 = 52：100，即斗拱高超过柱高之半。北宋至道二年(996)所建的梅庵大殿斗拱与檐柱之比为40：100，尚不及佛山祖庙斗拱之大。祖庙正殿此比值亦较唐佛光寺大殿(49.9：100)、辽独乐寺山门(40：100)大，但不及五代镇国寺大殿(54：100)、五代华林寺大殿(55.4：100)和辽独乐寺观音阁下层(56.6：100)，与观音阁上层(52：100)相同[3]。可见，祖庙的正殿斗拱之雄大，足以与唐、辽、宋、金各时代建筑相比。

[3] 陈明达：《营造法式大木作制度研究》，表37-1，文物出版社，1989版。

11

佛山祖庙正殿斗拱拱栓

2 斗拱外跳总长

佛山祖庙正殿斗拱外跳（图10）总长170.5厘米，合136.4分°。超过七铺作梅庵大殿斗拱的外跳长（146厘米，合120分°），也超过《营造法式》所规定的同类八铺作斗拱的134分°。

3 屋面坡度

正殿前后撩檐枋心距离为16.03米，举高4.65米，屋面坡度为1：3.44，屋面较宋代屋面为陡，比辽独乐寺山门（1：3.9）也显得陡。究其原因，是因其进深第二间、第三间的构架已改建为明代构架，屋面变陡是自然之事。

4 正殿斗拱使用了昂栓和拱栓（或称串拱木、斗牵、托斗塞等）

宋《营造法式》《大木作制度·飞昂》中规定："凡昂栓广四分至五分，厚二分。若四铺作，即于第一跳上用之；五铺作至八铺作，并于第二跳上用之。并上彻昂背（自一昂至三昂，只用一栓，彻上面昂之背）下入拱身之半或三分之一。"

正殿斗拱的昂栓用法与宋《营造法式》的规定完全相符，在前出第一跳上用昂栓，上彻昂背。除昂栓外，正殿斗拱还普遍使用了拱栓（图11），以固定上、下斗拱的位置，使之不至于歪闪、倾斜、松榫和脱榫等。但宋《营造法式》中未见有拱栓的规定。

虽然宋《营造法式》中有用昂栓的规定，现北方宋、辽、金的建筑多未见用昂栓。祖庙正殿用昂栓，与《营造法式》规定完全符合，此外又用了拱栓。目前宋代建筑斗拱用昂栓、拱栓的还有宋至道二年（996）所建的肇庆梅庵大殿的斗拱。但梅庵大殿斗拱是在后部第一跳上用昂栓，与

祖庙正殿斗拱昂尾

祖庙正殿前出第一跳上用昂栓有所不同。祖庙正殿和梅庵大殿是宋代建筑斗拱用昂栓和拱栓的罕见例子，有十分重要的研究价值。

5 祖庙正殿斗拱昂尾长达四椽，在现存唐、宋、辽、金建筑的斗拱中是最长的

在现存唐、宋、辽、金建筑的斗拱中，唐佛光寺大殿的斗拱昂尾只长一椽，五代平遥镇国寺大殿的斗拱昂尾长不足一椽，五代福州华林寺大殿斗拱昂尾长一椽，辽奉国寺大殿斗拱昂尾长一椽，辽独乐寺观音阁斗拱昂尾长一椽，宋宁波保国寺大殿柱头铺作昂尾长二椽，金善化寺三圣殿斗拱昂尾长一椽，宋少林寺初祖庵斗拱昂尾长一椽，宋肇庆梅庵补间铺作昂尾长二椽。以上可见，现存唐、宋、辽、金建筑斗拱，昂尾长二椽者，仅有梅庵和保国寺二例，而祖庙正殿斗拱昂尾长四椽（图12），为全国之冠，是十分珍贵的孤例，有十分重要的研究价值。

6 祖庙正殿的二层横拱的上一层各向侧边出一琴面平昂，这种做法十分罕见

祖庙斗拱的这一做法，在广东境内见于广州南宋光孝寺大殿，但光孝寺大殿的这一做法仅用于泥道慢拱。祖庙正殿则除泥道慢拱外，还用于各个位置的慢拱上，显然更有特色，这一做法，在全国各地极为罕见，唯陕西韩城司马迁祠寝殿当心间补间铺作令拱上有此做法[4]。

[4] 赵立瀛：《高山仰止，构祠以祀——记陕西韩城司马迁祠》，《建筑师》，14：第165～480页。

为佛山祖庙正殿斗拱的一大特色。

7 正殿的檐出

正殿的檐高约5.4米，檐出2.905米，檐出：檐高＝53.8：100，其比值大于唐构佛光寺大殿（49：100）和辽独乐寺山门（42：100），更远大于宋虎丘二山门（37：100），为现存唐、宋、辽、金建筑之冠。

8 对佛山祖庙正殿的评价

①佛山祖庙正殿的前檐斗拱是北宋元丰年间的遗构，虽经历代重修，仍保留了北宋风格，其用昂栓、拱栓之制，仅见于宋肇庆梅庵大殿斗拱。其斗拱出挑之长、昂尾长四椽、檐出与檐高之比，均为全国唐、辽、宋、金建筑之冠。其在慢拱两侧各出一琴面昂的做法十分奇特。正殿前檐斗拱是目前宋代双抄三下昂八铺作斗拱仅存的实例，十分珍贵，在中国建筑技术史、斗拱发展史上占有重要地位。

②除前檐斗拱外，正殿的其他构架是明洪武五年（1372）重建时的遗构，虽经历代修葺，仍保持了明代木构风格，也有不可忽视的价值。

七 万福台

万福台建于清初顺治十五年（1658），是专供娱神演戏用的戏台。该戏台面阔三间、进深二间，分前后台，卷棚歇山顶。该戏台是广东省乃至华南地区目前保存最好的古戏台。戏台上的金漆木雕装饰有较高的艺术价值。

八 结论

以上分析研究表明，佛山祖庙是岭南地区最著名的祠庙建筑之一，其历史文化渊源达四千年以上，其建筑结构技术、建筑的装饰艺术可称为瑰伟独绝、独树一帜。它集岭南建筑结构技术及建筑装饰艺术之大全，是岭南建筑结构技术和建筑装饰艺术的代表作。尤其是正殿宋代双抄三下昂八铺作斗拱，更是全国珍贵的遗构，它在出跳、昂尾长等方面居全国之冠，是研究中国木结构技术史、斗拱发展史上的珍贵实物。加上形制独特、防风防灾的灵应牌坊、明代前殿的如意斗拱，以及琳琅满目的木雕、砖雕、灰塑、陶塑、彩画等建筑装饰艺术，使佛山祖庙不仅作为全国重点文物保护单位而当之无愧，而且应该推荐申报世界文化遗产。这是本文最重要的结论。

（作者：吴庆洲，中国建筑学会建筑史学分会副理事长，华南理工大学建筑学院教授、博士生导师）

佛山祖庙与佛山传统社会

在传统社会里，神明祭祀与社会发展密切相关。人们不但以各种风俗习惯来调整、规范其社会生活，而且构造出神明信仰和祭祀仪式来处理人与宇宙的关系。传统社会的神明崇拜系统是十分精致的，并有相当繁复的祭祀仪式。它渗透到社会生活的各个领域，影响和控制着社会生活，并对传统社会的建构发生着十分重大的作用。

[1] 乾隆《佛山忠义乡志》卷六《乡俗志》。

"越人尚鬼，而佛山为甚。"[1]佛山是一个由乡村逐渐发展为城市的居民聚居点。早在佛山还是以农耕为主业之时，佛山村民就建造了庙宇供奉北帝。明清时期，随着佛山都市化过程的进行，适应社会发展的多种需要，佛山人以祖庙北帝崇拜为中心，构建了一套相当完整的民间宗教系统。这套系统包容性强，神明达数十种；且层次丰富，庙宇和祭祀点由镇的中心、铺的中心、街区的中心、乃至里社的中心层层皆有。更为重要的是，它创造了一种含义统一的信仰模式，发挥着重要的促进社会整合的功能。成为体现清代佛山社会一体性的重要象征。本文将考察佛山北帝神明缔造的过程，探讨其与传统社会发展的密切关系。

一　北帝崇拜的建构与发展

北帝崇拜，是佛山社会的重要历史现象，是佛山民间宗教系统的主干。北帝，名玄武，又称真武。"司北方之水，于位为坎，于五行居首，故其神最贵最灵。"[2]历代皇帝对真武神均有赐封和崇祀，宋钦宗靖康元年（1126）加号为"佑圣助顺真武灵应真君"。元大德七年(1303)，加封为"元圣仁威玄天上帝"。明永乐十二年(1414)因开国靖难，神多效灵，故建真武庙于北京。永乐十六(1418)年建成武当山宫观，为祭祀真武神之所，以铜为殿，以黄金范真武像。可谓隆祀有加，推崇备至。甚至连主祀之道士九人均封正六品官秩[3]。可见北帝是官方认可的主要神明。这一事实，成为佛山北帝崇拜发展的重要背景。

[2]《修浚旗带水记》，《明清佛山碑刻文献经济资料》(以下简称《佛山碑刻》)，第31页。

[3] 均引自宗力、刘群:《中国民间诸神》，第63~66页。

佛山北帝崇拜的发展有两个阶段。一是龙翥祠阶段，一是灵应祠阶段。龙翥祠阶段是纯粹的民间祭祀阶段，灵应祠阶段是官府介入民间的祭祀阶段。这两个阶段在神明的塑造和居民对神明的感情上有明显的区别。

从北帝庙始建至明景泰二年（1451），是龙翥祠阶段。这一阶段的特点是民间自发的祭祀，北帝崇拜是建立在亲情基础上。北帝庙始建于宋元丰年间(1078~1085)，然元代以前关于祖庙的史迹已不可考。元代时佛山供奉北帝的庙宇称"龙翥祠"，又称之为"祖堂"。每逢三月三恭遇北帝诞时，"笙歌喧阗，车马杂遝，看者骈肩累迹，里巷壅塞。"[4]元末有龙潭贼剽掠佛山，乡人祷于神，霎时狂风暴雨，倾覆贼船过半。人们望见云中有披发神人显现。"方知帝真救民于急难之中，驱贼于水火之际。"据说后来龙潭贼贿赂"守庙僧"，用"荤秽之物窃污神像"，遂得以入境剽掠，而庙宇圣榕俱焚为灰烬，守庙僧不数日亦遭恶死。[5]有"守庙僧"的存在，又忌讳"荤秽之物"，表明与佛教信仰有关。笔者推断此时的龙翥祠（祖堂），是一个综合性的祭祀中心，内有多种神明可供祭祀。如明宣德四年（1429），祖庙"所奉之神不一，惟真武为最灵。"[6]又如景泰二年(1451)祖庙所奉之神就有"北极真武玄天上帝塑像及观音、龙树诸像"[7]。"龙树"是释迦牟尼的大弟子，是佛教祭祀的神明，可知祖堂确有佛像。北帝和观音也共祀一堂，似又蕴含着对父母双亲的感情寄托。正如陈炎宗所言："神于天神为最尊，而在佛山则不啻亲也。乡人目灵应祠为祖堂，是直以神为大父母也。"[8]

在以家长制的家庭为单位的社会类型里，血缘群体对祖先灵魂的感情，往往成为神灵崇拜的起点。"宗教并不是一种超自然力量与个人的随意联系，而是这种力量与所有社会成员的联系。这种力量本质上对社会是怀有善意的，是维护社会的法律和道德秩序的"[9]。以"祖堂"、"祖庙"来称呼神庙，正是这种联系和情感的表现。因此，早先的祖堂对于佛山人，犹如祖先灵魂藏幽之所，祖先恩惠普施之地。人们对神明的感情是一种亲切的感情，神明之间没有严格界限，佛、道之神共处一室，人们也不以为怪。总之，一切都是朴素自然的感情的产物。

明洪武五年（1372），乡老赵仲修重建庙宇。庙宇修好后于小桥浦处见有水奔涌，随即一木跃出于淤泥之中。该木洁净如新，犹如被水洗净一般。父老传言谓此木乃当初创建庙宇时用于雕塑神像之余木，当时不敢毁，日久不知所终。"今既显出，岂非神现？"于是赵仲修等"命良工雕刻圣像如故，以奉事之。祈雨阳时若，百谷丰登，保佑斯民"[10]。祈求风调雨顺，百谷丰登，这是最基本的愿望，可见此时的北帝庙尚未超出一般香火庙的层次。木刻的神像，也可知明初时庙貌与神像尚还简陋。

明宣德四年（1429），乡老梁文慧出任主缘重修祖堂，称为"庆真堂"。且与乡判霍佛儿劝祖庙前的冶铁炉户它迁，又在明正统元年(1436)买地凿为灌花池，植以菠萝梧桐，以壮风水观瞻。围绕着这次重修，生出了不少关于北帝灵应的传说。据说动工之夜，庙前突现一火球，大如车轮，滚于地上，光散满地。然后又突然消失。又说竖柱

[4] 《重修庆真堂记》，乾隆《佛山忠义乡志》卷十《艺文志》。

[5] 《重修庆真堂记》，乾隆《佛山忠义乡志》卷十《艺文志》。

[6] 唐璧：《重建祖庙碑记》，道光《佛山忠义乡志》卷十二《金石上》。

[7] 景泰二年《佛山真武祖庙灵应记》，《佛山碑刻》，第3页。

[8] 乾隆《佛山忠义乡志》卷六《乡俗志》。

[9] 罗斯：《社会控制》，第109页。

[10] 《重修庆真堂记》，道光《佛山忠义乡志》卷十二《金石上》。

之日，因化缘之钱物有不洁者，故"神责其缚匠者以言其过。"又说当年九月初一曙色初分之际，庙前现一神旗，风烟飒飒，初浓渐淡，隐隐不见。再说正统二年（1437）六月十七日，在庙梁上显现白蛇一条，蜿蜒于栋梁之间，鸟雀惊喧，观者甚众。凡此种种，乡人皆以为"神光不测之妙"。此外，还有邻境有无知者妄借庙中神伞，以为竞渡之戏，结果发生灾害。乡间有被盗者，旦夕来神前祷告，而贼人遂生无妄之灾，将财物以归其主。又有同生理而财物不明者，誓于神，其瞒昧之人皆有恶报[11]。在以上这些传闻的传播中，北帝的形象得到了升华，祖庙开始成为神圣不可犯的处所。北帝神也开始成为正义、公正的代表。人们开始感到，它的裁决是无形的，并且是无所不在的。此时人们心中对北帝的感情是一种依赖与敬畏相交织的感情。佛山人开始确信北帝报应是必然无误的。社会学理论表明，如果要使一个人相信凶兆和允诺，当然必须使他确信报应是必然无误的。这种确信如果建立在不可证实的推理或者权威基础上，就是信仰。通过利用不可证实的确信来控制人的行为的，就是信仰控制。信仰控制这种基本的超自然制裁，是建立在相信有一个超自然的存在基础上的。它监视着人的行为，并通过赏善罚恶来干预人间的生活，成为一种维持秩序的工具。乡老梁文慧和乡判霍佛儿是社区权力的代表，他们为了建立祖庙而大规模地迁徙庙前的铸冶炉户，显然是违反炉户意愿的。从而会引起炉户的不满（后来在天启二年炒铸七行借清复灵应祠地为名，拆毁祠前照壁就是证明）。而利用北帝信仰的威力，增加祖庙的神圣性，是防止炉户抵触情绪的有效办法。笔者认为，在明正统初年，祖庙已开始作为社会控制的象征物而存在了。

[11]《重修庆真堂记》，道光《佛山忠义乡志》卷十二《金石上》。

从明正统十四年（1449）到清末是灵应祠阶段。灵应祠阶段又可分为前段和后段，前段是明正统十四年到明末。这一阶段特点是官府介入民间祭祀，人们对北帝的感情由亲切转入畏惧，北帝崇拜进一步发展。

祖庙地位的陡增及其乡人对北帝感情的变化，是从官府介入祭祀开始的。广东官府最早对祖庙祭祀的支持，是明正统七年（1442）巡按张善批给灵应祠"往省渡船二只，量取赁租以供北帝庙香火。"[12]但是派官员祭祀北帝，却是在明景泰二年（1451）以后。正统十四年（1449）黄萧养进攻佛山，乡人集于祖庙问神卜吉，神许则出战，战则屡胜。明景泰四年（1453）礼部尚书的四二四号勘合曾详细地记述了北帝"助战"之功，"其贼出战之时，常见一人青袍白马走于栅外；又见飞蚊团结成旗，排阵游于空中；贼以北方扬灰、欲伤民目，霎时则转南风吹之，贼反自击；日夜铃锣不息，民将惫倦，贼攻日甚，西北角栅

[12] 乾隆《佛山忠义乡志》卷三《乡事志》。

城几陷，乡老奔叩于神，神卜许其勇敌，民遂迎花瓶，长五尺，诡作大铳状，出诳贼，贼疑不敢攻；又见红鸟一队，飞坠于海，贼遂就擒。"[13] 虽然这些大多仍属人智所为，如"青袍白马"似为扮色，花瓶诡作大铳，也为"兵不厌诈"之术。但乡人仍然把这些归之于神功。不能肯定当时的领导层"二十二老"是否也相信北帝真能与人合作，而且相信北帝能给予人超凡的力量，杀敌御贼。但有一点可以肯定的是，它客观上促进和引导人们这样去信仰北帝。当一个社会群体意识到面临毁灭之时，有必要将生活在一个共同体的成员包容在一个半超自然纽带的网状系统中，以便情感通过它起作用，并把他们联合起来。这时感情本身已不同于原来的感情，那些获取感情支持的人们，原有的无拘无束的友情，自然而然地为敬畏和恐惧的色彩所代替。二十二老在祖庙弑其"怀二心者"，并每战必祷神卜吉凶，都达到了强化对神的恐惧敬畏心理的作用，从而达到加强内部凝聚力的效果。

[13] 民国《佛山忠义乡志》卷八《祠祀一》。

抗击黄萧养起义军的胜利，使佛山人产生隆祀祖庙的想法，最好的办法就是藉有功于明王朝而请求封典。（当时二十二老在叙功时均未受封，有人为之抱憾。笔者揣测二十二老此举，或以祖庙作为代己受封的补偿）。于是在明景泰元年（1450），由耆民伦逸安上奏：伏乞圣恩，褒嘉祀典。当时经有司复勘，里老梁广、乡判霍佛儿、乡老冼灏通等均言"果係神功持助"。景泰元年由广东左布政使揭稽上奏，皇帝遂敕赐祖庙为灵应祠。景泰四年（1453）由礼部下祭文一道，匾额、对联各敕给祖庙，并"合行州县掌印官，每岁供祭品物，春秋离职，亲致祭祀，用酬神贶，毋致堕缺，以负朝廷褒崇之典，如有堕缺，许乡民具呈上司，坐以不恭之罪。及庙宇朽坏，务要本县措置修葺，毋致倒塌。如有不悛事体，仍许乡老申呈有司转行奏，治究不恕"[14]。列人官祀并受到敕封，这在广东社会并不多见，如同金榜题名一样，祖庙从此成为佛山人的骄傲，成为佛山社会制裁的象征。人们对祖庙的感情，也从亲近友善变为敬畏恐惧了。

[14] 礼部 424 号勘合，民国《佛山忠义乡志》卷八《祠祀一》。

若干年以后，抗击黄萧养的事件成为佛山人祖先曾与北帝神通力合作的事实和证据，积淀在后代的头脑里。他们相信，北帝是保家安邦的战神，是无往不胜的。既然神能保佑他们的祖先，那么神也能保佑他们自己。这一观念的世代积淀，加强了人们对北帝神的信任感。因此历代修建灵应祠的不乏其人。每一代人的修建都在某种程度上扩大了灵应祠的规制。明正德八年（1513），灵应祠建牌楼三门，建流芳堂。里人霍时贵增凿锦香池于灌花池右[15]。灵应祠西侧之钟鼓楼大概就建于此时。明嘉靖三十一年（1552），道士苏澄辉（时为灵应祠住持）建

[15] 乾隆《佛山忠义乡志》卷三《乡事志》。

[16] 乾隆《佛山忠义乡志》卷三《乡事志》。

[17] 现存祖庙，参阅陈智亮：《祖庙资料汇编》，第22页。

[18] 乾隆《佛山忠义乡志》卷三《乡事志》。

[19] 崇祯十四年李待问：《重修灵应祠记》，乾隆《佛山忠义乡志》卷十《艺文志》。

[20] 《重修灵应祠鼓楼记》，乾隆《佛山忠义乡志》卷十《艺文志》。

[21] 《广东新语》卷六《神语》。

[22] 庞之兑：《杂记》，民国《佛山忠义乡志》卷八《祠祀一》。

[23] 《清复灵应祠租杂记》，民国《佛山忠义乡志》卷八《祠祀一》。

[24] 庞之兑：《杂记》，民国《佛山忠义乡志》卷八《祠祀一》。

[25] 康熙二十九年李锡祚：《重修灵应祠记》，民国《佛山忠义乡志》卷八《祠祀一》。

[26] 郎廷枢：《修灵应祠记》，《佛山碑刻》，第22页。

[27] 乾隆《佛山忠义乡志》卷三《乡事志》。

灵应祠前石照壁，石上刻花龙[16]。照壁成为灵应祠的重要象征物。

明末李待问家族对祖庙及其北帝的建设做出了重要贡献。万历三十二年（1604），刚登进士的李待问与兄经历李好问捐修了灵应祠门楼。额题"端肃门"、"崇敬门"[17]。崇祯八年（1635）署丞李敬问捐资改塑了灵应祠神像。崇祯十四年（1641）时官至尚书的李待问捐资大修灵应祠，并修复被工匠拆毁的照壁[18]。并榜其殿曰：紫霄宫[19]。以"紫霄宫"命名祖庙正殿，表达了与武当山宫观相比美的愿望。随后经历李征问也捐资重修了灵应祠鼓楼[20]。李待问家族一起行动，修建门楼，改塑神像，鼎新鼓楼。李待问还题灵应祠三门对联："凤形涌出三尊地，龙势生成一洞天"。此外李待问还组织了"长明灯会"，长期供奉北帝香油。宏敞的规制，组织起来的祭祀团体，李氏家族把北帝崇拜推上高峰。与此同时，他们也在祖庙建筑物和北帝身上处处留下了可昭示李氏一族在佛山重要地位的标志物。屈大均曾说"吾粤多真武宫，以南海佛山镇之祠为大，称曰祖庙。"[21]可见经过明末李待问家族的扩建，佛山祖庙此时已称雄粤东。

后段是清初至清末，这一阶段的特点是北帝崇拜衰而复起并迅速向登峰造极、惟我独尊发展，同时也呈现出适应多种祭祀群体需要不断扩大祭祀范围的特点。

清继明统，时移势易。盘踞广东的平南王尚可喜崇尚佛教，在广东遍建佛寺，如庆云寺、海幢寺、大佛寺、飞来寺等均建于其手。佛山的仁寿寺、德寿寺等八间寺院亦建于此时。因此在清初时祖庙曾一度受到官府冷落，当时藩兵肆虐，地方官府也不甚重视祖庙的谕祭。每逢祭期，官员或不到，或到而品位甚低且态度蛮横。"春秋谕祭，绅士罔闻。即有遣官，而上慢下暴，亵神不堪，其违神明、蔑典制者甚矣。"[22]镇民也无力无心管理祖庙，致使当时祖庙的"土田铺舍，半入强侵"[23]；祖庙的祭器也散失甚多，钟鼓无存。当时镇民每议清复庙地，必结讼事。是以时人咸"以庙地为畏途"[24]。撤藩以后，随着巡抚李士桢在全省范围内清除藩下兵丁盘踞利薮的行动，从康熙二十三年（1684）起，庞之兑等六君子开始整肃清复庙租、并大修祖庙，到康熙二十九年（1690），已是"庙貌之剥蚀以新"、"祭器之残缺以饬"、"田土之湮没以归"了[25]。清复后的灵应祠"牌坊、廊宇、株植、台池一一森布，望者肃然。而几筵樏桷，丹艧一新，盖庙貌于是成大观。"[26]同时在灵应祠左边建圣乐宫，又改华封台为"万福台"（华封台建于顺治十五年，1658）[27]。但当时参加春秋谕祭的官员规格甚低，多是河泊所小员。于是在康熙四十五年（1706）佛山保甲排现年呈请广东官府委正官主祭,[28]当时广东官府是否委派了正官参加行礼不得而知,但这件事本身说明了佛镇人要恢复北帝崇拜的决心。

广东官府对佛山祖庙的真正关心和支持,是在清雍正十一年(1733)设立佛山分府同知衙门以后,尤其是在清乾隆四年(1739)南海县知县魏绾把祖庙控制权从里排手里交到绅士手里以后,历任的佛山同知就把祭祀北帝和修建祖庙作为自己责无旁贷的任务。例如清乾隆二十四年(1759)佛山同知赵廷宾倡修祖庙,镇民雀跃响应,"合赀一万二千有奇"。使祖庙焕然一新,如巍然堂寝、坚致门庭、恢拓歌舞台、筑浅廊以贮碑匾等;又并修圣乐宫及祠右之观音堂。值得注意的是,这次重修,商人的捐资占了重要部分。现在仍然可以看到的灵应祠正殿中间石柱,就为盐总商吴恒孚(吴荣光祖父)率领其七子同立。而灵应祠前殿石柱,亦为侨寓贡生吴文柱偕儿孙五人所敬奉。这说明侨寓商人也认同了北帝崇拜。

清嘉庆元年(1796)佛山同知杨楷捐俸倡修灵应祠及鼎建灵宫,镇人"靡不响应,佥捐工费银两共九千七百有奇"。祖庙经此重修,更加恢宏。与此同时也鼎建了灵宫,"崇祀帝亲,各自为尊,以正伦理"。此次重修,赖杨楷之力尤多,正如曾任粤秀书院山长的陈其煐所言:"微杨公之力,其奚能为此也。继自今人庙,而睹金碧之辉煌,观瞻肃矣,敬畏起矣。宫分前后,体统昭焉,伦理正焉,尊尊亲亲之义明矣。杨公之功亦伟矣哉!"[29]同年冬天,两广总督吉庆曾到佛山谒灵应祠,现祖庙前殿木雕对联:"默祷岁时常裕顺,愿登黎庶尽纯良",就是吉庆所题。这就以广东地方最高行政长官的身份再度肯定了北帝祭祀的合法性。

上述佛山同知赵廷宾和杨楷对祖庙重建的关心和依时"诣祠焚香"的行动,以及两广总督的题联,表明了清代广东官府对佛山祖庙祭祀的重新介入,表明了地方官对发挥祖庙所具有的社会功能的重新重视。佛山镇商民在地方官的支持下,则把祖庙的修建作为合镇的大事举办。营造务求恢宏,雕饰务求精美。北帝崇拜再次呈现热潮。

大概在清乾隆年间,祖庙形成为一个庞大的建筑群体,它由灵应祠、观音堂、流芳祠、圣乐宫、锦香池、牌坊、戏台七大部分组成,占地面积广阔(至今仍占有三千多平方米)。整个建筑群坐北向南,布局合理,结构奇特,装饰华丽,富有独特的地方风格。其中的灵应祠宽敞雄伟,并列三个圆拱形山门,左右两方门,方门一个通崇正社学,一个通流芳祠。三门正中门上瓦脊顶有一圆球,与庙门、台阶连为一体,使人视觉集中于庙门的中心位置,增加了三门的稳重端庄感[30]。灵应

[28] 民国《佛山忠义乡志》卷八《祠祀一》。

[29] 陈其煐:《重修灵应祠鼎建灵宫碑记》,道光《佛山忠义乡志》卷十二《金石下》。

[30] 陈智亮:《祖庙资料汇编》,第72页。

[31] 民国《佛山忠义乡志》卷十八《杂志》。

[32]《佛镇灵应祠尝业图形》。

[33] 清光绪年间冼宝桢撰。

[34] 清光绪年间卢宝森撰。

[35]《重修东头张真君庙记》,《南海佛山霍氏族谱》卷十一。

[36]《佛山真武祖庙灵应记》,《佛山碑刻》,第3页。

[37] 乾隆《佛山忠义乡志》卷三《乡事志》。

[38] 道光《佛山忠义乡志》卷二《祀典·各铺庙宇》。

[39] 民国《佛山忠义乡志》卷八《祠祀二》。

[40] 据民国《佛山忠义乡志》卷八《祠祀二·群庙》,并欧瑞芝访问记录(1991.3.6)。

祠由前殿和正殿构成。前殿安放着北帝手下的诸大将,他们是:"捧印金童、王元帅、陈元帅、周元帅、赵元帅、太岁、水将(龟)、火将(蛇)"。正殿安放真武神铜铸立像一尊,高九尺五寸,盖取九五之义。体制崇闳,比其部将要高大十倍[31]。所有这些精心的营造与安排,无非为了一个目的,就是突显真武神独一无二的地位。在明景泰年间时真武庙内还有其他神像,而到了清康熙二十三年(1684)真武神的父母神位安放到新建的圣乐宫,观音像亦有了祠右之观音堂安放。清乾隆二十四年(1759),又新建灵宫安放真武神父母。而"龙树"之神像早已在记载中消失了。真武神从此拥将自尊,备受荣宠礼遇。

笔者注意到,随着佛山的发展,祖庙和北帝地位抬升的趋势一直都在进行。清光绪年间佛山人梁世徵说:"粤之佛山为寰中一巨镇,有灵应祠。阖镇以祀真武帝,年久而分尊,屡著灵异。共称之曰祖庙,尊亲之至如天子"[32]。"尊亲之至如天子"表明北帝的地位已抬升到无以复加的地步。现在能看到的在灵应祠三门前的对联"廿七铺奉此为祖,亿万年惟我独尊"[33],"庄严冠禅山群庙,灵应为福地尊神"[34],也鲜明地表达了佛山人要塑造祖庙和北帝形象的愿望。

清代北帝崇拜在佛山的发展,是北帝神向惟我独尊发展变化的过程。在这一变化过程中,官府的重新介入祭祀和侨寓商人的认同,从不同方面加速了这一过程的发展,官府的重新介入祭祀,从政治上抬升了北帝的地位;而侨寓商人的认同,则不但从经济上扩大了祖庙的财源,而且从组织上扩大了祖庙的祭祀群体,推动着北帝成为佛山祭祀系统中诸神之首,也使祖庙成为合镇诸庙之冠。从而奠定了其在佛山历久不衰的最高层次的祭祀中心的地位,成为佛山社会拱廊的拱顶石,也成为珠江三角洲主神崇拜的典范。

二 多重祭祀圈的形成与发展

粤谚云:南海神庙,顺德祠堂。言南海人尤重神庙,而顺德人多建祠堂。佛山属南海,而神庙之多又甲于南海,"吾佛土为大镇,合二十四铺。地广人稠,神庙之多,甲于他乡。"[35]明代其实佛山神庙不多,仅"境内祠庙数处"[36]而已。清代佛山神庙迅速发展,乾隆十七年(1752)时有二十六座,分布在十五铺[37];道光十年(1830)时有八十九座,分布在二十五铺[38];宣统年间有一百五十四座,分布在二十六铺和文昌沙、鹰嘴沙、鲤鱼沙等处,几乎遍及全镇各处[39]。见图表。

图表所列神庙共一百七十座,所祀神明达五六十种,这说明清代佛山人神明崇拜的广泛性。对一般居民来说,不同的神明具有不同的象征

清代佛山各铺神庙分布表[40]

铺名	庙 名
汾水	**太上庙** 关帝庙 关帝庙 南擎观音庙 圣欢宫 华光庙 华光庙 华光庙 先锋庙 北帝庙 北帝庙 北帝庙
富民	**洪圣庙** 盘古庙 南胜观音庙 三界圣庙 鬼谷庙
大基	**帅府庙** 惜字社学 三界圣庙 三圣庙 真君庙 真君庙 大王庙
潘涌	**先锋庙** 将军庙
福德	**舍人庙** 关帝庙 铁佛庙 天后庙 绥靖伯庙 列圣古庙 华光庙
观音堂	**南善观音庙** 天后庙 南润观音庙 三官庙 医灵庙 医灵庙 华光庙 将军庙 花王庙
沙洛	**将军庙**
鹤园	**洪圣庙** 先锋庙
岳庙	**关帝庙** 顺德惜字社学 南荫观音庙 洪圣庙 洪圣庙 太尉庙 财神庙 花王庙 花王庙
祖庙	**桂香宫** 关帝庙 观音庙 龙王庙 三圣庙 列圣古庙 列圣古庙 斗姥庙 帅府庙 太尉庙 金花庙
黄伞	**孖庙**（天后、华光）
社亭	**药王庙** 关帝庙 南禅观音庙 先锋庙
仙涌	**关帝庙** 文武庙
医灵	**医灵庙** 洪圣庙 医灵庙 华光庙 北帝庙 元坛庙
彩阳堂	**真君庙** 元坛庙
真明	**三圣宫** 真君庙
石路（纪纲）	**花王庙** 三官庙
丰宁	**国公庙** 字祖庙 字祖庙 天后庙 城隍行台 四圣庙 医灵庙 华光庙
山紫	**南泉观音庙** 天后庙 观音庙 观音庙 圣亲宫 东岳庙 普庵庙 鹊歌庙 地藏庙 谭仙庙 二仙庙 华光庙 雷公庙 将军庙 华佗庙 痘母庙 花王庙 元坛庙
明心	**太上庙** 文昌 东岳庙 三圣庙
突岐	**金花庙** 龙王庙 柳氏夫人庙
耆老	**东岳庙**（普君庙） 观音庙 真君庙 华光庙 先锋庙 主师庙
锦澜	**大土地庙** 字祖庙 文武庙 关帝庙 天后庙 观音庙 观音庙 真君庙 金花庙 主师庙
桥亭	**南济观音庙** 观音庙 观音庙 张王爷庙 北帝庙 石公太尉庙
明照	**盘古庙** 文武庙 北帝庙 元坛庙
栅下	**龙母庙** 文昌阁 天后庙 三圣庙 吕仙庙 帅府庙 帅府庙（玄坛庙） 帅府庙 太尉庙 华光庙 财神庙 先锋庙 金花庙
东头	**关帝庙** 二帝庙 张仙庙 白马将军庙
鹰嘴沙	**临海庙** 关帝庙 三圣庙 华佗庙 国公庙 飞云庙 乌利庙
文昌沙	**关帝庙**
鲤鱼沙	**华光庙**
聚龙沙	**伏波庙** 三官庙

注：每栏第一位为主庙

[41] 赵鸣玉：《重修医灵庙记》，道光《佛山忠义乡志》卷十二《金石下》。

[42] 民国《佛山忠义乡志》卷八《祠祀二》。

[43] 民国《佛山忠义乡志》卷八《祠祀二》。

[44] 乾隆《佛山忠义乡志》卷三《乡事志·诸庙》。

[45] 民国《佛山忠义乡志》卷八《祠祀一》。

[46] 乾隆《佛山忠义乡志》卷三《乡事志·诸庙》。

[47] 民国《佛山忠义乡志》卷八《祠祀二》。

[48] 主庙、公庙、街庙的称谓是笔者为区分不同层次的庙所作的一个界定，上述诸庙在清代佛山均称公庙。

意义。例如有病痛之人拜医灵庙，庙祀神农，"凡负痛以叩于帝者，辄不惜调剂以度人厄。"[41]又如店铺毗连而建，最怕火灾，所以多建华光庙，华光为火神，塑像作三眼形。"每岁九、十月间，各街禳火，名火星醮。迎神莅坛，连天赛会。各街竞斗繁华，糜费颇钜。"[42]再如求子者多拜花王庙，花王庙祀花神，"粤人祈子必于花王。父母有祝辞曰：'白花男，红花女'。故婚夕亲戚皆往送花，盖取花如桃李之义。"[43]可见不同的神庙满足了居民不同的精神需要，这是佛山神庙之多的基本原因。

从图表所列神庙的分布情况看，有一神而数铺各建其庙者，也有一神而同铺各建其庙者。这说明了清代佛山人神明祭拜的连带性。上述神庙中，有十铺建有观音庙，有十铺建有帅府庙（包括主帅庙、元坛庙和石公太尉庙），有九铺建有关帝庙和华光庙。而在同一铺中各建同一神庙者更多，如汾水铺有三间北帝庙，三间华光庙，两间关帝庙；在岳庙铺有两间洪圣庙，两间花王庙；在栅下铺有三间帅府庙；在山紫铺和桥亭铺各有两间观音庙；而在丰宁铺则有两间字祖庙等。

其中北帝庙和帅府庙的建立，尤值得注意。清乾隆年间，汾水只有一座称为"武当行宫"的庙[44]，显然是北帝出游时停舆之所。但到清末时汾水一铺就有三间称为"北帝庙"的庙宇。为何镇中有祖庙还要建北帝庙？笔者认为可能与接祖庙北帝神到庙奉祀有关。清代祖庙设有三尊北帝铜圣像，可借与镇民奉祀。祖庙《庙志》记载："原日铜圣像三尊，其一尊被叠窖乡迎去建醮，后乃久不归。即今叠滘所建庙宇奉祀二帝圣像是也。然神护国庇民，均属一体，事远亦不深究。"[45]外乡人可借去建醮，本镇人当然可以迎奉。从一座武当行宫到三间北帝庙的建立，反映了商人认同北帝主神的历史过程。除了汾水铺外，在医灵铺、桥亭铺、明照铺也有北帝庙的建立。帅府庙所祀神明为北帝部将。清乾隆年间佛山只有栅下铺有一座主帅庙[46]，但到清末时已有各类帅府庙十三座。史载："俗称康元帅，父康衢，母金氏，生于黄河之界，负龙马之精；赵元帅，名公明，其神为元坛；石元帅为五雷长，皆北帝部将。山紫铺、彩阳铺、医灵铺、明照铺俱有元坛庙，耆老铺、锦澜铺俱有主帅庙，栅下铺有帅府庙二，桥亭铺有石公太尉庙，祷祀辄验"[47]。可见北帝庙和帅府庙的迅速建立，是北帝崇拜发展的结果。

上述诸庙及其祭祀圈不是平面地分布在佛山全镇各街区中，而是具有不同层次，有一铺中的主庙，祭祀圈为合铺范围；有数街的公庙，祭祀圈为数街范围；还有以一街一巷为其祭祀圈的街庙[48]。

一铺的主庙必须具有合铺香火庙的条件，素著灵响，远近皆知。无论住家、店铺均前往拜祭。如汾水铺太上庙，建于安宁直街。清康熙五

十年（1711）建，祀一顺水漂来的老君神像。"初制甚小，既而声灵赫
濯，祷求如响。自是以来，地运日益旺，民居日益稠。统安宁、会龙、
聚龙三社，人咸崇奉之号为公庙。乾隆二十五年，里人黄沃生捐送余
地，增其式廊，并于庙右附建王母殿。香火益盛，环庙而居者，有庙
左、庙右街。嘉庆己未、道光己酉、光绪丁丑三度重修，而庙貌巍峨，
遂为铺中庙社之冠。"[49]明照铺盘古庙，在大塘屋街。明照铺街道较少，
该庙为一铺之主庙，据清同治三年（1864）里人、四川总督骆秉章所
撰的《重修盘古庙碑》记载："曾当嘉庆庚申，栋宇巍峨，香火络绎，
街则拥六；丁年最富莺花，墟恰齐三；亥日颇繁虾菜，茶棚酒肆供游
赏之流连，舞榭歌台，盛祷禳之报赛。是虽乡邦习尚，良由神庙莫灵。"[50]
"街则拥六"、"墟恰齐三"，可知盘古庙是该铺的主庙。社亭铺药王庙
祀神农。早在清乾隆年间就是香火鼎盛之庙，每日清晨庙前墟地有几
千织机工人在此待雇[51]。民国时期关于佛山市寺庙的调查表中有如下
记载："药王庙，在药王庙前街，十八街坊众公产"[52]。可见药王庙是
社亭铺之主庙。文昌沙的关帝庙亦为该沙之主庙，《南海日报》记载：
"白马滩前之关帝庙，为文昌全沙人所奉祀，每年农历五月十三日诞
辰，坊人习俗，必举行建醮，张灯结彩，闹热非常。"[53]再如福德铺之
舍人庙，向称灵显。"佛山镇舍人庙甚灵显。商贾每于月尽之日祭之。
神姓梁，前明本镇人，为杉商。公平正直，不苟取。人皆悦服。一日
众商见海中有杉数千百逆水而来。梁危坐其上，呼之不应，迎视之已
逝矣。移尸岸侧，奔告梁族皆不至，众商以杉易金。买棺敛之至岸侧。
而群蚁衔土封之，已成坟矣，遂建庙以祀。祷无不应。唯族人祷之则
否。"[54]舍人庙为众商所祭祀，又甚灵显，为合铺之主庙应无问题。还
有鹰嘴沙的太尉祠，内奉祀宋代温、许两太尉，"香火至盛，俗称临海
庙是也。……每岁孟春演戏赛神，估舶云屯，至夏乃辍，他祠鲜能及
也。"[55]此外，富民铺以卖"波罗鸡"著名的洪圣庙、栅下铺闻名全镇
之龙母庙，都是该铺之主庙。根据笔者掌握的材料以及访问父老所得，[56]
现将佛山各铺主庙列名如下：

栅下铺——龙母庙	丰宁铺——国公庙
东头铺——关帝庙	山紫铺——南泉观音庙
明照铺——盘古庙	岳庙铺——武庙
突岐铺——金花庙	福德铺——舍人庙
桥亭铺——南济观音庙	鹤园铺——洪皇庙
医灵铺——医灵庙	观音堂铺——南善观音庙
耆老铺——东岳庙	大基铺——帅府庙

[49] 民国《佛山忠义乡志》卷八《祠祀一》。

[50] 民国《佛山忠义乡志》卷八《祠祀二》。

[51]《梁氏家谱》（手抄本）。

[52]《南海县佛山市各项调查表四种》，《南海县政季报》第二期。

[53]《南海日报》，民国三十六年七月四日。

[54] 道光壬辰黄瑞谷《粤小记》卷三。

[55] 樊封：《南海百咏续编》卷三，第28页。

[56] 欧瑞芝访问记录，1991年3月6日。

锦澜铺——华光庙　　　　　　富民铺——洪圣庙

仙涌铺——关帝庙　　　　　　黄伞铺——孖庙(天后、华光)

社亭铺——药王庙　　　　　　沙洛浦——将军庙

真明铺——三圣官　　　　　　文昌沙——关帝庙

明心铺——太上庙　　　　　　鹰嘴沙——临海庙(飞云庙)

汾水铺——太上庙

　　上述诸庙，以铺为自己祭祀圈的范围，在佛山全镇范围内划分出了二十五个祭祀圈，它们所祀之神虽不相同，但所代表的文化意义是一样的。所有的神明都能强化佛山人应付人生问题的能力，使佛山人在面对死亡、疾病、饥荒、洪水、失败等人生问题时，在遭逢悲剧、焦虑和危机时，可以得到心理的抚慰。神明给予了人们安全感和生命意义，同时也增加了共有经验和社区沟通的深度。

　　数街的公庙，是邻里的祭祀中心。一般佛山每铺都有3~8个庙宇不等，其中多数就是数街的公庙。如大墟华光庙，建在观音堂铺低街，为"大墟五街公产"[57]。大墟五街为沙塘坊、豆腐巷、莲花地、张家巷、快子街。每年农历九月十五日在此办醮，唱戏烧炮酬神[58]。又如清咸丰十一年（1861），纪岗街、石路街绅商合修"花王，三官古庙"，其重修碑记名字称：《咸丰辛酉年重修佛镇纪岗街、石路街花王、三官古庙碑记序》，可见该庙的祭祀圈为两街居民。再如观音堂铺有两座观音庙，除主庙南善观音庙外，在沙塘大街还有南涧观音庙。清同治七年（1868）重修该庙时，捐资的街坊共有男女三百九十六人（店），共捐银五百八十六两[59]。可见其祭祀圈亦大致是数街范围。

　　街庙的祭祀圈较小。有一街一庙者，如观音堂铺低街天后庙，为"大墟直街公产"；新墟坊车公庙，为"坊众轮值管理"。有一巷一庙者，如圣母巷圣母庙，为"坊众公产"[60]。

　　上述的主庙、公庙和街庙，构成了三种不同层次、不同范围的祭祀圈，而在每一铺中，这三种祭祀圈是交叠在一起的。一个居民可以既属街庙和公庙的祭祀者，也同时属于主庙的祭祀者；一个居民可以不属某一街庙或公庙的祭祀者，但他一定属于铺中主庙的祭祀者。三种庙宇能提供给居民的东西绝不是等同的。一般而论，主庙在增加共有经验和社区沟通的程度上要比公庙和街庙多且深。从预期灵验的信任度而言，主庙、公庙、街庙也是递次减弱的。然而，三者的并存发展，正是适应了不同层次需求群体的祭祀需要。

　　此外，在庙宇以下，还有社坛的祭祀点，道光年间，佛山有社坛六十八个[61]，清末时有社坛七十九个[62]。社坛原祀"五土五谷之神"。

[57]《佛山市寺庙调查表》，《南海县政季报》第二期。

[58] 佛山市博物馆文物普查材料，朱洁女（78岁）访问记录。

[59] 同治七年《重修南涧观音庙碑记》。

[60]《佛山市寺庙调查表》，《南海县政季报》第二期。

[61] 道光《佛山忠义乡志》卷一《乡域志》。

[62] 民国《佛山忠义乡志》卷八《祠祀二》。

乾隆《佛山忠义乡志》卷六《乡俗志》记载："二月二日祀土神，社日祀社，与各乡同。"八月"社日复祭社"。社神的祭祀，按明会典的规制："每里一百户内立坛一所，祀五土五谷之神。每岁春秋二社，里长莅厥事，土神位于坛东，谷神位于坛西。祭毕会饮。"但佛山铺区日增，社坛虽增而所祭之神"亦非旧牌位，统名社稷之神，渐失古意。而奉祀之诚，妇孺无间。"除社坛祭社神外，各街还有设龛供奉太尉者（陶冶先师）[63]。由此可见，即使小至社坛的祭祀，佛山都存在不同的祭祀神明和不同的祭祀群体。

　　必须指出的是，清代佛山有些神明的祭祀属于特殊的群体，文昌神的祭祀就是其中之一。文昌庙"中祀文帝，左祀魁斗星君，右祀金甲神君"[64]，文昌庙既属于群庙，但又超脱于群庙的祭祀系统之外。在群庙的三种层次中都找不到它的合适位置。从祭祀圈来看，它拥有合镇的特殊祭祀群体——读书人。凡在学士子，出仕官宦，无不以文昌为其信仰之神，与香火庙不同，文昌庙不属于所在之铺，而常与书院相结合。佛山最早的文昌庙，就是明末李待问倡修的文昌书院，"佛山向无文昌专祠，自李大司徒公始。"[65]清代文昌神祭祀始多。如崇正社学、田心文昌书院、桂香书院均奉祀文昌神，而最占地胜的海口文昌阁亦在乾隆七年（1742）修建[66]。道光五年（1825）佛山士子又集资二千两增高文昌阁，当时远在贵州任布政使的吴荣光也"捐廉襄工"[67]。佛山士绅每年春秋都要集中祭祀文昌神，乾隆《佛山忠义乡志》卷六《乡俗志》记载：每年二月初二，士绅集文昌书院修祀事；二月初三，士绅集崇正社学修祀事，二月初四，侨籍士绅则集田心文昌书院修祀事；九月初九，士绅集崇正社学修祀事；九月初十，士绅集文昌书院修祀事。可见文昌神的祭祀，有特殊的祭祀群体。其群体有明确的身份标志，这就是通过科举考试的知识分子。佛山士绅把持着文昌神的祭祀，绝非一般人所能参与。

　　此外，一些行业神明，如冶铸铜铁行的太尉、成衣行的轩辕、帽绫行的张骞，它们的祭祀是与行业会馆结合的，会馆亦称为庙，行中人就是其祭祀群体。还有商业会馆中所设神明，其祭祀群体就是该会馆的商人。

　　由上可见，清代佛山人构建了一整套神庙祭祀体系，这套体系的核心部分是多层次复合、大小祭祀圈相套的主庙、公庙、街庙祭祀系统，同时也包容了超脱于核心系统之外的特殊祭祀群体。这套祭祀体系与铺区相联系，与街坊相表里，深入到佛山社会的每一角落，成为在精神上整合和控制佛山社会的重要工具。祖庙对清代佛山社会的整

[63] 民国《佛山忠义乡志》卷八《祠祀二》。

[64] 康熙二十一年郑际泰《文院祭器记》，道光《佛山忠义乡志》卷十二《金石上》。

[65] 李象丰：《文昌书院记》，民国《佛山忠义乡志》卷八《祠祀二》。

[66] 黄兴礼：《海口文昌阁记》，民国《佛山忠义乡志》卷八《祠祀二》。

[67] 吴荣光：《重修佛山海口文昌阁记》，《佛山碑刻》，第137页。

合，正是通过这套神庙系统完成的。

三 祖庙的祭祀仪式与佛山社会的整合

在传统社会里，神庙的祭祀仪式从来就不仅仅具有娱神的功能，它们是把民众束缚在一起的契约，它们是保持良好秩序的规则，它们是控制人们情感的指令，它们又是尊敬原则的发展。在佛山，祖庙的祭祀仪式是与社会控制和社会整合相联系的。

清代佛山祖庙的祭祀仪式，肃穆而隆重，向来是一年中佛山全镇居民最大的祀典。乾隆十四年（1749）广宁知县李本洁曾说："北帝之著灵于天下而尤著灵于粤地也久矣。如南海佛山为岭海都会之亚，而祖庙威灵，赫赫奕奕。凡其地居民童叟、四方往来羁人估客、上逮绅宦，靡不森森凛凛，洗心虔事。"[68]可见佛山之人对祖庙祭祀仪式的重视与虔诚。综观佛山神庙一年中的祭祀活动，主要有四大祭祀仪式：一是北帝坐祠堂，二是烧大爆，三是乡饮酒礼，四是北帝巡游，每一种仪式都具有不同的功能和象征着不同的文化意义。

[68] 道光《广宁县志》卷十五《北帝庙记》。

北帝坐祠堂是将北帝神像逐日安放在各宗族祠堂内，供该宗族之人拜祭的仪式。每年正月初六日，是祖庙北帝出祠之日，也是八图土著的重要日子。史称："（元日）初六日，灵应祠北帝神出祠巡游，备仪仗、盛鼓吹，导乘舆以出游。人簇观，愚者谓以手引舆杠则获吉利，竞挤而前，至填塞不得行。"[69]"正月初六日帝尊出，每甲两人，早晚福叙有饼。"[70]"正月初六日帝尊到祠。八十甲每甲一位，携帖午叙，新旧监察并该图早晚福叙，俱每领饼果。"[71]从上述材料可知，正月初六日北帝由灵应祠出游时，八图八十甲每甲派两人，一共一百六十位父老、士绅随行一天。至晚北帝坐落在八图祖祠（公馆），从而开始了一年的北帝祭祀活动。第二天由鼓吹仪仗送回祖庙，由另一宗族人到祖庙迎神回祠拜祭。祭后送神时，各宗族并有放炮放烟火等仪式。如此一个祠堂接一个祠堂的迎送，轮完八图八十甲为止。每一次交接都在祖庙进行，轮祭到三月三十日。正月十七日，轮到南海鹤园陈氏，其谱称："正月十七日恭迎帝尊到祠，阖族颁饼果。并父老新丁另备迓圣两道，连日福叙。"又载："正月十七日，帝尊到祠摆列，父老迓圣一道，此饼果父老得"。"正月十七日，帝尊到此摆列，新丁迓圣一道，此饼果新丁得。以上迓圣两道，大宗每支银二大员办理。"[72]二月十三日，轮到金鱼堂陈大宗祠。因二月十五日，正逢"谕祭之日"，官员须到祠拜祭。所以在二月十四日迎神回宫仪式特别隆重。八图仍由每甲派两人，"二月十四日晚往金鱼塘陈大宗祠接神回宫谕祭，晚叙均有饼。"[73]陈炎

[69] 乾隆《佛山忠义乡志》卷六《乡俗志》。

[70]《南海鹤园陈氏族谱》卷四，《八图现年事务日期》。

[71]《南海鹤园陈氏族谱》卷四《杂录》，《轮图事务日期附》。

[72]《南海鹤园陈氏族谱》卷四《杂录》。

[73]《南海鹤园陈氏族谱》卷四《杂录》，《八图现年事务日期附》。

宗也说:"(二月)十五日谕祭灵应祠北帝,先一日绅耆列仪仗、饰彩童,迎神于金鱼塘陈祠,二鼓还灵应祠,至子刻,驻防郡贰侯诣祠行礼,绅耆咸集。祭毕,神复出祠。"[74]"神复出祠"何往?也就是在二月十五日当天,北帝又被迎往猪仔市梁祠(明忠义官,二十二老之一梁广之族)供奉。《梁氏家谱》《本祠例略》记载:"二月十五日,各伯叔兄弟赴祠肃整衣冠,头锣赴祖庙迎接北帝驾临本祠建醮。十六日午刻,打点各盛会放炮,祠内送神起座,分饼事务。是晚督理各盛会施放烟火花筒,弹压打架,毋使生事。"到三月初四,轮坐到水便陈大宗祠。因三月三日在祖庙建醮,北帝建醮后要在村尾会真堂更衣,故八图父老均到会真堂接神。《八图现年事务日期附》记载:每甲派人"三月初四在祖庙建醮,是晚会真堂接神,至水便陈大宗祠下马,早晚福叙有饼,司祝斋金九分。"又载:"三月三十晚,帝尊回宫,晚叙有饼"[75]。至此,从正月初六早至三月三十晚,前后长达八十三天的"北帝坐祠堂"活动才告结束。从上述材料可知,正月初六帝尊到八图祖祠(当天有出游),二月十五的谕祭(当天有色队伴行),三月初三的巡游,均由八图八十甲各派人参加,是八图公务。扣去这三天,就是整整八十天,恰与八十甲的数字相等。在这八十天里,属于各宗族自理的事务,届时各族均打点头锣,召集父老,准备烟火,迎送北帝。这说明,祖庙"北帝坐祠堂"的仪式必须是轮坐所有八十甲的祠堂。

北帝坐祠堂的仪式具有十分重要的功能。首先,把北帝从神圣的祖庙请出来,坐落在家居附近的祠堂里,这密切了北帝与八图土著居民的联系,满足了土著居民精神寄托的需要。同时也强化了土著居民的主神崇拜意识。其次,在接送北帝的仪式过程中,宗族父老和士绅的地位得到明确,也就是宗族内部形成的种种关系得到了重新确认,这对维系宗族组织无疑起到了重要作用。第三也是最重要的,这种对北帝坐祠堂权利的拥有,强化了土著居民的"八图"认同意识,保持了土著居民的自尊和信心,同时也向所有佛山人暗示:北帝这一素著灵响、无往不胜的地方保护神是土著居民创造的。而在这种重演过程中,土著群体自身的团结也得到了相应的强化,群体自身的价值观念也就得到了再次的肯定。对于土著居民个人来说,仪式活动使他在群体中得到思想感情的共通与支持,而且通过对宗教经验的重演,把他与力量和慰藉之源沟通起来。这就加强了宗族本身的内聚力。

烧大爆是重要的祭祀仪式。在每年三月三日北帝诞的次日举行。所谓烧大爆,是以巨大的爆竹燃放以享神,并让众人拾抢其炮首以接福的活动。早在清初时"佛山大爆"已名震粤中。屈大均《广东新语》

[74] 乾隆《佛山忠义乡志》卷六《乡俗志》。

[75]《南海鹤园陈氏族谱》卷四《杂录》。

卷十六《器语》"佛山大爆"条，详细描述了这一盛况：三月上巳，祖庙门前，万头攒动，萧鼓喧耳。一年一度的佛山烧大爆仪式在这里举行。放眼开去，一片辉煌，北帝神停舆的"真武行殿"，皆以小爆构结龙楼凤阁，又有小爆层层叠出的"武当山"及"紫霄金厥"，四周悉点百子灯。其一灯一盖皆以小爆贯串而成，锦绣铺桥，花卉砌栏。人声喧处，一队队百人组成的"倭人"色队，牵引着一个高二米半、粗一米多的大纸爆香车走过来。大纸爆上饰锦绮洋绒及各色人物，药引长二丈有余。大纸爆过后，是椰爆的香车，亦以彩童推挽而来，椰爆直径也有二尺，上饰龙鸾人物，药引长六七丈。——在庙前空地上排开，大纸爆有数十，小椰爆有数百。合镇几十万男女，竞相观睹，簪珥碍足。燃放大纸爆时，放者攀于高架之上，以庙中神火掷之，发声如雷，远近震动。放椰爆时，人立于三百步之外燃放。响声过处，观众一拥而上，争抢"爆首"。爆首是一铁制小圈，上写有炮名，如"上元正首炮"、"上元十足炮"等。各炮有等次，即俗称头炮、二炮、三炮等等，拾得"爆首"有相应的奖品，如镜屏、色物等。人们相信爆首是北帝所赐之福，拾得爆首者，"则其人生理饶裕"，故人人奋力拼抢，即使人仰马翻也在所不惜。

据佛山父老传闻，抢炮者皆有炮队组织，一是以宗族"××堂"为队，一是以会馆"××堂"为队，一是以街坊组织"××会"为队。队员之间互相配合，互相掩护。一旦拾得炮首，即过关斩将奔出重围，到"真武行殿"处由祖庙值事首肯，并领取奖品。如此几百爆放完。拾得者抬着奖品鼓吹欢喜而归。来年由其偿还所拾之炮。偿炮均按原炮价值偿还。屈大均说大纸爆价值银百两，而椰爆价值五十两，故还爆"动破中人之产"，往往有之。佛山俗谚云："佛山烧大爆，弹子过蟛岗"[76]，指的就是有鬻子以偿爆之事。

佛山烧大爆的仪式，生活在今天的人无论如何难以复见。笔者以为，这种隆盛的烧大爆仪式，似与重现北帝出生之日的情景相联系。《启圣录》言："开皇元年三月三日玄帝产母左胁，当生之时，瑞星天花、异香宝光、充满王国、土地皆变金玉"[77]。故而佛山人要缀以香车香花百子灯等，更要用爆竹之花撒满一地，以庆贺诞辰。以至屈大均认为是"淫荡心志之娱"。应该说，佛山人所重构的氛围是成功的，它使人"目乱烟花，鼻厌沉水"，犹如置身于北帝诞生之日。这一感受，无疑会增加人们对北帝的宗教神圣感。

更为重要的是，烧大爆的仪式集合了全镇居民，无论男女老幼，无论土著侨寓，无论富人穷人，都可以参与这一仪式，地缘的结合因素

[76] 光绪《南海县志》卷二十一《杂录》。

[77]《中国民间诸神》，第66页。

在此压倒了血缘的结合因素，阶级的分野在此也变得模糊。人们在参与中享受着社区一分子的权利，从而强化了社区的认同意识。仪式的循环还扮演着调节群体之间关系的重要角色。在激烈的争抢中，在轰鸣的爆声中，在欢乐的喝彩声中，人们在一年之内可能形成的积怨消失殆尽，各种社区关系在此得到调和。几百个爆首当年由北帝撒向全镇居民，几百个新爆次年又由全镇居民还给北帝。接福还神，周而复始，不断循环，犹如一张无形的网索把全镇居民与北帝紧紧联系在一起。同时，在这一盛大的祭祀仪式中，个体显得那么渺小。任何一个还炮者都不可能促成此盛会。只有群体的力量，才集合了几百个大爆。因此，社区成员感受到了彼此之间的依赖程度，同时也加强了继续留在该群体的意愿。从而，群体的整合程度也得到提高。

乡饮酒礼是七十岁以上父老在春秋二祭时到祖庙祭祀后参加的饮宴。清乾隆以前，乡饮酒礼曾是八图土著才有资格参加的仪式。因侨寓的反对，乾隆四年（1739）乡饮酒礼被官府禁示，随后里排颁胙也被禁止，以后乡饮有六十年没有举行。嘉庆四年（1799）两广总督批准佛山"复乡饮酒礼，颁耆胙"[78]，规定无论土著、侨寓凡七十岁以上者均可参加。像侨寓盐商家族的吴升运亦为"乡饮正宾"。乡饮酒礼绝不单纯是一种祭祀仪式，它具有彰示身份的功能。在传统社会里，除了绅士之外，耆老也是一种身份标志。在佛山，只有七十岁以上的人才能最接近北帝，才能享受北帝所赐饮福，才能领取北帝所颁胙福。这是一种社会荣誉。取得了这一社会荣誉，自然享有较高的社会地位。而每一次乡饮酒礼的举行，也就是一次显示社会地位的机会，所谓"俾后生有所观感"[79]就是指此。嘉庆四年后侨寓人士进入乡饮酒礼圈子，一方面说明侨寓人士对北帝崇拜及其祖庙祭祀仪式的认同，另一方面也表明了佛山的社会整合程度正日渐提高。

北帝巡游是最有象征意义的祭祀仪式。它具有明确神明控制的社区范围，重申社区领导阶层的地位，强调社区内各神明之间的统属关系，强化人们的主神认同意识，从而加强社区内凝聚力的功能。清代佛山的北帝巡游，表现了突出的统合社区的作用。

明初的北帝巡游，是在古九社的范围之内。即古洛社（在祖庙铺）、宝山社（在山紫铺）、富里社（在黄伞铺）、弼头社（在岳庙铺）、六村社（在岳庙铺）、细巷社（在突岐铺）、东头社（在东头铺）、万寿社（在东头铺）、报恩社（在锦澜铺）[80]。"每岁灵应祠神（应为龙翥祠神）巡游各社"[81]。但当时九社的范围并不大，所涉铺区仅有后来的六铺范围。该六铺均处于佛山南部，约占清代佛山镇范围的三分之一。清代乾隆年

[78] 道光《佛山忠义乡志》卷六《乡事》。

[79] 道光《佛山忠义乡志》卷十二《金石下》，嘉庆四年，陈其煨《书院膏火记》。

[80] 道光《佛山忠义乡志》卷一《乡城志》。

[81] 《南海佛山霍氏族谱》卷十一《重修忠义第一社记》。

[82] 乾隆《佛山忠义乡志》卷六《乡俗志》。

[83] 乾隆《佛山忠义乡志》卷三《乡事志》。

[84]《中国民间诸神》，第69页。

[85]《南海鹤园陈氏族谱》卷四《杂录》，《八图现年日期》记载："九月初九日帝尊飞升，近年此例已停。"

间，北帝巡游的范围已扩大至全镇范围。陈炎宗记载："三月三日，北帝神诞，乡人士赴灵应祠肃拜。各坊结彩演剧，曰重三会。鼓吹数十部，喧腾十余里。神昼夜游历，无晷刻宁，虽隘巷卑室亦攀銮以入。……四日在村尾会真堂更衣，仍列仪仗迎接回銮。"[82]"各坊结彩演剧"、"喧腾十余里"、"虽隘巷卑室亦攀銮以入"，可见北帝是在全镇巡游。当时在汾水铺设有"武当行宫"一座[83]，当是北帝巡游时停舆供商民拜祭之处。又从初四才"迎接回銮"，可知当时北帝出游时间是一天一夜。

然而上述陈炎宗对北帝巡游的描述过于印象化，不能对其细节有更多的了解。

可幸的是，佛山市博物馆保存了一张《佛镇祖庙玄天上帝巡游路径》，十分详细地记载了北帝巡游日期、所经街道及其巡游队伍的组成情况，为了解佛山祖庙北帝巡游的细节提供了不可多得的材料。

《佛镇祖庙玄天上帝巡游路径》（以下简称《路径》）是一张刻印公告，宽52厘米，长57厘米。根据内容看，该公告是清中叶后物。其中详载了佛山一次祭祀北帝崇升的巡游活动。所谓崇升，是指北帝得道飞升金阙。据《混洞赤文》所载：北帝"飞升金阙"在九月九日[84]。佛山举行祭祀北帝飞升活动以往亦在九月九日[85]。此次巡游的时间却定在十月二十六日至十一月三日，一共八天，未知何因。但无论如何，这是一次北帝在合镇各街道的巡游，这对于要讨论的问题至关重要。

《路径》右首第一行标明："凡各街道，巡游所经，瓦砾秽物，一概扫清，闸门修好，预备过亭，谅有同志，先此声明。"第二行称："诹十月二十六日恭随帝尊巡游阖镇，至十一月初三日卯时，俟候崇升。谨将路径胪列于左。祈俟随神各绅耆衣冠者行后可放炮。"左面最后一行称："凡有诚心，摆列华筵，顺道采鉴，恕不停銮。观音堂铺銮舆、岳庙铺一狮随行，所有各盛会火篮、狮子一概恭辞。"

北帝巡游前的准备工作，是设定巡游路线，张榜通晓镇民。凡北帝所经街道，一概要清除干净，搭建"过亭"。这与清乾隆年间陈炎宗所述三月三出游"各坊结彩演剧"有相似之处。而各街摆列之华筵，北帝只是顺道采鉴，恕不停銮。巡游队伍的组成有严格规定，随着北帝神同行的是"绅耆"和"衣冠者"，只用观音堂铺的銮舆，只许岳庙铺的一狮随行。其他各街组织之会的火篮和狮子一概恭辞。巡游是有组织有步骤进行的，凡各街要烧炮的，必须俟随神绅耆衣冠者过后方可放炮。并定于十一月初三卯时在祖庙崇升，诚心者可届时俟候。

《路径》将整个巡游路线规定如下：

十月二十六日，北帝行宫在祖庙"起马"，沿祖庙铺、山紫铺街道往南巡游，复折回北行，经鹤园铺、潘涌铺、大基铺、汾水铺、富民铺，向西行人太平沙，至观音庙停舆驻跸。这一天主要巡游地点是山紫和南部濒江三铺。

十月二十七日，在观音庙起马，继续在太平沙、富民铺内巡游，然后坐船"过海"（粤语谓"过河"为"过海"），东行鹰嘴沙，过桥人缸瓦栏，在长船屋过海至文昌沙，人鲤鱼沙，再次过海，人大基铺，南经汾水铺、福德铺，西行人观音堂铺，至莲花地黄氏大宗祠下马驻跸。这一天主要巡游铺区是富民铺和隔海的聚龙沙、鹰嘴沙、文昌沙、鲤鱼沙。

十月二十八日在莲花地黄大宗祠起马，继续在观音堂铺巡游，经富民铺、大基铺、福德铺、潘涌铺、鹤园铺、祖庙铺、黄伞铺，然后向东南直插人仙涌铺，至郡马梁氏大宗祠下马驻跸。这一天主要巡游铺区是中部观音堂、潘涌、福德、鹤园、黄伞等铺。

十月二十九日在郡马梁祠起马，往南经社亭铺、栅下铺、东头铺、突岐铺，东折彩阳堂铺，北回仙涌铺、社亭铺、岳庙铺，继续北上，人大基铺，东北出社亭铺，下仙涌铺、突岐铺、明心铺、耆老铺、锦澜铺、桥亭铺，复东回耆老铺、人突岐铺，至陇西里李尚书祠下马驻跸。这一天主要巡游铺区是东南部的岳庙、社亭、仙涌、彩阳堂、医灵、明心诸铺。

十月三十日在李大宗祠起马，南下栅下铺，北回突岐铺、陇西里，然后东人彩阳堂铺，北折医灵铺、纪纲铺、黄伞铺、福德铺、鹤园铺、观音堂铺、潘涌铺、富民铺，东折汾水铺，南下仙涌铺、福德铺、黄伞铺、丰宁铺、耆老铺、锦澜铺，至澳口梁大宗祠下马驻跸。这一天的巡游铺区主要是东南部的栅下、东头、突岐、真明和中部的纪纲、石路诸铺。

十一月初一日在澳口梁大宗祠起马，先在桥亭铺内向西南巡游，经通济桥，过桥至永安社学，复折回过桥至澳口梁大宗祠，北上锦澜铺，南折大桥头，过桥南人明照铺，又过桥人栅下铺，北人突岐铺，西行人锦澜铺，北行丰宁铺、祖庙铺、鹤园铺、福德铺、汾水铺，复南人潘涌铺、观音堂铺、祖庙铺、黄伞铺、丰宁铺，东折明心铺、耆老铺，至金鱼堂陈大宗祠下马驻跸。这一天的巡游铺区是西南部的明照、耆老、锦澜、桥亭、山紫、祖庙诸铺。

十一月初二日在金鱼堂陈大宗祠起马，北上丰宁铺、黄伞铺、鹤园铺，西南折祖庙铺、丰宁铺、耆老铺，经陈大宗祠人锦澜铺，再南行人耆老铺、明心铺，西行人丰宁铺，北人纪纲铺、石路铺、祖庙铺，复西经真明铺、明心铺、耆老铺，再经陈大宗祠、田心书院，在进殿会下马驻跸（进殿会设在田心书院）。这一天的主要巡游铺区是反复巡游西南部的耆老、丰宁、明心、真明、锦澜、祖庙诸铺，中部的黄伞、纪纲、石路诸铺和东部岳庙、社亭诸铺。

初二晚由进殿会起马，北经耆老铺金鱼堂陈大宗祠，南下锦澜铺，东入耆老铺、栅下铺，北上彩阳堂铺、突岐铺、医灵铺、仙涌铺、社亭铺、岳庙铺，经石基入大基铺、汾水铺、富民铺，南折观音堂铺，经鹤园铺、黄伞铺、纪纲铺、石路铺、明心铺，再西折丰宁铺、祖庙铺，经隔塘大街、八图祖祠、万福台，至祖庙。北帝于此在初三卯时崇升。这一晚的主要巡游路线是绕佛山一周。

从上可知，佛山的北帝巡游，不是一铺一铺递次进行的，而是各铺交叉进行的。笔者发现，北帝巡游没有在同一条街道上回头的，都是一条街道走到底（因篇幅所限，街道名略去），穷巷断街北帝是游不到的。北帝不回头是北帝巡游的一大特点。但这势必会漏掉许多街道。为了解决这一矛盾，北帝巡游采取多次绕圈而行的方式进行。这又使北帝巡游呈现出重复性的特点，即俗称之"行龟缩"。然而，每一次的反复，都不是上一次的继续。比如在街道较多且排列整齐的汾水铺，所走的路线几乎不重复。只在街道口相交处重现。而在街道较少的铺区如栅下铺，则每次绕圈都必须在一些与外铺相接的通衢上重复。南来北往，使人误以为北帝巡游是从原路返回的（佛山故老传闻行龟缩是从原路返回的）。实际上都是为了补游第一次游不到的街道。唯其如此，才能看到明照铺和汾江对岸的鹰嘴、文昌和鲤鱼等沙只游了一次，因为它们的街道是沿河涌呈带状分布的，一次就可以全部游完。用八天的时间来遍游全镇街道，充分显示了北帝对整个佛山的统合力量，尤其是北帝"过海"巡游诸沙，更体现了北帝对周边区域的统合以及周边区域对北帝的认同。上述诸沙多在汾江北岸，在清代以前不属于佛山堡版图。如文昌沙、鲤鱼沙属叠滘堡，太平沙、聚龙沙属张槎堡。清乾隆年间的北帝巡游是不过汾江河的。随着佛山工商业的发展，上述诸沙日益城镇化，"商务以文昌为盛，鹰沙以西木商最多，亦自成一市。"经济上的联系，加强了政治上的整合，清咸丰以后，鹰文二沙遂设立分局，受制于佛山团防总局；太平、聚龙二沙合设一局，称平聚局，局首"由坊众公推"，其治安亦由佛山都司巡管。这样四沙亦进入佛山版图[86]。由此，四沙居民自然会有进入佛山文化圈的愿望，而佛山居民也要有一个承认其合法地位及显示其统属关系的表示。北帝"过海"的巡游活动，就是在这一背景下发生的（笔者对比过

[86] 民国《佛山忠义乡志》卷一《舆地·四沙》。

《路径》与诸佛山忠义乡志的街道名，推断此次巡游当在咸丰年间）。由此可见，北帝巡游活动具有强烈的明确社区范围的象征意义，具有强化社区整合结果的功能。

祖庙对各铺主庙的统合关系，在这次北帝巡游中显现得十分清楚。在巡游路径中所列出的庙宇名有六十二个，其中有十九个是各铺主庙，而笔者根据地图查看，发现岳庙铺的武庙、鹤园铺的洪皇庙、医灵铺的医灵庙，亦在必经路径上。这就是说，当时二十二铺和文、鹰二沙的主庙都是北帝巡游之处（祖庙铺、潘涌铺、彩阳堂铺、纪纲铺、石路铺无主庙）。

上文说到，当时佛山有庙宇一百七十座，而北帝巡游只有近七十座庙宇，显然是经过挑选，并有意识地巡游到各铺主庙所在位置上，公庙和街庙就不在必游之列。例如东头铺、突岐铺、仙涌铺、明照铺、黄伞铺、鹤园铺、医灵铺、真明铺，都仅游了一座主庙，其他庙宇一概不游。所游庙宇最多的是山紫铺和富民铺，因其庙宇多处于必经之路，故也"顺道采鉴"。详见下表：

北帝巡游所经各铺庙宇一览表（黑体字者为主庙）

祖庙铺——亲庙、圣乐宫、祖庙

山紫铺——**南泉庙**、地藏庙、二仙庙、华光庙、东岳庙、玄坛庙、北城侯庙

汾水铺——南擎庙、武庙、**太上庙**

富民铺——盘古庙、南胜庙、三界庙、车公庙、**洪圣庙**、鬼谷庙

大基铺——大王庙、**帅府庙**

福德铺——**舍人庙**、天后庙

观音堂铺——华光庙、洪圣庙、镇西庙、**南善庙**

栅下铺——天后庙、**龙母庙**、太尉庙

东头铺——**武庙**

突岐铺——**金花庙**

仙涌铺——**武庙**

岳庙铺——吕祖庙、花王庙、三圣宫、**武庙**

桥亭铺——**南济庙**、会真堂

明照铺——**盘古庙**

丰宁铺——四圣庙、**国公庙**

黄伞铺——**孖庙**（天后庙、华光庙）

耆老铺——**金花庙**、字祖庙

锦澜铺——**华光庙**、南济观音庙

明心铺——**太上庙**、塔坡庙、文昌阁

祖庙铺——南禅观音庙、**药王庙**

鹤园铺——**洪皇庙**

医灵铺——**医灵庙**

真明铺——**三圣宫**

石路铺（纪纲铺）——花王庙

聚龙沙（太平沙）——伏波庙、三官庙

鹰嘴沙——鸟利庙、张公庙、**飞云庙**、华佗庙

文昌沙——**武庙**、太保庙、观音堂

鲤鱼沙——北城侯庙

　　由此可见，北帝巡游还体现了其统属庙宇系统的等级关系。只有一铺之主庙，才有资格恭候北帝的驾临，一般庙宇无此鸿福。而通过北帝巡游，强调了群庙之间的等级差别，明确了诸庙对祖庙的归属和依附关系，从而也重申了北帝的社区主神地位。

　　这种精神世界的等级关系，也暗示着现实世界的等级关系。在北帝巡游的队伍中，有资格跟在北帝后面的是"绅耆"和"衣冠者"，也就是说70岁以上的耆民、科举成功之士和官宦人物，他们是社区最有地位的群体。其中的一部分是佛山自治组织大魁堂的成员，他们是佛山的精英阶层，如同北帝巡游体现了对诸庙的统属关系，这批精英在各铺区街道的巡游，也体现着他们对佛山各铺区街道的统属关系。而每一次的北帝巡游仪式，就是再一次重申他们所拥有的社会地位的机会。有人指出："为保持上等人的恬静和人们的良好秩序，没有比礼仪的规则更好的东西。礼仪的规则不过是尊敬原则的发展。"[87]北帝巡游仪式，体现着士绅阶层与其追随者的关系，体现着各群体之间的关系，有助于人们看到和记住这些分成等级优势的现存固定关系，这对维持社区团结、稳定社会秩序，无疑是起了不可忽视的作用。

　　北帝巡游仪式还反映了土著居民在祭祀活动中保持着古老的权威。北帝在外巡游的七夜中，曾在五个土著大宗祠驻跸，它们是莲花地黄大宗祠、郡马梁祠、澳口梁大宗祠、细巷李大宗祠、金鱼堂陈大宗祠。除了驻跸之外，巡游中各大宗祠都重复巡游了一次以上，其中陈大宗祠重复巡游四次，郡马梁祠三次，澳口梁大宗祠二次，李大宗祠和黄大宗祠各一次。加上当夜的驻跸，上述诸祠依次为五、四、三、二、二，这个数字表示了北帝曾多次与其族人相会。与诸庙和街道相比，重复三次以上者确属寥寥无几。这至少说明上述诸宗祠在北帝巡游中占有

[87] 罗斯：《社会控制》，第192～193页。

特殊的地位，既可迎北帝驻跸，又可享受多次巡游。笔者认为这种仪式是"坐祠堂"仪式的继续和重现，它暗谕着北帝神是土著居民祖先缔造的，祖庙首先与他们祖先相联系。北帝巡游及其驻跸土著大宗祠，正是重申着土著居民与北帝的古老联系。一种礼仪和风俗就是某种精神寄托的习惯。礼仪和风俗越是古老，就越使人们的个人生活遵奉这种精神寄托的习惯，而精神寄托的习惯越是古老，对人所施加的影响就越大。尽管北帝巡游的内容在清中叶已大大扩充，但世代交叠的积淀作用，仍然以古老的事物维持着原始威望的存在。

综上所述，几百年来，祖庙的中心地位不断突出，北帝的控制范围日益扩大，北帝的崇拜日渐抬升。从明初仅有"寺庙数处"，到清末有神庙一百七十座，从明初北帝仅巡游九社范围，到清末巡游全镇二十七铺范围及其各沙，就是其逐渐发展的历史轨迹。由此可见，传统的神明祭祀是随着传统社会的发展，适应传统社会的多样化需要而不断精致化、复杂化，它完成着对传统社会不断整合的重大任务，发挥着建构传统社会的重大作用。

（作者：罗一星，历史学博士，佛山史专家，中山大学历史人类学研究中心客座研究员）

佛山的北帝(玄武)崇拜初探

　　北帝崇拜一般属于民间信仰的范畴，关于什么是民间信仰，许多书中都与现代宗教相比较而分析之，罗列出十几点两者的区别。总的来说，不外乎两种观点：一种认为民间信仰不是宗教；而另一种则相反，主张民间信仰也应视为宗教。笔者比较赞同美籍华裔社会学家杨庆堃教授的说法，认为中国传统宗教是一种普化的宗教(diffused religion)，而非制度化的宗教(institutional religion)，而普化宗教的特质就是其教义、仪式及组织都与其他世俗的社会生活、制度混而为一，并不像制度化的宗教一样是有其完全独立的宗教组织与教义、仪式。民间信仰是普化的宗教，既属宗教，就可以参照考察一般宗教的方法来分析之。因此，本文以宗教社会学和人类学理论来架构全篇，并结合文献和笔者的田野调查资料，采取叙议结合的方式，重点论述了佛山的北帝崇拜与社区文化的关系问题。

一　北帝(玄武)崇拜与佛山祖庙

(一)　北帝的起源

　　北帝，又称玄武、黑帝、荡魔天尊、真武大帝等，是道教的重要神祇之一。有关北帝来历变迁的说法颇多，几乎每一个北帝庙都有自己的一些独特的来源说。本文采用的是为大多数人所公认的星宿说。中国古代天文学家把黄赤道附近的一周天，按诸月步，以最显著的星象为目标，分为二十八个不等的区域，称为二十八宿，根据它们的出没和经过中天的时刻以定四时。从战国以后，又把二十八宿分为四组，分别以四灵来命名，即东方青龙、南方朱雀、西方白虎、北方玄武[1]。其中北方七宿：斗、牛、女、虚、危、室、壁，就总称为玄武。可见玄武的起源与星宿有关。

　　"玄武"之名早在战国时期就出现了。如《楚辞·远游》中就有"召玄武而奔属"的记述。到了汉代，有关玄武的记述就更多了。如《淮南子·天文》："北方水也，其帝颛顼，其佐玄冥，执权而治冬。其神为辰星，其兽玄武"；《史记·天官书》："北宫玄武，虚、危"；《重修纬书集成》卷二《尚书考灵曜》："二十八宿，天元气万物之精也。北方斗、牛、女、虚、危、室、壁七宿，其形如龟蛇，曰后玄武"等。但早期的记载多与星宿方面有关。此外，又有玄武是龟蛇的记载，如《礼记·曲礼》："行，前朱鸟而后玄武"，唐孔颖达疏曰："玄武，龟也。"

[1] 郑文光:《中国天文学源流》,科学出版社,1979年版。

又如，南宋洪兴祖《楚辞·远游》补注引说者曰："玄武谓龟蛇，位在北方，故曰玄；身有麟甲，故曰武。"《文选》注亦云："龟与蛇交曰玄武。"黄老之术盛行之后，玄武被道教造神者利用，逐渐演变为道教的尊神。明正统《道藏》所收《太上说玄天大圣真武本传神咒妙经》卷之一说：

龙汉四劫元年，元始上帝于上元之日，圣命驾御太霄八景始青天敷演至道，忽然天门震霹，乃见下世帝纣淫心失道，元始乃命金阙玉皇大天帝制诏，降于北极省施行阳助，于是太玄大将皂纛玄旗，被发跣足，躬披铠甲，亲至人间，协助周武伐纣，平治社稷，功成而摄踏龟蛇回天。昊上玉尊亲引典仪，册封玄武，加号太上紫皇天一真人玄天上帝，领九天采访使职，天称元帅，世号福神。

类似这样的记述在民间影响很广，特别是有关玄武帝的形象描述，成为各地建庙塑像的依据。

道教在将玄武造为尊神的过程中，还明显地受到了佛经的影响。如说玄武帝由净乐国王善胜夫人左胁生出。关于这个说法，在《三教源流搜神大全》卷一《玄天上帝》条中记述颇详，在民间流传也最广。其故事大概是：

玄帝于元年三月三日中午，受太阳之精，托胎化生于净乐国王的皇后善胜夫人之腹。怀孕十四个月后，从他母亲的左胁生出来。玄帝出生后，非常聪明，他潜心学道，立志将来上天去辅佐上帝，造福万民。玄武十五岁时，辞别父母，去寻找幽谷，以"内炼元真"。于是感动了玉清圣祖紫虚元君，为他传授"无极上道"。元君告诉玄武：你可以越海东游，乘大鹏盘旋五万里之后，有一座仙山，入山后选择众峰之中最高的居住下来，修行五百年后，就会成为与天地日月齐并，上为三境辅臣，下作十方的大圣了。说毕，元君升云而去。玄武依元君之言，果然找到了修行之地。他潜虚玄一，默会万真，四十二年后，大得上道于黄帝紫云。当他五十七岁甲子那年，时正九月初九清晨，忽有祥云天花自天而下，迷漫方圆三百里山谷，还响起了仙乐。当时魁伟俊秀的玄武站在紫霄峰上，与群仙一起飞升金阙了。玄武上天之后，正值人间殷纣王荒淫失道，日造罪孽，同时勾结六天魔王，伤害众生。元始天尊命玉皇上帝降昭紫微，阳间以周武王伐纣，平治社稷；阴间则以玄武帝收魔，辨清好人和恶鬼。玄帝下凡与六天魔王展开激战。六天魔王以坎离二气化苍鬼巨蛇，刚刚变成，便被玄帝的神力摄于足下，把所有魔鬼锁在酆都大洞里。于是"人民治安，宇宙清肃"。元始天尊非常高兴，给他全家赐了尊号，拜玄武为玉师相、玄天上帝、领九天采访使。

玄武从星宿称谓发展到龟蛇，然后又为道教所用成为道教尊神，经过了漫长的发展过程。大约到了宋真宗时，玄武才达到了他的第一次煊赫时期，宋真宗《加封玄岳碑文》云："真武将军，宜加号曰镇天真武灵应佑圣真君。"以后历朝多有加封。元代时又被晋升为"元圣仁威玄天上帝"[2]。但玄武地位的真正显赫，却是明代成祖以后的事了。

[2] 《续文献通考·群祀考》卷三。

（二） 明代北帝崇拜的登峰造极

1399年，明朝内部发生了"靖难"之役。封国在北京的燕王朱棣，以"诛齐黄，清君侧"为名发动叛乱，与建文帝为争皇位而进行了长达四年的内战，最后燕王朱棣夺得王位，即为明成祖。明成祖以一封王与天子战，冒很大风险，况且他是自北方起兵，因此当时已影响很广的北方元帅玄武神，自然是其首先的祈祷对象。《大岳太和山记略》卷三记载李卓吾云："成祖初起燕，问师期于姚广孝，对曰：'未也，俟吾师至。'及期，出祭纛，见披发而旌旗蔽天。问：'何神？'曰：'吾师北方之将玄武也。'成祖则披发仗剑以应之。"

由于明成祖对玄武的特别尊奉，使玄武崇拜在明代达到了登峰造极的地步，明代御用的监、局、司、厂、库等衙门中，都建有真武庙。真武庙不仅在北京一带香火日盛，而且迅速遍及全国。现存较著名的真武庙大都建于明代或重修于明代。如湖北武当山真武宫观、陕西佳县白云山祖师庙、广东佛山祖庙等。

明代北帝崇拜登峰造极的事实从武当山真武宫观的修建亦可见一斑。永乐年间，明成祖派了工部侍郎郭琎、隆平侯张信、驸马都尉沐昕等，率军民三十余万，用了十多年(一说三十多年)时间，在武当山修建了数以百计的雄伟壮丽的宫观庵宇，以铜为殿，以黄金范真武像，使武当山常年香火不衰，祭拜者络绎不绝[3]。明代还设有专官督祭。此段史实在《明史》中有较详的记载。《明史》礼志四：

[3] 刘志文：《中国民间信神俗》，广东旅游出版社，1991年版，第165页。

弘治元年 (1488) 尚书周洪谟等言："《图志》云：'真武为净乐王太子，修炼武当山，功成飞升。奉上帝命镇北方。被发跣足，建皂纛玄旗。'此道家附会之说。国朝御制碑谓，太祖平定天下，阴佑为多，尝建庙南京崇祀。及太宗靖难，以神有显相助，又于京城艮隅并武当山重建庙宇。两京岁时朔望各遣官致祭，而武当山又专官督祀事。宪宗尝范金为象。今请止遵洪武间例，每年三月三日、九月九日用素羞，遣太常官致祭，余皆停免。"

《明史》卷二九九《张三丰传》中亦有：

……永乐中，成祖遣给事中胡濴，偕内侍朱祥赍玺书香币往访(三丰），遍历荒徼，积数年不遇。乃命工部侍郎郭琎、隆平侯张信等，督丁夫三十余万人，大营武当宫观，费以百万计。既成，赐名太和岳山，设官铸印以守，竟符三丰言。

像明成祖这样倾一朝之力，来大规模建设一座山，在中国历史上恐怕也绝无仅有。他如此热衷于提倡尊崇北帝，主要是想让天下人接受他以北统南，一统天下的事实。

（三）　佛山的北帝崇拜和佛山祖庙

佛山，又称禅城，位于广东省中南部，距广州 17公里，地处东、西、北三江枢纽之地，地理位置得天独厚。现佛山市总面积 3848.49平方公里，常住人口 560 多万人。

佛山肇迹于晋，得名于唐。东晋隆安年间（397～401）就曾有西域僧人达毗耶舍来佛山塔坡冈地方搭茅讲经。唐贞观二年（628）乡人在塔坡岗掘出晋时达毗耶舍讲经遗留下来的三尊佛像，遂建塔坡佛寺供奉，并立石榜"佛山"（原物尚存），佛山因此而得名。佛山毗邻广州，地处富庶的珠江三角洲腹地，因而开发较早，宋代时已经成为一个以冶铁业为中心的手工业和商业重镇。明清时期，佛山与湖北汉口、河南朱仙、江西景德镇一道成为中国的四大名镇，成为我国南方重要的商品集散中心之一。建国后，特别是改革开放以来，佛山充分利用天时、地利、人和等各项优势，不仅经济建设取得了令人瞩目的成就，卫生、文化事业都取得了骄人的佳绩，被人们誉为"古之名镇，今之名城"。

一提到佛山，人们就会想到位于佛山市中心的佛山祖庙。佛山祖庙和庙中供奉的北帝神几百年来都是作为佛山人的象征而存在，在佛山有其不可替代的作用。"盖神于天神为最尊，而在佛山则不啻亲也，乡人目灵应祠（祖庙）为祖堂，是值以神为大父母也。"[4] 祖庙的重要性由此可见一斑。那么佛山祖庙是如何取得如此"惟我独尊"的地位呢？我们考察一下它的历史就会明白。

据民国《佛山忠义乡志》卷八《祠祀》记载："真武帝祠之始建不可考，或云宋元丰时（1078～1085）。历元至明，皆称祖堂，又称祖庙，以历岁久远，且为诸庙首也。"后人多以此为据，说北帝庙建于宋元丰年间。笔者认为此说是较符合逻辑的。宋代是玄武崇拜较为兴盛的时期，况且元丰年间，亦曾诏封佑圣为真武灵应真君[5]。在这种背景下，随着中原人的南迁，玄武崇拜也就跟着一起南迁，来到岭南。

清初著名学者屈大均，在《广东新语》卷六《神语》中说："吾粤

[4] 乾隆《佛山忠义乡志》卷六《乡俗志》。

[5]《铸鼎余闻》卷一。

多真武宫，以南海县佛山镇之祠为大，称曰祖庙。"广东多真武庙的事实确实存在，真武庙遍布广东各地，仅《南海县志》里记载的真武庙就有二三十座。广东较著名的有佛山祖庙、陆丰玄武山等。那么为什么广东多真武庙呢？笔者认为除了以明成祖为首的明皇室大力提倡外，主要原因与真武是司水之神有关。《广东新语》卷六《神语》中对此有较详细的解释：

粤人祀赤帝并祀黑帝（真武），盖以黑帝位居北极而司命南溟，南溟之水生于北极，北极为源而南溟为委，祀赤帝者以其治水之委，祀黑帝者以其司水之源也。吾粤固水国也，民生于咸潮，长于淡汐，所不与鼋鼍蛟蜃同变化，人知为赤帝之功不知为黑帝之德。……或曰真武亦称上帝，昔汉武伐南越，告祷于太乙，为太乙缝旗，太史奉以指所伐国。太乙即上帝也，汉武邀灵于上帝而南越平，故今越人多祀上帝。

这里提到一个很重要的原因就是"粤固水国"，而北帝是"司水之源"者。北帝的这种作用与东南沿海普遍崇拜的妈祖相同，作为水上保护神而存在。佛山祖庙兴建在古洛水（今祖庙路）岸边，似与此有关。佛山老人区瑞芝先生在《佛山祖庙灵应祠专辑》中也提到了这一情况。他说：

至北宋初期，佛山工商业日趋兴盛，户口倍增。但当时佛山地方的汾江河主流非常辽阔，它的内河支流(俗称溪、涌)水道也大而深，环绕于佛山南部和中部（当时尚有地方未成陆），而北部仍是泽国。当地居民外出别处，则非舟莫渡，工商业货物对于西、北江和广州的运输，也非用船艇不可。人们为免受水道风浪的危险，只有求神庇护，以保生命财物的安全。因此人们遂在中部支流洛水岸边(俗称佛山涌，现祖庙路)，兴建一座"地方数楹"的北方真武玄天上帝庙宇，奉祀香火，求庇护出入、往来水道平安[6]。

北帝为司水之神除了作为水上保护神外，还由民间所说的"玄武属水，水能胜火"引申为一个防火防灾之神。《重修灵应祠祀》中就有这种作用的记载：

祖庙"……其与佛山之民不啻如慈母之哺赤子，显赫之迹至不可殚述。若是者何也？岂以南方为火地，以帝为水德，于此固有相济之功耶？抑佛山以鼓铸为业，火之炎烈特甚而水德之发扬亦特甚耶？"[7]

宋代以来，佛山成为岭南著名的冶铁中心，至今佛山城区地下还可见到大量冶铁用过的泥模。民以鼓铸为业，防火之神自然大有用武之地。另据刘效祖万历八年（1580）所撰的《重修真武庙碑记》载："缘内府乃造作上用钱粮之所，密迩宫禁之地，真武则神威显赫，祛邪

[6] 区瑞芝：《佛山祖庙灵应祠专辑》，1992年交流赠阅本，第1～2页。

[7] 民国《佛山忠义乡志》卷八《祠祀》。

卫正，善除水火之患，成祖靖难时，阴助之功居多，普天之下，率土之滨，莫不建庙而祀之……"这也说明当时北京祀真武庙之因中除水火之患也是重要原因之一。由上可知，保水上平安，防水火之灾是佛山祀真武的最初原因。

元代时，据《龙嶅祠重浚锦香池水道记》载："此乡有神曰真武玄帝，保障区宇，有功于民，不可具述。"[8]可见当时北帝庙的影响和作用都比以前有所扩大。"元末龙潭贼寇本乡，舣舟汾水之岸，众祷于神，即烈风雷电，覆溺贼舟者过半。俄，贼用妖术贿庙僧，以秽物污庙，遂入境剽掠，焚毁庙宇，以泄凶忿，不数日，僧遭恶死，贼亦败亡，至是复修，乡人称之为祖庙。"[9]由此可见元代时曾被龙潭贼，其实是元末农民起义军焚毁过。

明洪武五年（1372），乡老赵仲修等重修庙宇。庙建好后，忽然见到小桥浦处有水涌出，随即一木跃出于淤泥之中。该木如同用水洗过一样洁净，大家都认为是北帝神显灵。据父老传言说，这木是建庙之初用于雕刻神像的余木，当时不敢毁作其它用途，日久不见了。现在既然出现了，莫非是神欲用之吗？于是命令良工雕刻像以前一样的神像来祀奉之。祈求"雨阳时若，百谷丰登，保佑斯民。"[10]此时北帝的作用类似于各地的龙王庙，功能比以前有所扩大，但其与众庙宇一样，在社区中并没有什么特殊的影响。

明宣德四年（1429），乡之善士梁文慧出任主缘重修祖庙，花了一年才完成。主缘梁文慧等共同出资买到祖庙前 125 步民地凿为灌花池，并且植菠萝、梧桐二树于余土之上。他们这样大规模地迁徙铸冶炉户，显然炉户是不满的。为了使那些被迁的不满炉户信服，他们造出了种种北帝神显灵的因果报应故事，以为震慑。如《重修庆真堂记》中说：

噫！积善之家必有馀庆，积不善之家必有余殃，岂不信哉？近因隣（邻）境有无知者妄借神伞以为竞渡之戏，灾害随至，悔何及也；乡间有被盗者，旦夕来神前祷告，而贼人阴怀畏惧，修省之心，遂生无妄之灾，将财物以归其主也；又有同生理而财物不明，誓之于神，其瞒昧之人皆有恶报。以此明彰昭报者非一，难尽枚举，姑书此以记之。

在重修庙宇时他们也造出了庙现火球、庙现神旗、庙梁现白蛇等一系列北帝神显圣之事，其终极目的就是要使人们对北帝产生敬畏，而他们这些"控制"北帝神的人则可以"挟天子以令诸侯"，实现对社区人民的控制。北帝庙也在这些乡老、乡判的鼓吹下，变得越来越神圣，在

[8] 迹删鹜：《咸陟堂集》卷五。

[9] 唐璧：《重建祖庙碑记》，道光《佛山忠义乡志》卷十二《金石上》。

[10]《重修庆真堂记》，道光《佛山忠义乡志》卷十二《金石上》。

社区中的地位也越来越高。

明正统十四年（1449），南海人黄萧养组织同狱犯人百余名，越狱入海，发动起义，围攻广州和佛山。黄萧养起义对佛山的影响是多方面的，如促使了佛山市镇与周围农村的分离，促进佛山秋色赛会的发展等，尤其是使佛山祖庙的地位陡升，并开始由民祀变为官祀。据民国《佛山忠义乡志》卷八《祠祀》载：

正统十四年八月二十二日，有反狱强贼(指农民起义领袖黄萧养)纠合凶徒谋为不轨，南海、番禺等县，东涌、马宁等都，俱各惶恐，贼众攻围广东城池，……彼时唯南海佛山耆民梁广等二十二人首倡大义，率领当地八图人民出财力、立木栅、利器械以为防备，……盖彼处旧有神祠(指北帝庙)，乡人事之甚谨，贼起，环境多被焚劫，乡人计无所出，乃斋戒沐浴共谒于祠下，祝以敌贼之故，神遂许之。凡与贼对敌之时，有海鸟结群飞噪贼船之上，又有聚蚊为旗建立于榕树之杪，人马仿佛驰于木栅之外，由是群贼数败，前后杀贼五千余级，斯皆神灵所助。

这里把打败农民起义的主要原因说为"神灵所助"。可见，佛山的统治者们越来越意识到圣化祖庙对巩固其统治的重要作用了。

抗击黄萧养起义军的胜利，使佛山社区的统治者抓住了隆祀祖庙的最好时机。于是在景泰元年（1450），由耆民伦逸安上奏请求封典，经有司复勘属实后，由广东布政使揭稽上奏朝廷。景泰皇帝遂敕赐祖庙为灵应祠，并御赐了四个匾额、二副对联等敕物，这些匾额、对联至今犹存于祖庙内。如由明代宗朱祁钰敕赐的其中一副对联为"法界大开真武殿正直从人祷，神光普照兆民家奸邪不尔私。"以皇帝的名义肯定佛山北帝正直无私，并警告兆民不要密藏奸邪。同时，礼部"即发四百二十四号勘合答付，行广东道御史欧阳，承宣布政司参议，合行州县掌印官，每岁供祭品物，春秋离职，亲致祭祀，用酬神贶，毋致堕缺，以负朝廷褒崇之典。如有堕缺，许乡民具呈上司，坐以不恭之罪。及庙宇朽坏，务要本县措置修葺，毋致倒塌。如有不悛事体，仍许乡老申呈有司转行奏，治究不恕。此议合通行，责令府、县立案，以凭查理。庶祀典无穷，须至帖者。"[11]可见祖庙已正式列入官祀。祖庙从一般的社区香火庙上升为官祀之庙，黄萧养起义是主要的促成之因。从此之后，佛山祖庙在佛山人的心目中赢得了"灵验"和保民安乡、救民于危难的声誉。其地位也超出了一般社区香火庙所能达到的高度，逐渐向佛山人的"大父母"发展。

清代初期，由于统治广东的平南王尚可喜崇尚佛教，祖庙曾一度

[11] 礼部四二四号勘合，民国《佛山忠义乡志》卷八《祠祀一》。

受到官方的冷落。康熙二十五年（1686）庞之兑所写的《杂记》记载了当时灵应祠庙地被侵占的情况：

闻者佥曰："清则有祸，而不问祸由所成。以庙地为畏途，任其侵占，结舌者又数十年。春秋谕祭，绅士罔闻，即有遣官，而上慢下暴，亵神不堪，其违神明，蔑典制者甚矣。"[12]

此时祖庙受到了官方的冷落，但其在民间的影响仍在继续发展。

康熙二十三年（1684），乡绅士庞子兑、李锡简等联合耆老发愿重修祖庙，"设簿广募，祠前民舍，高值贾置，牌坊、廊宇、株植、台、池——森布，望者肃然，而几筵楦桷，丹雘一新，盖庙貌于是成大观。"[13]这次大修，也同时预示着新一轮的北帝崇拜热开始。此后在康熙二十九年（1690）、乾隆二十四年（1759）、嘉庆元年（1796）、咸丰四年（1854）、光绪己亥（1899）等均作过较大规模的扩建和维修。如乾隆二十四年的那次维修，在陈炎宗《重修南海佛山灵应祠碑记》中就有较详细的记载：

驻防司马赵公，睹斯祠之将颓，慨然兴修举之志，爰谋诸乡人士，佥曰愿如公旨，各输其力，合资一万二千有奇，经始于己卯之秋，迄辛巳之腊月告成，懂趋乐事，殆神之感孚者深欤？其规度高广无增减，从青乌家言也。材则易其新，良工必期于坚致，门庭堂寝，巍然焕然，非复问之朴略矣。门外有绰楔，则藻泽之。绰楔前为歌舞台，则恢拓之。左右垣旧连矮屋则尽毁而撤之，但筑浅廊以贮碑扁，由是截然方正，豁然舒广，与祠之壮丽相配[14]。

这一次大修与清代以来历次重修不同的是修庙之事是由佛山同知赵廷宾倡导。从康熙年间的遭官府冷落，到乾隆年间官府倡修，表明了清政府又重新认识到了祖庙在佛山不可替代的地位，同时也认识到了象明代那样以隆祀祖庙来加强统治的优越性。这种情况在嘉庆年间也有体现。嘉庆元年（1796）佛山同知杨楷捐资倡修灵应祠并鼎建灵宫。"佥捐工费银两共九千七百有奇"，同时因"狃于故习"，在祖庙后鼎建灵宫，"崇祀帝亲，各自为尊，以正伦理。"[15]给北帝神的父母也建了灵宫，可见官府对祖庙的进一步重视。在这次重修中清政府官员也仿照明代的做法，制造一些北帝显灵的传说，为鼎建灵宫制造理由，以加强人民对祖庙的敬畏之感。在嘉庆二年（1797）陈其焜撰的《重修灵应祠鼎建灵宫碑记》中对此事有较详细的记载：

（嘉庆元年）二月十四夜，天大雨以风，庙后树株大如合抱忽折，其右偏折处如刀切状，中一株枯而复萌，大已盈拱，俱被压倒，数十工人睡廊下者，一无所伤，一无瓦片堕地，众共异之。众于是愈惕然

[12] 民国《佛山忠义乡志》卷八《祠祀一》。

[13] 郎廷枢：《修灵应祠记》，《明清佛山碑刻文献经济资料》（以下简称《佛山碑刻》），第22页。

[14] 乾隆《佛山忠义乡志》卷三《乡事志》。

[15] 道光《佛山忠义乡志》卷十二《金石下》。

于神之灵而倍加踊跃金捐。

通过官府的这样张扬宣传，众人"靡不响应"也在情理之中。

嘉庆元年（1796）冬，两广总督觉罗吉庆到佛山谒灵应祠，并题联祝贺。联为"默祷岁时常裕顺，愿登黎庶尽纯良"。此联至今挂于祖庙前殿木柱上。吉庆以两广总督的身份亲谒灵应祠，表明祖庙的影响已超出了佛山的范围，引起广东最高行政长官的注意。此时的灵应祠建筑已基本定型，规模宏大，制作精美。北帝也随着清朝官府的重视而备受隆祀。

光绪己亥年（1899），祖庙也做了较大规模的维修，现在的许多陶塑瓦脊和灰塑作品都是这次维修的产物。从祖庙的历史中我们发现，凡是祖庙大维修的年代，都是北帝崇拜趋热的时期，光绪年间的大修也是祖庙地位尊崇的显示。据梁世徵《佛镇灵应祠尝业图形》记载：光绪年间（1875～1908）"粤之佛山为寰中一巨镇，有灵应祠。阖镇以祀真武帝，年久而分尊，屡著灵异。共称之曰祖庙，尊亲之至如天子。"可见当时祖庙的地位显赫竟"如天子"。

清代佛山的北帝崇拜由衰而盛，到乾嘉年间由于官府的介入，达到了全盛时期，以至两广总督吉庆都亲谒祖庙并题联。北帝的地位也盖过了佛教诸神，逐步突显出来。现在挂于祖庙三门外的一副木对联恰当地概括了北帝在清代的地位："廿七铺奉此为祖，亿万年惟我独尊"。

中华人民共和国成立后，佛山祖庙被政府视为一个文物旅游景点。1958年祖庙由新成立的佛山市博物馆管理，并在 1962年被公布为"广东省重点文物保护单位"。1972 年佛山祖庙经全面维修后，重新对外开放。改革开放以来，祖庙作为佛山最著名的文物旅游景点，每年都吸引了百万以上本乡及各地游客，祖庙"端肃门"的一副对联说得好："天下名城春不老，古今祖庙客如云"。1996年12月，祖庙又被公布为"全国重点文物保护单位"。

佛山的北帝崇拜作为一种民间信仰，因其不属于"五教"之列，在制度化的"宗教志"中找不到其位置。但其在佛山民间的影响是极其深远并至今犹存的。"拜北帝公"是佛山人特别是年纪稍长者日常生活中的重要内容之一。每月初一、十五和北帝诞，祖庙"崇敬门"外都围满了拜北帝的香客。"拜北帝、行祖庙"更是每年春节期间大多数佛山人必不可少的内容之一。他们相信拜过北帝公之后，一年中都会得到北帝的庇佑，使他们生意兴隆，丁财两旺。重功利是中国民间信仰的普遍特点之一，佛山的北帝崇拜也不例外。但象佛山人这样合镇共奉一神，从古一直延续至今的，确实较为少见。

通过对佛山祖庙历史的考察，不难理解，祖庙在佛山"惟我独尊"的地位决不是偶然的，是多种原因长期作用的结果。其中明成祖的崇祀玄武和黄萧养起义应该是最直接的原因了，当然历代官府对祖庙社会作用的重视，以及佛山为岭南一大都会，工商业发达，徒手求食者众，祖庙能够满足商人心理需要，故而得到商人的大力支持等等，都是促使祖庙地位上升的重要因素。

二 佛山北帝（玄武）崇拜的仪式及其功能

宗教礼仪是构成宗教的基本要素之一，是宗教意识的行为表现，是信教者用来沟通人与神之间关系的一种规范化的行为表达方式[16]。宗教礼仪在其所依存的社会中发挥着多种功能。首先，因为宗教仪式可以使宗教信仰的神圣对象在举行仪式的过程中取得可感的象征性形式，这无疑强化了对宗教的信仰。再者，当宗教仪式作用于社会时，就会具有社会控制、社会整合、规范行为、娱乐等多种功能。

宗教仪式的研究在宗教研究中占有重要的地位。法国著名社会学家杜尔干认为，全部宗教现象可以归结为两个基本范畴，即信念和礼仪。信念是意识的状态，由表象构成；礼仪则是一定的行为方式[17]。台湾著名人类学家李亦园也认为，人类的宗教领域中，经常包括两个重要的范畴，一方面是对超自然存在以至于宇宙存在的信念假设部分，那就是信仰；另一方面则是表达甚而实践这些信念的行动，那就是仪式，信仰和仪式是宗教的一事两面表现[18]。由上可见，宗教研究，最根本的就是对信仰和仪式的研究。但对于像佛山北帝崇拜这样的民间信仰而言，正如陈忠烈先生所言，岭南民间信仰"并没有发展起信仰系统，完全没有一般宗教所应具备的哲学基础和最基本的理论架构，同流行在岭南的几个规范宗教相比，它其实最不符合'宗教'的范型。它在轻理论的另一极是务实作，操作系统尤其发达。"[19]针对岭南民间信仰这种理论薄弱、操作系统（即宗教仪式等）发达的特点，我们以宗教仪式的研究为突破口，效果当然会更好。本文把佛山北帝崇拜的仪式及其功能作为一个部分来讨论，也正是基于此。

佛山北帝崇拜的仪式主要有北帝坐祠堂、北帝出游、行祖庙、烧大爆、乡饮酒礼、春秋谕祭、北帝诞等。这些仪式不仅强化了佛山人对北帝的信仰，而且发挥着社会控制、社会整合、规范行为、娱乐等多种功能。同时，透过这些仪式，也可以了解到佛山社区的各种关系。

[16] 陈麟书、袁亚愚：《宗教社会学通论》，四川大学出版社，1992年版，第131页。

[17] 吕大吉：《宗教学通论》，中国社会科学出版社，1989年版，第299页。

[18] 李亦园：《人类的视野》，上海文艺出版社，1996年版，第305页。

[19] 广东炎黄文化研究会：《岭峤春秋——岭南文化论集》，广东人民出版社，1996年版，第722页。

（一） 北帝坐祠堂

佛山最早的居民据说是鸡、田、布、老四姓，俗称土著四大姓，但土著四大姓一直没有多大的发展。佛山真正的居民大多是唐宋以来从中原等地经广东南雄珠玑巷或从广东高凉地区迁徙而来[20]，他们聚族而居，各有自己的领地、祠堂和职业，如石湾的霍氏、鹤园的冼氏、金鱼堂陈氏等。明洪武三年（1370），明政府开始排里甲、编黄册，佛山被称为"南海县五斗口司西琳都佛山堡"[21]。并在堡内开八图，编八十甲，当时已迁至佛山的外来氏族也一起被立户注籍，成为合法居民。因为他们是佛山最早的合法居民，以土著自居，以别于以后迁入的氏族。北帝坐祠堂就是为了强化其土著地位而设立的仪式。

北帝坐祠堂就是把北帝神像（俗称行宫）逐日安放在八图土著各宗族的祠堂内，供该宗族的人拜祭的仪式。每年正月初六，是北帝神出祠之日，乾隆《佛山忠义乡志》卷六记载："初六日，灵应祠北帝出祠巡游，备仪仗，盛鼓吹，导乘舆以出游。人簇观，愚者谓以手引舆杠则获吉利，竞挤而前，至填塞不得行。此极可笑。"又据《八图现年事务日期》记载："正月初六日帝尊出，每甲两人，早晚福叙有饼。"正月初六，北帝由灵应祠出游时，八图八十甲每甲派两人，随行一天。晚上北帝行宫停在八图祖祠。第二天由出巡仪仗队送回祖庙，由另一宗族的人来祖庙迎神回自己的祠堂拜祭，以显示本族也是北帝的佑护之民。这样八图八十甲的祠堂每个都要迎送一次，每次交接都在祖庙进行，从初六日直到三月三十日才轮祭完毕，共达八十三天。八十甲每甲一天，剩下的三天就是出游的第一天到八图祖祠，二月十五日是官祀之日，三月三日是北帝诞，北帝要回祖庙出席醮会。上述北帝遍巡八图八十甲祠堂的仪式就是北帝坐祠堂。在传统社会中，祠堂是宗族祭祀和行使权力的中心场所，是宗族权力象征性建筑物。北帝不厌其烦地耗时近三个月往返八十多次巡视他所辖的宗族，当然是有其特殊的意义的。

北帝坐祠堂的仪式具有多种功能。首先，使八图各宗族之间的关系通过祖庙来平衡这一事实达到进一步确认。北帝遍巡各祠堂的同时也昭示了自己是调节八图宗族关系的一个更大的"祠堂"。其次，北帝坐祠堂只有八图八十甲的祠堂参加，强化土著居民的"八图"认同意识，体现了土著与侨寓的区别，同时也体现了不同血缘集团之间存在着享有社区权利的差别[22]。最后，就各宗族内部而言，通过坐祠堂仪式，再一次确认了宗族内部的关系，加强了宗族的凝聚力。

[20] 罗一星：《明清佛山经济发展与社会变迁》，广东人民出版社，1994年版，第31页。

[21] 《南海鹤园陈氏族谱》卷四《杂录》。

[22] 罗一星：《明清佛山经济发展与社会变迁》，广东人民出版社，1994年版，第445页。

（二） 北帝巡游

神的巡游在广东传统的民间信仰活动中是一个非常普遍的现象。如观音的出巡、北帝的出巡、三山国王的出巡等等。出巡的主要目的就是进一步明确神明对其所辖领域的控制，这反映到社会关系中，就是统治阶级以此仪式来加强对社区的控制和整合。佛山的北帝出巡也不例外。佛山的北帝出巡起自何时已不可考，一般来说神的出巡不是看神的大小，而是取决于出巡之神与所在社区的关系。因此，佛山北帝出巡在宋元出现也并非不可能。但据现有文献记载，明初才出现[23]。"每岁灵应祠神巡游各社"[24]。佛山最早的社共有九个，称为"古九社"。"乡之旧社凡九处，称古九社。"即："古洛社、宝山社、富里社、弼头社、六村社、细巷社、东头社、万寿社、报恩社。"[25]九社分布在祖庙的东南一带，约占清代佛山镇的三分之一左右。每年北帝神按上述九社的顺序巡游一次。随着佛山后来社区范围的不断扩大，北帝巡游的范围也随之扩大。据乾隆《佛山忠义乡志》卷六记载：

> 三月三日，北帝神诞，乡人赴灵应祠肃拜。各坊结彩演剧，日重三会。鼓吹数十部，喧腾十余里。神昼夜游历，无暑刻宁，虽陋巷卑室亦攀銮以入……四日在村尾会真堂更衣，仍列仪仗迎接回銮。

可见当时的巡游已经"喧腾十余里"了，游历的时间是一昼夜。据故老传闻，北帝出游历代都规定由牛路村人专门负责抬神像[26]。关于北帝巡游的具体情况及路途，佛山市博物馆保存着一张北帝崇升（飞升金阙）巡游路线的刻印公告《佛镇祖庙玄天上帝巡游路径》（下文简称《路径》），该公告对我们了解佛山的北帝巡游仪式有重要价值。罗一星先生对此作过详细的考证和研究[27]。这里就不罗列了。

北帝巡游和华南地区广泛流行的诸神巡游一样，在社区中具有重要的功能。有学者指出，在南中国，乡村庙宇往往是社区地缘关系的最重要的标志和象征[28]。乡村的主神巡游就是明确这种地缘关系的最重要的仪式之一。前文已提及明初北帝巡游仅在古九社进行，与当时的社区范围相适应。以后随着佛山社区范围的扩大，其巡游范围也随之扩大。因此，只要看过北帝巡游的路径，就可大致判断出北帝社会整合的范围。北帝巡游的路径还显示着社区内部各神庙、里社和宗族的关系。在巡游路径中所列出的庙宇有六十二个，其中十九个是各铺主庙，当时二十二铺和文、鹰二沙的主庙都是北帝巡游之处[29]。而主庙之下的公庙和街庙就不在必游之列。这反映出各层祭祀圈之间是有差别的，统属者是祖庙。就里社而言，明初北帝在巡游古九社时，也是按照一定的序次固定进行的。在九社中，排列第一的是古洛社，"每

[23] 罗一星：《明清佛山经济发展与社会变迁》，广东人民出版社，1994年版，第41页。

[24]《南海佛山霍氏族谱》卷十一《重修忠义第一社记》。

[25] 乾隆《佛山忠义乡志》卷一《乡域志》。

[26] 区瑞芝：《佛山新语》，赠阅交流本，第281页。

[27] 罗一星：《明清佛山经济发展与社会变迁》，广东人民出版社，1994年版，第447页。

[28] 王斯福：《帝国的隐喻：中国的民间宗教》，转引自《中山大学史学集刊》第二辑，第90页。

[29] 罗一星：《明清佛山经济发展与社会变迁》，广东人民出版社，1994年版，第451页。

[30] 《南海佛山霍氏族谱》卷十一《重修忠义第一社记》。

[31] 罗一星:《明清佛山经济发展与社会变迁》,广东人民出版社,1994年版,第451页。

[32] 区瑞芝:《佛山新语》,赠阅交流本,第276页。

岁灵应祠神巡游各社,此伊始也。"[30]然后是宝山、富里、六村、细巷、东头、万寿,最后是报恩社。这种顺序的排列也反映出了各里社与祖庙的亲疏关系以及各里社在社区中的地位差别。从宗族来说也是这样,据《路径》记载,北帝在外巡游的七夜中,曾在五个土著大宗祠中驻跸,而且巡游中上述五大宗祠都重复巡游了一次以上,其中陈大宗祠五次,郡马梁祠四次,澳口梁大宗祠三次,李大宗祠二次,黄大宗祠二次[31]。这种巡游次数的差别也是宗族在社区中地位的反映。前文提及的北帝巡游时固定由牛路村人(主要是霍氏宗族)来扛神像,这也反映了各宗族在社区中的地位差别。

据《路径》记载:"……谨将路径胪列于左。祈俟随神各绅耆衣冠者行后可放炮。"绅耆衣冠者行神后一起巡游,他们借北帝的神威来表现他们在社区中的特殊地位和对佛山社会的控制。这典型地表明了宗教仪式可以反映社区内部的关系。此外,北帝巡游还具有对内增强乡人的认同意识,对外展示佛山社区经济、政治实力等功能。

(三) 行祖庙

"行祖庙,拜北帝"是佛山延续至今的最隆重的节日祭仪。时间是每年的正月初一至正月十五。佛山居民在此期间陆续来祖庙进香参拜北帝神像,"佛山的工商大行业,先后集体举行进香参神,建醮或演戏祝贺,情况非常热闹。"[32]上述区瑞芝先生的这段话大概反映了清末民国时期的行祖庙情况。至于行祖庙起于何时,佛山的几个《忠义乡志》都没有记载,甚而都没有提到,这或许是因为行祖庙在当时的北帝仪式中并不重要,或许是因为行祖庙是民间自发的,不为修志的士绅们所重视。但这一仪式因有深厚的群众基础,适应社会的巨大变迁而生存下来。1972年佛山祖庙重新开放后,行祖庙又得到了迅速的恢复和发展,成为佛山人过春节的重要标志之一。现在的行祖庙已没有建醮、燃炮等内容,参拜仪式也非常简化,只是在北帝大小神像和观音像前双手合十低头默祷,然后投一些硬币在香炉里以求好运。每年除夕之夜,逛花市的人们在走完花市之后就陆续来庙拜北帝,春节期间常有数十万人前来参拜,届时人头簇拥,五颜六色的转运风车和汽球飘浮其间,一派祥和欢乐的景象。

佛山人"行祖庙,拜北帝"的主要理由是拜过北帝后在新的一年中好运吉祥。在传统社会中,北帝是社区的主神,发挥着社会整合、社会控制等多种功能,人们拜北帝的主要目的就是求神祈福,而娱乐等功能是较次要的。现代的佛山社区中,祖庙虽以主神庙的身份存在,在人们的心中有一定的地位。但更多的是被视作旅游庙宇，其过去所具有的社会控制等功能几乎消失，人们也没有什么敬畏感了。因此，现在的行祖庙，求神保佑虽还是其前来的主要理由，但旅游娱乐的功能已越来越重要。劳累了一年的人们，轻轻松松地合家一起融会在愉快祥和的人群中，分享新春的喜悦，这种浓烈的喜庆气氛自然有其吸引人之处。

　　行祖庙的另一社会功能就是增强了佛山人的群体认同感，这无论古今都无差别。一般认为行祖庙是佛山本地人的仪式，侨寓人士较少参加。在本地人中行庙日期也有差别，大致来说，初一至初三以市区人为主，而初四以后则四乡周围之人多了起来。这些土著与侨寓的差别，通过行祖庙显示了出来，无疑增强了本地佛山人的群体认同感。此外，行祖庙时祥和有序的游行队列，广泛的捐款活动等都对社区风气的改善发挥了一定的示范作用。

（四）　佛山烧大爆

　　乾隆《佛山忠义乡志》卷六载："元旦拜年，烧爆竹，爆竹比他处为盛。自除夕黄昏，轰阗达旦。其声远近大小参差起伏，静听之历历快意。"明清以来，佛山是南粤著名的祀神物品和爆竹生产基地，近水楼台先得月，爆竹比他处为盛也是理所当然。这也是佛山烧大爆仪式能够举行的物质基础。佛山的烧大爆在每年的北帝诞次日举行，就是在祖庙门前燃放巨大的爆竹以享神。文献中对此仪式记述最详的就是屈大均的《广东新语》了。《广东新语》卷十六载：

　　佛山有真武庙，岁三月上巳，举镇数十万人竟为醮会，又多为大爆以享神，其纸爆大者径三、四尺，高八尺，以锦绮多罗洋绒为饰，又以金缕珠珀堆花叠子及人物，使童子年八、九岁者百人，倭衣倭帽牵之，药引长二丈余，人立高架上遥以庙中神火掷之，声如丛雷，震惊远迩。其椰爆大者径二尺，内以磁罂，外以篾，以松脂沥青，又以金银作人物龙鸾饰之，载以香车，亦使彩童推挽，药引长六、七丈，人在三百步外放之，拾得爆首则其人生理饶裕。明岁复以一大爆酬神。计一大爆纸者费百金，椰者半之，大纸爆多至数十枚，椰爆数百，其真武行殿则以小爆构结龙楼凤阁，一户一窗皆有宝灯一具，又以小爆层累为武当山及紫霄金阙，四周悉点百子灯，其大小灯灯裙、灯带、华盖、璎珞、宫扇、御炉诸物亦皆以小爆贯串而成。又以锦绣为飞桥复道，两旁栏楯排列，珍异花卉莫可算，观者骈阗塞路，或行或坐，目乱烟花，鼻厌沉水，簪珥碍足，箫鼓喧耳，为淫荡心志之娱，凡三、四昼夜而后已。

　　佛山烧大爆还有抢爆首的习俗，爆首其实是藏在爆里的一个小铁圈，上面写有该炮的名称。大爆燃放后铁圈飞出，人们于是争相抢之，人们认为拾得爆首者，其人一年"生理饶裕"。抢爆首单凭个人的力量是很难完成的，即使抢到了，也很易被人又抢走，因而一般都组织抢炮队一起行动，甚至很多武馆都参加进来，很易引发各组织之间的矛盾；另外，拾到爆首者明年须还爆，相传一些人为了还爆，倾家荡产，甚至卖儿卖女，故有"佛山烧大爆，弹子过蠕岗"之说。

　　清初著名学者屈大均对烧大爆仪式的评论是：

　　此诚南蛮之陋俗，为有识之士所笑者也。丧乱之余，痍伤未复，小民蠢蠢无知，动破中人之产，其技淫巧，自致其戎，良有司者苟能出令禁止，教以节俭，率以朴纯，使皆省无益之费以为有用之资，不惟加惠斯民，亦所以善事鬼神焉耳[33]。

这种观点遭到了乾隆《佛山忠义乡志》作者陈炎宗的反驳，他说："此拘迂之见，未达乡之事情者也。"[34]接着他从促进经济发展、防止人民造反两个方面进行驳斥，这从统治阶级的立场来考虑，确实有其道理。笔者认为北帝诞烧大爆之所以搞得如此隆重热闹，"动破中人之产"，主要的目的是为了突显北帝在佛山社区的影响，以达到社会控制的目的。因此烧大爆仪式虽然表面上看似乎是太浪费，但与其发挥的社会功能相比，就不应视为浪费了。如果烧大爆不能达到使人"目乱烟花，鼻厌沉水"的程度，也就不足以使"凡其地居民童叟、四方往来羁人估客、上逮绅宦，靡不森森凛凛，洗心虔事"了[35]。当地流传的苏道士（祖庙的住持，现庙内有其塑像）为了表明自己没有私吞缺失的修庙银两，北帝回銮时揽住已引燃的大沙爆，而沙爆却不爆炸的故事也是为了进一步突显北帝，使人们相信北帝的灵验才编造出来的。

　　此外，每次烧大爆时，"合镇几十万男女，竞相观睹"，他们在参与这一仪式的过程中，自然地增强了群体的认同感。抢爆之俗虽然有易引起争执的弊端，但其主流还是欢乐祥和的，人们在大爆声和抢爆喝彩声中，得到快乐，群体的整合程度也得到了提高。

（五）　乡饮酒礼和颁胙

　　在传统社会中，乡饮酒礼是一种非常普及的社区礼仪，它是耆老受到社会尊重，并享有较高社会地位的反映。在佛山，每逢春秋二祭，土著七十岁以上的老人可以到祖庙祭祀后参加宴饮，还可以领到北帝所颁的胙福。清乾隆以前，乡饮和颁胙，都是八图土著才有资格参加。

[33] 屈大均：《广东新语》卷十六。

[34] 区瑞芝：《佛山祖庙灵应祠专辑》，1992年交流赠阅本。

[35] 道光《广宁县志》卷十五《北帝庙记》。

乾隆年间，随着佛山成为"岭南一大都会"[36]，外来商贾越来越多，他们以经济实力为后盾，对八图土著垄断社区主神和乡饮、颁胙十分不满，使土著与侨寓的矛盾不断激化。为了平息矛盾，乾隆四年（1739）乡饮酒礼被南海县官府禁止，随着颁胙制度也被禁。一禁六十年，其间土著与侨寓的矛盾逐步达到了调和，为重新开禁创造了条件。嘉庆四年（1799），两广总督觉罗吉庆批准了佛山耆民陈启贤恢复乡饮的要求。在《准复乡饮碑示》中称："乡饮一项，礼教收关，务须及早举行。毋论侨居、土著，如系身家清白，持躬端谨之人，年登耄耋，皆得报名赴庙拈香就席，以为闾里矜式。"[37]这时已乡饮不分侨土了。乡饮在其后的道光和民国《佛山忠义乡志》里都有记载，而且越来越详。如道光《佛山忠义乡志》卷六记载：

> 每岁十一月二十四，崇正社学举行乡饮礼，以乡中年高有德行者充正宾，其次为介宾，年登七十者是日咸与焉。

民国《佛山忠义乡志》卷十记载：

> 乡饮酒礼，岁以十一月良日举行。年在七十以上皆得与席。先期赴大魁堂报名，绅士为之介绍。是日设馔于灵应祠之后楼及崇正社学，以年最者位专席。地方官授爵，余以齿序，乐奏堂下，酬酢如仪。宴毕颁胙，礼成而退。其款由大魁堂支给，复序其爵里榜之两庑，士大夫亦以得与斯宴为荣。

这种越记越详的趋向，一定程度上也反映了土著与侨寓耆老共享乡饮、颁胙之后，乡饮仪式之影响不断扩大的趋势。

回顾佛山乡饮礼行而被禁、禁而复行的发展史，一个最明显的特点就是：随着佛山社会经济的不断发展，土著独自垄断社区祭祀的权利开始为侨、土共享所取代。这也反映了一个社区的经济迅速发展后，社区的开放性和兼容性也会相应地提高，社会整合程度也会增强。乡饮酒礼的实行使社区敬老之风进一步得到确认。据《历代社会风俗事物考》《社会杂事》载：

> 古最重老，故国家有养老之礼。见于《礼经》者甚详。因之，社会亦敬老。《孟子》斑白者不负戴于道路矣，言民知礼让，行路时遇老人，无论识与不识，即代为负戴也。

由上可知，在传统中国社会中，乡饮确是"礼教收关"。乡饮不仅可以推动尊敬老人的社会风气，还在客观上促进了社会的稳定。

（六）　春秋谕祭

在明清时期珠江三角洲众多的北帝庙中，只有佛山的北帝祭祀被

[36] 乾隆《佛山忠义乡志》卷一。

[37] 《准复乡饮碑示》，道光《佛山忠义乡志》卷十三。

列人官方祀典。而列入官祀的直接体现主要就是春秋谕祭。据乾隆《佛山忠义乡志》卷六载：

> （二月）十五日谕祭灵应祠北帝。先一日，绅耆列仪仗，饰彩童，迎神于金鱼塘陈祠。二鼓还灵应祠，至子刻驻防郡二侯诣祠行礼，绅耆咸集。祭毕，神复出祠。

这是春祭。二月期间，正是北帝坐祠堂的日子，因而北帝行宫从陈祠回来接受官祀后马上就出祠了，可见北帝的工作也并不轻松。官祀所行之礼上文中没有展开，应该是清朝的官祀礼仪。从上面引文中还可知官祀之时"绅耆咸集"，是十分隆重的。秋祭之日是八月十五，秋祭"谕祭灵应祠北帝仪同春仲。"[38]春秋谕祭的仪式是相同的，所不同的是春祭时北帝忙得不可开交，而秋祭之日，却可轻松地欣赏祀神的出秋色活动。八月十五的出秋色(后来的出秋色日期常有变动)是一直延续至今的对佛山影响深远的一种民间文化活动。关于出秋色，第三部分有详论，这里暂不展开。

春秋谕祭祖庙始于明景泰初黄萧养起义被镇压之后，在明景泰四年（1453）礼部的四二四号《勘合》中记述颇详，大致内容是南海佛山堡耆民伦逸安上奏说，佛山北帝在抵抗黄萧养起义的过程中，具有"神明保障之功，赫赫威灵之助，神灵显应，恩同再造者也。"并"伏乞圣恩褒嘉祀典"，经仔细复勘后，明礼部终于"记曰：法施于民则祀之，御大灾大患则祀之，理合嘉崇，隆以常祀，申蒙允奏。"可见祖庙被列人祀典，是因其有功于佛山，而且这种北帝的功德通过以后的春秋谕祭一直被确认和沿袭下来。也正因为春秋谕祭的举行，使北帝崇拜不断得到官方的确认，并逐步把北帝推到了佛山社区至尊主神的地位。另外，在春秋谕祭时，举行出秋色等活动，不仅得到了统治者"况愚夫愚妇日从事于神，安不知有动于中而遏其不肖之念，是又圣人神道设教之妙用欤"[39]的目的，客观上也发挥了这些祀神仪式的娱乐功能，造成了"行者如海，立者如山"[40]的壮观场面，合镇人在参与这些仪式的过程中，自然地调和了社区关系。

（七） 北帝诞

三月初三的北帝诞，是一年中北帝崇拜仪式中最隆重的一日。乾隆《佛山忠义乡志》卷一《佛山赋》中说：

> 历朝谕祭，圣代尤崇，春秋肃祀，百尔虔恭。时维三月上巳佳辰，是真君降祥之日也，香闻满室，花散诸天，母夫人剖左胁而生焉。故乡人于是日也，香亭所过，士女拜瞻，庭燎彻晓，祝寿开筵，锦衣倭

[38] 乾隆《佛山忠义乡志》卷六。

[39] 乾隆《佛山忠义乡志》卷六《乡俗志》。

[40] 乾隆《佛山忠义乡志》卷六。

帽，争牵百子之爆车，灯厂歌棚，共演鱼龙之曼戏，莫不仰神威之显赫而报太平之乐事者也。逮所游既遍，而真君亦返辕登座，代造物以成岁功矣。

从上文记载可知，北帝诞的仪式包括乡人赴庙拜祭、祝寿开筵、烧大爆、演戏、北帝巡游等。因为这些仪式在前文中多作了详细的介绍，这里不再赘述。

北帝诞在宗教礼仪中属于节庆礼仪的范畴，是融宗教性、世俗性、娱乐性、群众性于一体的宗教礼仪活动。其内容包罗宏富，因而其所具有的功能也是综合性的，几乎包括了宗教社会学中所提到的宗教仪式具有的所有主要社会功能。如社会控制、社会整合、规范行为、心理调节、娱乐等等。

通过上述对北帝崇拜仪式及其功能的分析，至少可以得到以下两点启发：第一，在民间信仰的研究中，仪式的研究非常重要。这正如王铭铭先生所言：

人类学者常把乡土社会的仪式看成是"隐秘的文本"，这个观点看来不无道理(James Scott, Domination and the Arts of Resistance, Yale, 1990)。文本固然值得"解读"，而仪式同样也值得我们去分析。而且，我想在这里指出，文本只能给予我们了解思想史的素材，而作为"隐秘的文本"的仪式却是活着的"社会文本"，它是提供我们了解、参与社会实践的"引论"[41]。

民间信仰是普化的宗教，其教义与日常生活密切结合，缺少系统化的经典。仪式的研究就更显得重要。第二，北帝崇拜仪式的研究也可得知，这些仪式不仅起到了巩固北帝信仰、扩大祖庙影响的作用，而且可以反映出社区内部的多种关系，如土著与侨寓、豪右与小民等等。

三　佛山的北帝（玄武）崇拜与社区文化关系

我国著名社会人类学家吴文藻先生说："社区是直接观察的单位，是实地研究的领域。构成社区的条件有三：1.人口，2.环境，3.文化。人口是社区的生活基础，而三者中，自然以文化为最重要，因为文化乃是社区的中心涵义。"[42]那么什么是社区的文化呢？一般认为社区的文化是社区中的人在其社会生活中所创造、所使用或表现的一切事物的总称，是具有社区特征的文化风貌，包括了有形的器物，如建筑、装饰等其他用具和技术发明，还包括了无形的知识、信仰、价值、艺术、道德、习惯、法规、制度[43]。可见，这种社区文化定义是较宽泛的，它包括了文化的物质、制度和精神三个层面。英国著名人类学家马林诺

[41] 王铭铭：《象征的秩序》，《读书》1998年第2期，第62～63页。

[42] 何肇发：《社区概论》，中山大学出版社，1991年版，第74页。

[43] 何肇发：《社区概论》，中山大学出版社，1991年版，第75页。

[44] 何肇发：《社区概论》，中山大学出版社，1991年版，第75页。

夫斯基将社区文化从功能角度分为经济、教育、政治、法律与秩序、知识、巫术宗教和艺术及娱乐八个方面[44]，这种文化的功能分类对研究佛山北帝崇拜与社区文化的关系很有帮助，故下文将参照马氏的分类对此问题作具体探讨。

（一） 北帝崇拜与佛山经济

佛山祖庙作为社区至尊的主神庙，与佛山的经济有着密切的联系。这种联系可以概括为：一方面，经济的繁荣和发展促进了祖庙地位的提高。另一方面，祖庙的发展也带动了佛山经济的发展，但同时对经济发展也有一定的阻碍作用。

首先来看佛山经济的发展对提高祖庙地位的作用。在珠江三角洲的传统社会中，民间信仰的发展通常与经济的发展是正相关的。如，佛山明清时期经济发展迅速，成为"天下四大聚"和四大名镇之一，她的神庙之多亦甲于他乡，具体神庙的情况后面还将涉及。再如，顺德在明中叶以后经济发展很快，但同时"淫昏之鬼充斥闾巷，家为巫史，四十堡大抵尽从祀矣。"[45]这种遗风在现在的粤港澳地区仍存在着。明清时期佛山经济的迅速发展，也使佛山祖庙从宋代时"不过数楹"的小庙，发展到清末时包括正殿、前殿、庆真楼、三门、钟鼓楼、锦香池、灵应牌坊、万福台等，共达3600平方米的宏伟建筑群。

[45] 罗天尺：《五山志林》卷一《禁淫祀》，1986年顺德县志办公室印。

祖庙在佛山地位的抬升，除了前文述及的官方重视以外，商人的支持也是重要原因之一。前文所引陈炎宗的论述中就有"凡迎神赛祷，类皆商贾之为，或市里之饶者耳"的记载。在乾隆《佛山忠义乡志》卷三中也有："吾乡谬以饶富闻而无蓄积之实。鳞次而居者三万余家。其商贾媚神以希利，迎赛无虚日。"商人不仅组织迎赛神活动，而且在灵应祠的历次大修中都扮演着重要角色。例如乾隆二十四年（1759）佛山同知赵廷宾倡修祖庙时，镇民雀跃响应，"合赀一万二千有奇"。这次重修中盐总商吴恒孚率领鸿运、升运等七子同立了灵应祠正殿中间的石柱，至今犹存。在祖庙现存的文物中，刻有商人、手工业者敬奉的文字最多，这也说明了商人在祖庙建设中的重要作用。商人从事的职业风险性较大，他们面临的压力也相应较大，通过祀神，可以使他们心理压力得到缓解，这应该是商人祀神的重要原因。在现在的祖庙募捐款中，商人出资仍占很大比例，即为明证。

前文已提及，乾隆《佛山忠义乡志》作者陈炎宗在抨击屈大均等人提出的烧大爆等是"佞神浪费"时，曾说了如下一段话：

越人尚鬼，而佛山为甚，今不示之以节，铺张其事，得无谬于坊民范俗之旨欤！曰：此拘迂之见，未达乡之事情者也。夫固市镇也，四方商贾萃于斯，四方之贫民亦萃于斯，挟资以贾者什一，徒手而求食者什九也，凡迎神赛祷，类皆商贾之为，或市里之饶者耳，纠铢黍以成庆会，未足云损；而肩贩杂肆以此为生计，则食神惠者不知其几矣[46]。

这里清楚地指出了"迎神赛祷"对食神惠者的重要性。佛山北帝和其他诸神信仰的不断发展，祀典仪式的不断丰富，对祀神用品的需求不断扩大，使佛山成为明清以来南粤最大的祀神物品生产基地，据乾隆《佛山忠义乡志》卷六云：

乡多年货，凡门神、门钱、金花、通花、条香、爆竹之类，皆以一岁之力为之。至是乃列贩于市。四方来贾者肩摩踵接，喧闹为广郡最。

其"所制各式香烛、纸钱和爆竹等物品，久已驰名远近。而且工人多，出货快，资本足，可以赊购，这更招徕了远近的顾客。"[47]佛山祀神产品之多，亦实可为他乡之冠，如门神、祭轴、神仪、元宝、爆竹、神像、香炉、塑神、金花醮料等等。同时，因佛山是以冶铁和陶瓷起家的有着较好手工业基础的市镇，对祀神物品的需求，不仅促进了祀神物品的生产，还带动了一系列生产部门。如灯笼生产，"灯笼佛山为多，爆竹神安司为多，每年贸易甚盛。"[48]又如朱砂年红染纸行，"大店数十家，又称染馆者数十，工人数百，东家堂名同志，西家堂名至宝祖社。"再如狮头行，"制品精良。省垣及外洋均来定购。多在石路铺。"等等，真是数不胜数。民国《佛山忠义乡志》卷六记载：

按吴志云：门神、门钱、金花、通花、条香、灯笼、爆竹之属皆终岁仰食于此。则以上各行为我乡重要工业可知。然数者与神道有关，近年各业之不振，自在意中矣。

这说明，祀神物品生产确曾是佛山的重要工业。而且，这类物品的生产原料，如金属、竹木、纸张、白蜡等大多来自粤北、粤西及外省各地，因此，祀神物品的生产不仅带动了佛山经济的发展，而且对促进周围地区经济的发展也有一定的作用。

北帝崇拜促进经济发展的另一种表现就是对其所在时代的经济制度和经济秩序的维护。北帝在其发展过程中，备受社会政治、经济界上层人士的推崇，这也反映了北帝对维护社区经济制度和秩序的功劳。北帝崇拜促进经济发展的第三种情况则是北帝庙本身拥有大量的尝产，在社区尝产中具有举足轻重的地位，其尝产的不断发展自然也是佛山经济发展的重要组成部分。尝产就是专门为庙宇或祠堂筹积活动经费的财产，主要表现为尝田的形式。尝田起自北宋的范仲淹，后经朱熹、

[46] 乾隆《佛山忠义乡志》卷六《乡俗》。

[47] 梁伯超：《悦城龙母庙》，《广东风情录》，广东人民出版社，1987年版。

[48] 《南海乡土志》，光绪抄本，《植物制造》。

[49] 道光《佛山忠义乡志》卷二。

[50] 道光《南海县志》卷八《舆地略四·风俗》。

[51] 《佛镇义仓总录》卷一。

[52] 光绪二十二年大魁堂雕版《灵应祠田铺图形》。

[53] 《朱文公家礼》卷一。

方孝孺等人的推崇，成为"睦族"的一种手段。明代佛山的尝产形式主要以田产为主，入清以后，铺屋为尝产才多了起来。佛山祖庙作为佛山乡族集团的代表，也拥有自己的大量尝产。如明万历年间（1573～1620）祖庙就拥有祭田六十八亩[49]。清以后，由于侨寓商人大量涌入，地价上升，佛山"迩年流寓丛杂，商贾充塞。土著射利，并室而居，以取赁值"[50]，铺屋租价上涨，祖庙的尝产也开始以铺摊、码头等为主了。如清雍正九年（1731），正埠码头从霍氏宗族手中收归祖庙所有，置义艇三艘，摆渡取租。正埠码头周围建置的铺舍，正埠牌场外各地摊，佛山书院外各铺地及地摊，也采用"招标"的办法出租取息。租期三年，期满再一次招标[51]。据《灵应祠田铺图形》记载，到光绪年间（1875～1908），灵应祠拥有四乡田地 105.2 亩，桑基鱼塘74.8亩，铺屋二百三十七间，其中租与商店五十六间，租与人居三十间，只收地租一百五十一间[52]。可见，祖庙控制着相当大的一笔财富。它与佛山各宗族的财产一样，都是佛山经济的重要组成部分。

祖庙的蒸尝产业虽对佛山经济的发展起了一定的积极作用，但它的负面作用也是十分明显的。首先，尝产按宗法制的规定是不能出卖的，在朱熹的《家礼》中，就有祠堂祭田应"皆立约闻官，不得典卖"[53]的记载。佛山石湾《太原霍氏崇本堂族谱》卷中二也有尝田"永为蒸尝，不得议卖"的记载。这就意味着尝田只进不出，这种规定使尝田规模越来越大，较难管好；再则，一旦出现某些蒸尝产业经营不善，也不能出卖，造成了很大的浪费。其次，祖庙尝产的主要目的是给宗教活动提供经费，如修庙宇，举办各种祀神活动等，它不是为了发展经济，因而在经营上就没有普通的经济产业那样有压力，其经营效果当然也不可同日而语。而且赚来的钱多半用于"所费不赀"的祀神活动上，很少进行扩大再生产。正因为上述原因，致使大量的蒸尝产业没有发挥出其应有的效能，对佛山经济的发展当然起到了一定的阻碍作用。

综上所述，佛山的北帝崇拜和佛山经济的关系是相互促进、相辅相成的。经济的发展，商人的支持，再加上官府的重视，使祖庙发展成为"众庙之首"的社区至尊主神庙；祖庙地位的抬升，北帝祭祀仪式的不断繁华和普及，刺激了祀神、娱乐等一大批手工业部门，使佛山成为南粤著名的祀神物品生产中心。此外，祖庙蒸尝产业的不断扩大，一定程度上促进了佛山经济的发展，但同时由于尝产的特殊性，对佛山经济的进一步发展，特别是对资本主义的萌芽产生了很大的抑制作用。

(二) 北帝崇拜与佛山政治

佛山传统社会中的政治是极具特色的,其政治权力长期掌握在地方和官方两个并行的系统手中:地方权力机构以乡判、乡耆、乡长→铺"公会"→嘉会堂→大魁堂为发展线索;官方权力机构则以官祀→通判、同知、经历→文武四衙为线。地方和官方两个系统之间长期处于抗衡与协调并存的状态,使佛山的政治带有很强的"自治"性质。而祖庙在这两个系统中,尤其是地方权力系统中发挥着重要的作用;反之,这两个系统对祖庙取得"至尊"地位也起了很大的推动作用。

据故老传闻,佛山在东晋时称为"季华乡",唐代贞观二年 (628),因在本乡塔坡岗上掘出三尊小铜佛像,故改名"佛山",但乡的建置还保留着。明景泰年间,"季华乡"改名为"忠义乡","忠义乡"之名一直延用到民国,民国《佛山忠义乡志》即为例证。季华乡在明代设有乡判、乡老、乡长等。如民国《佛山忠义乡志》记载,宣德年间,"乡判霍佛儿、乡耆梁文慧,以庙前逼狭,无以壮观……就地凿灌花池。"再如明景泰四年 (1453),当耆民伦逸安请求封典北帝庙后,复勘时"乡判霍佛儿,乡耆冼灏通呈状,果系神功持助,各无异词。"[54] 又据《岭南冼氏宗谱》记载:"正统间,黄萧养作乱……乡人梁广等结团堵御,推冼灏通为乡长。"[55] 关于六世祖冼灏通,在鹤园《冼氏家谱》中记载更详:

> 天性孝友,伟仪望,美髭髯,高行谊,平生未尝言人过,人称宽大长者。是时人罕事诗书,公顾独好文学,敦礼让。四方达人高士闻其风,莫不与之游……(黄萧养起义时)官司访公有异才,以为乡长,捍御听便宜行事[56]。

上述列举的三件事中,第一件是乡判、乡耆等在祖庙前凿灌花池"以壮观"。第二件是乡判、乡耆在答复复勘时,都认为祖庙"果系神功持助"。第三件事则说的是黄萧养起义时梁广等二十二老齐集祖庙,推冼灏通为乡长(一说官司"以为乡长")。这三件事都与祖庙有关,从乡判、乡耆、乡长等的言谈行为中,也不难看出祖庙在他们心目中的地位。

明正统十四年 (1449),黄萧养攻佛山时,为了利于"首尾联络,互相应援"[57],在佛山实行铺区制度,"乡之分为二十四铺,明景泰初御黄贼时所画也。"[58] 战后,铺区制度得以保留,并形成了各铺推举乡绅在祖庙议事的制度,即"凡有公会,咸至止灵应祠,旋聚旋散,率无成规。"[59] 可见,乡绅在灵应祠议事(俗称"庙议"),此时已成习惯。

以上所述的佛山地方权力行使者,或为个人,或是临时性的,而佛山第一个民间自治权力机构则是明天启七年 (1627) 建成的乡仕会

[54] 礼部四二四号勘合,民国《佛山忠义乡志》卷八《祠祀一》。

[55] 《岭南冼氏宗谱》卷四之一《列传谱》,《敕封忠义官鸿猷公传》。

[56] 《鹤园冼氏宗谱》卷六之二,人物谱,《六世月松公传》。

[57] 乾隆《佛山忠义乡志》卷一《乡域志》。

[58] 乾隆《佛山忠义乡志》卷一《乡域志》。

[59] 《乡仕会馆记》,《佛山碑刻》,第10页。

[60] 民国《佛山忠义乡志》卷十四《人物七·冼圭》。

[61] 民国《佛山忠义乡志》卷三《建置》。

[62] 民国《佛山忠义乡志》卷十四《人物七·冼圭》。

[63]《乡仕会馆记》，《佛山碑刻》，第10页。

[64]《乡仕会馆记》，《佛山碑刻》，第10页。

[65]《乡仕会馆记》，《佛山碑刻》，第10页。

[66] 罗一星:《明清佛山经济发展与社会变迁》，广东人民出版社，1994年版，第363页。

馆，即嘉会堂。嘉会堂是佛山籍的大中丞李待问等创建的，其主要功用就是处理乡事（"立嘉会堂以处理乡事"[60]），同时还可以决定地方公益款之使用（"地方公益其款亦从是拨出"[61]），举行文会（"课乡子弟之俊秀者"[62]），维持世教（"劝诱德业，纠绳愆过，所以风励流俗，维持世教"[63]）等等。嘉会堂建立后还形成了"岁有会，会有规"[64]的定期开会制度。嘉会堂再加上李待问在万历年间设立的忠义营的武装保护，实际上已经起着佛山常设行政机构的作用了。

嘉会堂与祖庙也有着密切的联系，其实嘉会堂的"岁有会"仍就是祖庙的"庙议"。在《乡仕会馆碑记》中对嘉会堂的建设过程作了如下记载：

迨天启改元，值舜孺李公，完素梁公，并奉予告解绶还里，倡议于灵应祠之右，扩隙地而新其垣堵，饬以涂塈。大中丞李公颜其堂曰：嘉会。而诸先生冠盖华集，车驱如簇，奈门径纡曲，庭除湫隘，每厌视之，辄谋改迁，蔑有应者。二公乃慨然力主鼎建之议，遍阅而斯地适符其胜，首捐资售地以为诸仗义者倡。……甫数月而门庭堂奥焕然改观，规模宏远矣[65]！

从这段记载可知，嘉会堂最初建于灵应祠之右，后因为"庭除湫隘"，有人提议改迁，但是改迁之提议"蔑有应者"。为什么会很少有人响应呢?从祖庙当时在佛山的地位以及"庙议"习俗的形成不难想到，不愿迁的原因主要是它离不开祖庙，因"斯地适符其胜"也，离开了祖庙，它在社区中的影响力就会大幅下降，故而即使其"门径纡曲，庭除湫隘，每厌视之"，也只能委曲求全，就地鼎建了。

入清以后，明代的士绅当然受到了冷落，嘉会堂也随之失势。再加上两藩（尚可喜、耿继茂）盘踞广东，官方统治的加强，必然会削弱民间自治机构的势力。因而当时佛山最有影响的自治机构只有由八图公推值事组成的管理祖庙的机构了。如康熙四十五年（1706）的《清复灵应祠租杂记》中，就记述了这一机构清复祖庙尝产租的情况，当时的值事共有15名。但这个机构只是过渡性的自治组织，当清代的新兴士绅集团得势后，一个类似于明末嘉会堂的地方管理组织大魁堂就产生了。民国《佛山忠义乡志》卷三载：

大魁堂者，明时乡人继乡仕诸公后，建此以处办乡事。亦灵应祠尝款出纳所也。故自明以降，乡事由斯会集议决，地方公益其款亦从是拨出。

这里说大魁堂产生于明代，而罗一星先生认为是清代[66]。笔者认为无论从时间上还是从组成人员的身份上，清代应该是正确的。大魁堂的主要任务是处办乡事、掌管祖庙尝款的出纳、拨发地方公益款项等。

　　正如明代的嘉会堂离不开祖庙一样，清代的大魁堂更与祖庙不可分离。首先在选址上，大魁堂也是"与祠相属"的建筑物。据乾隆《佛山忠义乡志》卷七载：

　　崇正社学在灵应祠左，与祠相属，外门联建，甚壮伟。……中为堂，后为寝室，旁为厨，规模宏整。纪文昌梓潼帝，左魁斗神，右金甲神为配，外为大魁堂。入门后过阶直进处也，乡人士岁时皆会于社学。

道光《佛山忠义乡志》卷六也有："每岁月朔望，绅耆士民毕集崇正社学外大魁堂宣讲。"可见，崇正社学与大魁堂均在祖庙旁边。并且大魁堂"绅耆士民毕集"，仍延续着祖庙的"庙议"传统。其次，祖庙管理系统和大魁堂管理系统是从属关系。下面摘录罗一星先生所画的"清代佛山大魁堂系统图"[67]来说明这一问题。

[67] 罗一星：《明清佛山经济发展与社会变迁》，广东人民出版社，1994年版，第376页。

清代佛山大魁堂系统图

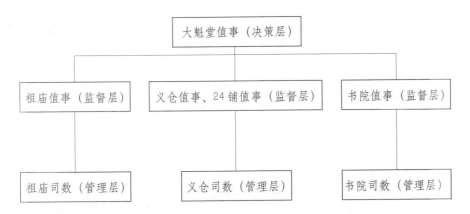

　　从上图可见，大魁堂是合祖庙、义仓、书院三者的权力为一体的地方自治行政机构。祖庙在这个系统的运转中起着重要的作用，特别是祖庙的尝产在启动义仓、书院及其他公益事业上一直发挥着重要的功能。祖庙的"庙议"传统也是大魁堂能够树立起社区权威的重要因素。

　　下面再来讨论祖庙与佛山官方机构之间的关系。明初佛山虽被编图立甲，但整个明代官府都没在佛山设立官方行政机构。按南海陈子升的解释是因"佛山之人习于城邑。"[68]可见，佛山人的"自治"传统连明王朝都认可了，"即以省会之官治之。"[69]直到清顺治四年（1647），

[68] 道光《南海县志》卷八《舆地略四》。

[69] 道光《南海县志》卷八《舆地略四》。

[70]《朱批谕旨》第52册，第13、14页。

[71] 乾隆《佛山忠义乡志》卷二《官典志》。

[72] 乾隆《佛山忠义乡志》卷六《乡俗志》。

[73] 陈徽言：《南越游记》卷一《山水古迹异闻·佛山》。

始有通判屠彪到乡驻防，"本乡有官自此始。"以后曾陆续派了十多名驻防官，或以同知衔，或以经历衔。佛山真正的官方机构是清前期相继设立的文武四衙，即佛山同知署、佛山都司署、佛山千总署和五斗口巡检司署。清代佛山为什么一反明代的由省会官代管的作法呢？按雍正十年（1732）广东巡抚杨永斌上奏的说法是当时佛山"五方杂处，易于藏奸。"[70]按陈炎宗的说法是："静以镇之，则官逸而民受福焉。"[71]可见，四衙的主要作用是驻防惩奸，当然还有管理贸易、促进生产等一系列政府职能。

佛山祖庙与上述官方机构的定期接触始于明景泰四年（1453）祖庙被列入官祀之后，明代的春秋谕祭官员从省会来，清代佛山四衙设立之后，谕祭时四衙官员都要"诣祠行礼"[72]。而且至乾隆以后，历任四衙官员对祖庙极为重视，如乾隆二十四年（1759）祖庙的大修，就由佛山同知赵廷宾发起。嘉庆元年（1796），佛山同知杨楷又发起重修灵应祠，鼎建了灵宫，并留下《重修灵应祠鼎建灵宫碑记》以纪其事。杨楷任佛山同知时，还"遇疑难大讼，辄往元武庙审鞫，立予剖断，民咸悦服。"[73]可见，杨楷对灵应祠的信服程度。

由上可知，祖庙的至上地位是佛山民、官双方共同隆祀的结果。当然，它们的隆祀是有回报的：就是使佛山人民在安心做祖庙臣民的同时，也安心做他们统治的社区的臣民。

（三） 佛山祖庙与社区其他宗教信仰

佛山祖庙不仅与所谓制度化的宗教，如佛、道、基督教等有一定的联系，而且与其他民间信仰也有密切的联系。首先，来谈谈祖庙与佛山制度化的宗教之间的联系。

佛教是佛山最早出现的宗教，早在东晋时，就曾有西域僧人来佛山结茅讲经。相传唐初人们在塔坡冈掘出三尊小铜佛像和一石碣，上书"塔坡寺佛"，并有一联云："胜地骤开一千年前青山我是佛，莲花极顶五百载后说法起何人。"人们估计铜佛是东晋时之物，于是重新供奉，佛教才由此流传起来。但到了明代，由于明王朝举国上下崇祀玄武，佛教的发展缓慢。直到清初两藩据粤时期，由于尚可喜崇佛，佛山的佛教才得以迅速发展，与当时的民间信仰成并行之势，但好景不长，乾隆以后，由于官、商共崇北帝，佛教的发展受到了限制，甚至有些佛寺直接把佛像搬入祖庙中供奉。如乾隆五十五年（1790）定觉寺失火，僧人"迎神像安祖庙正殿，神将小像另函储，每岁醮会，陈列数日，归司祝典守。"[74]就是现在的祖庙正殿右侧，仍放着一尊观音

[74] 民国《佛山忠义乡志》卷十八《杂志·古物》。

像。这不仅说明了民间信仰所具有的多元并存的特点，同时也预示着祖庙对佛山佛教某种程度的整合趋势。

佛山的天主教和基督教大概在清初传入，据康熙四十二年（1703）耶稣会士 Jean de Fon taney 对佛山传教情况的记载："耶稣会士在这里建立了美丽的教堂，而且有很多的信教者。"[75]但在雍正时由于清王朝的禁止，"乡毁天主堂"[76]，天主教陷于停顿。咸丰十年（1860），英国循道卫理公会的传教士俾士（Rev. George Piercy）来佛山传授基督教，从此开始流传[77]。天主教则从光绪十二年（1886）重新开始传教，并把教堂从被毁时的彩阳堂迁到洪安里。值得一提的是，迁教堂时法国神甫曾在祖庙旁边购地，欲迁来祖庙附近以吸引信徒，但遭到祖庙的反对和佛山民众的疑虑，只好作罢[78]。这件事也说明了在佛山，不管是土教、洋教都有向祖庙靠拢的趋势。就是外来的洋教士也很快意识到祖庙的"适符形胜"了[79]。

道教在佛山的发展很有限，据现有资料，佛山只有两座道观，即万真观和玉泉仙馆。万真观又名洞天宫，在丰宁铺莺岗之麓，康熙五十二年（1713）罗浮山冲虚观道人杜阳栋的五世孙岑合顺与其同门陈有则等十人购地重建。左边建了大慈堂，以祀无依木主，但在雍正五年（1727）"游魂不安，怪异屡见，乃奉都城隍神以镇抚之，佛山之有城隍行台，肇此也。护法者众，结构渐增。三元殿，吕祖殿，斗姥殿峙其东；洞天宫、十王殿、文武殿、太乙楼、洗心亭、清水池绕其西。四方云游道侣咸驻足焉。"[80]从这段记载看到，堂堂一个万真观连游魂都治不住，还要请城隍来镇之，可见其在佛山诸神信仰中的地位之低。玉泉仙馆，又名儒真仙馆，地处丰宁铺兰桂坊，是一座道侣自我修行的场所，不为信徒作公开的道场。上述两个道观虽都地处丰宁铺，与祖庙不远，但它们的目的都是为了在繁华的市镇中创造一个清静、修行之所，即"辟一静境"[81]或"今为梵宫"[82]，因而也并没有考虑到祖庙凑热闹。

以上诸教在佛山的发展大都不是很顺利，与此相反，北帝及其民间信仰系统却异常发达，是何因呢？笔者很赞同陈忠烈先生对此的看法：明清时期，广东商品经济的迅速发展，把文化（尤其是民间的俗文化）导向世俗、务实和功利的方面，所有的规范宗教俱不能迅速作出回应而滞后，唯有神文化能以其殊胜的一面迎世[83]。

佛山向有"顺德祠堂南海庙"之说，而在南海庙之中，佛山的"神庙之多，甲于他乡"[84]。佛山明代有庙宇二十八座，到了清代猛增到一百五十四座，分布遍及全镇。下面摘录罗一星先生所列的《清代佛山

[75] 《耶稣会士中国书简集》，《康熙编》第四书简，东京平凡社，1970年版。

[76] 乾隆《佛山忠义乡志》卷三《乡事志》。

[77] 佛山市宗教事务局编：《佛山市宗教志》，第1页。

[78] 佛山市宗教事务局编：《佛山市宗教志》，第40页。

[79] 《乡仕会馆记》，《佛山碑刻》，第10页。

[80] 民国《佛山忠义乡志》卷八《祠祀二》。

[81] 民国《佛山忠义乡志》卷八《祠祀二》。

[82] 民国《佛山忠义乡志》卷八《祠祀二》。

[83] 广东炎黄文化研究会：《岭峤春秋——岭南文化论集》，广东人民出版社，1996年版，第722页。

[84] 《重修东头张真君庙记》，《南海佛山霍氏族谱》卷十一。

[85] 罗一星:《明清佛山经济发展与社会变迁》,广东人民出版社,1994年版,第432~433页。

[86] 林美容:《由祭祀圈来看草屯镇的地方组织》,《中央研究院民族学研究所集刊》总第62期,1986年。

各铺神庙分布表》,并以祭祀圈的理论来论述祖庙与众神庙之关系。

祭祀圈是日本和台湾学者研究台湾汉族乡村社会时常用的概念,专指一个以主祭神为中心,共同举行祭祀活动的居民所属的地域单位。林美容先生在对台湾草屯镇祭祀圈的研究中,指出了划定祭祀圈的六个指标:建(修)庙共同出资;有收丁钱及募捐;有头家炉主;有演公戏;有巡境;有其他共同的祭祀活动[86]。他认为只要满足六项中的一项,即有祭祀圈可言。照此标准,佛山的信仰系统都可以划定为大大小小的祭祀圈。笔者认为用祭祀圈的理论来研究佛山的民间信仰是十分有效的。佛山的民间信仰系统大致可分为六个层次的祭祀圈:

最高层(第六层)是祖庙,为合镇的主神庙和祭祀中心。

第五层是按行业或阶层划分出来的功能性祭祀群体,我们称之为功能层。其信仰范围或为数铺,或为全镇。如帽绫行的张骞,冶铸行的太尉,知识阶层的文昌帝等。

第四层是主庙层,即《清代佛山个辅神庙分布表》中黑体字的那些庙。它们是一铺的主庙,由铺人共祀,其范围也与铺的面积相符。

[87]《佛山市寺庙调查表》,《南海县政季报》第二期。

[88]《佛山市寺庙调查表》,《南海县政季报》第二期。

[89] 佛山市地方志编纂委员会办公室编:《佛山市风俗志》,第40页。

第三层是铺内几条街的公庙,其祭祀范围就是这几条街的居民。如观音堂铺的大墟华光庙,就是"大墟五街公产"[87]。

第二层是一条街道或里巷祭祀的街庙,如圣母巷之圣母庙,为"坊众公产"[88]。

第一层就是祀社神的社坛,佛山在清代有里社七十九座[89],在每年的社日,即二月二日和八月十五,佛山人都要祭祀社神。

以上六层祭祀圈用一个坐标轴来表示会更清楚一些。

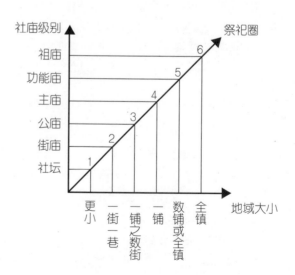

清代佛山各铺神庙分布表[85]

铺名	庙 名
汾水	**太上庙** 关帝庙 关帝庙 南擎观音庙 圣欢宫 华光庙 华光庙 华光庙 先锋庙 北帝庙 北帝庙 北帝庙
富民	**洪圣庙** 盘古庙 南胜观音庙 三界圣庙 鬼谷庙
大基	**帅府庙** 惜字社学 三界圣庙 三圣庙 真君庙 真君庙 大王庙
潘涌	**先锋庙** 将军庙
福德	**舍人庙** 关帝庙 铁佛庙 天后庙 绥靖伯庙 列圣古庙 华光庙
观音堂	**南善观音庙** 天后庙 南涧观音庙 三官庙 医灵庙 医灵庙 华光庙 将军庙 花王庙
沙洛	**将军庙**
鹤园	**洪圣庙** 先锋庙
岳庙	**关帝庙** 顺德惜字社学 南荫观音庙 洪圣庙 洪圣庙 太尉庙 财神庙 花王庙 花王庙
祖庙	**桂香宫** 关帝庙 观音庙 龙王庙 三圣庙 列圣古庙 列圣古庙 斗姥庙 帅府庙 太尉庙 金花庙
黄伞	**孖庙（天后、华光）**
社亭	**药王庙** 关帝庙 南禅观音庙 先锋庙
仙涌	**关帝庙** 文武庙
医灵	**医灵庙** 洪圣庙 医灵庙 华光庙 北帝庙 元坛庙
彩阳堂	**真君庙** 元坛庙
真明	**三圣宫** 真君庙
石路（纪纲）	**花王庙** 三官庙
丰宁	**国公庙** 字祖庙 字祖庙 天后庙 城隍行台 四圣庙 医灵庙 华光庙
山紫	**南泉观音庙** 天后庙 观音庙 观音庙 圣亲宫 东岳庙 普庵庙 鹊歌庙 地藏庙 谭仙庙 华光庙 雷公庙 二仙庙 将军庙 华佗庙 痘母庙 龙王庙 元坛庙
明心	**太上庙** 文昌庙 东岳庙 三圣庙
突岐	**金花庙** 龙王庙 柳氏夫人庙
耆老	**东岳庙（普君庙）** 观音庙 真君庙 华光庙 先锋庙 主帅庙
锦澜	**大土地庙** 字祖庙 文武庙 关帝庙 天后庙 观音庙 观音庙 真君庙 金花庙 主帅庙
桥亭	**南济观音庙** 观音庙 观音庙 张王爷庙 北帝庙 石公太尉庙
明照	**盘古庙** 文昌阁 天后庙 三圣庙 吕仙庙 帅府庙 帅府庙（玄坛庙） 帅府庙 太尉庙 华光庙 财神庙 先锋庙 金花庙
东头	**关帝庙** 二帝庙 张仙庙 白马将军庙
鹰嘴沙	**临海庙** 关帝庙 三圣庙 华佗庙 国公庙 飞云庙 乌利庙
文昌沙	**华光庙**
聚龙沙	**伏波庙** 三官庙

注：每栏第一位为主庙

从上坐标图很易明白，祖庙与群庙之间的关系：祖庙是民间信仰系统中最高层的祭祀圈，它所整合的范围最大，即图中最大的正方形，但祖庙下的各社庙不是无序的，也各有自己所处的层次。这样各层祭祀圈（图中表现为正方形）大小相套，共同构成了结构严谨的佛山民间信仰体系。在传统中国社会中，民间信仰是划分、组织地方人群的重要手段之一。佛山民间信仰体系也不例外。上述各个层次的祭祀圈都有自己一定的地域范围、主祭神、祭祀主体和祭祀仪式，每个祭祀圈的人都因有共同的信仰需要而结成一体，祖庙作为社区中最高层的祭祀圈则把整个佛山社区的人结为一体。可见，用祭祀圈理论来研究佛山发达的民间信仰系统，不但有助于探讨佛山传统社会的结构，而且更利于理解佛山"自治"传统的形成。

（四） 北帝崇拜与佛山宗族

宗族是一个有确认的共同祖先、统一的祭祀仪式、共同的财产，并可分为族、房、支等组织系统的继嗣群体[90]。宗族制度起源于氏族社会，盛行于西周。宋代以来，"以祠堂族长的特权"为特征的封建宗法制占据了统治地位，并广为传播。自汉晋以来，随着中原人民的几次大规模南迁，封建宗法制的影响也随之波及岭南。屈大均在《广东新语》中对此有详细记载：

> 岭南之著姓右族，于广州为盛。广之世，于乡为盛。其土沃而人繁，或一乡一姓，或一乡二三姓，自唐宋以来蝉连而居，安其土，乐其谣俗，鲜有迁徙他邦者。其大小宗祖祢皆有祠，代为堂构，以壮丽相高。每千人之族，祠数十所。小姓单家，族人不满百者亦有祠数所。其曰大宗祠者，始祖之庙也。庶人而有始祖之庙， 追远也，收族也；追远，孝也；收族，仁也；匪谮，匪谄也。岁冬至，举宗行礼，主鬯者必推宗子，或支子祭告，则其祝文必云：裔孙某，谨因宗子某，敢昭告于某祖、某考，不敢专也。其族长以朔望读祖训于祠，养老尊贤，赏善罚恶之典一出于祠。祭田之入有羡，则以均分。其子姓贵富，则又为祖祢增置祭田，名曰蒸尝，世世相守[91]。

这段文字对岭南的宗族情况做了较好的说明。

佛山原本是一个聚族而居，四面环水的小村落，在外来氏族迁入之前，据说曾有鸡、田、布、老四姓土著，以后随着新氏族的不断迁入，土著式微，外来人口取土著而代之，成为佛山的主体居民。这些外来氏族来佛山后，仍是聚族而居，各据一方，为佛山乡族势力的发展奠定了基础。

[90] 参阅 Jams Waston《中国宗族再研究：历史研究中的人类学观点》，《中国季刊》第92期，第18～19页。

[91]《广东新语》卷十七《官语·祖祠》。

据佛山族谱资料记载，最早迁入佛山的外来氏族是原居山西平阳的霍氏。《南海佛山霍氏族谱》记载：

正一郎公，本山西平阳人……当宋靖康间，中原板荡。公赋性倜傥非常，有志四方。舟车南下，直抵粤之雄州沙水村珠玑巷，……后公以其土旷地偏，去之，游于南海，携家舟次佛山。

其后迁入佛山的大多数氏族，也几乎走了与霍氏相同的路。这些外来氏族带来了先进的技术，促进了佛山经济的发展。同时，一些经济实力较强的氏族逐步树立了自己的乡族势力。如明中叶时，东头冼氏"田连阡陌，富甲一镇"[92]，七世祖"冼林佑，字天端，性豪爽，有孟尝风，行旅过佛山者莫不倚仗，故座客常满。门悬大鼓，有事凡三擂，则乡人环集听命。如是者习以为常。一日设席筵客，客酒酣，举鼓三擂，乡人麇聚，客愕然。林佑细道其故，始知此鼓不能乱动。林佑乃治酒留众欢饮而散。生平崇儒重道，好为人排难解纷，乡闾皆服之。"[93]由上可见，这种原始氏族的遗风到明中叶时仍然存在。

明中叶后，佛山经济社会发展明显加快，外来氏族也不断迁入，再用擂鼓集众的方式处理乡事显然已跟不上形势的发展了。此外，佛山的经济也由一族独霸向数个巨族共同把持转变，在这种群龙无首的情况下，大家为了协调彼此的利益和关系，求助于北帝庙，使之凌驾于各宗族之上，成为合镇人的大宗祠，故名为"祖堂"。从而佛山祖庙成为维系镇内各宗族的纽带。这个大宗祠的权力机构就是前文所述的嘉会堂、大魁堂等乡族权力机构。可以把这种整合社会的形式，称为"祖庙——宗族二级结构"。人们常说佛山祖庙不同于一般的神庙，大概主要就是因为这种二级结构的独特性。因为在这种结构下，神不只是神，而是神与亲的结合体。实际上，这种整合社会的形式也不是佛山所独有。如广东番禺沙涌江、幸、胡三大姓，就在村内的公共神庙关帝庙附设"鼎隆堂"，以管理祭祀和协调乡事，许多公益事业也由"鼎隆堂"主持，三个血缘群体借"关帝庙"来达成了地缘上的结合[94]。

清代以后，随着外来人口的进一步增多，社会变迁的加快，佛山的宗族逐渐开始解体，但"祖庙——宗族二级结构"却顽固地生存着，直到 1938 年佛山沦陷。

（五） 北帝崇拜与社区文化活动

明清时期，佛山是一个高度发达的传统工商业市镇，镇内尚神佛、尚享乐之风盛行，因而佛山的民间文化活动十分丰富，尤其是迎神赛会几乎"无虚日"[95]。就拿与祖庙有关的文化活动来说，就有春节的行

[92] 《岭南冼氏宗谱》卷三之六《分房谱·东头房》。

[93] 民国《佛山忠义乡志》卷十四《人物六·冼林佑传》。

[94] 陈忠烈：《芦苞地区村落的形成和发展初探》，《三水文史》，1995 年，第 20 辑。

[95] 《广东新语》卷十六，器语。

祖庙、正月初六的北帝出游、三月三日的北帝诞、烧大爆和八月十五的出秋色等。在佛山所有的文化娱乐活动中，最有影响的大概就是出秋色、烧大爆和演神功戏了，而此三者都与祖庙有一定的关系，烧大爆前文已作了较详的分析，这里仅以出秋色和演神功戏为例来讨论两者与祖庙的关系。

出秋色相传源于明朝永乐年间，是佛山最具代表性的民间文化活动。据乾隆《佛山忠义乡志》卷六载：

会城（今广州）喜春宵，吾乡喜秋宵。醉芋酒而轻风生，盼嫦娥而逸兴发，于是征声选色，角胜争奇。被妙童以霓裳，肖仙子于桂苑，或载以采架，或步而徐行，铠鼓轻敲，丝竹按节，此其最韵者矣。至若健汉尚威，唐军宋将，儿童博取，纸马火龙，状屠沽之杂陈，挽莲舟以入画，种种戏技，无虑数十队，亦堪娱耳目也。灵应祠前，纪纲里口，行者如海，立者如山。柚灯纱笼，沿途交映，直尽三鼓乃罢。

这是对清代出秋色的精彩描述。

佛山秋色是一种综合性的民间艺术游行表演活动。其表现形式大致分为两大部分：一是表演艺术，即扮演故事、车心、乐队、龙狮舞等；二是民间艺术品观赏评比，如灯色、台面、担头、头牌、罗伞、龙、狮等手工艺品。这两大部分具体可归纳为车色、马色、飘色、水色、地色和灯色六大色。秋色艺术品的最大特点就是以假乱真，一些农作物或手工业的边角料经过艺人的加工后，就变为精美绝伦的仿真艺术品，令人真假难辨。

秋色游行一般都有近二十个表演队，如唢呐队、罗伞队、舞龙队等等相随而行，首尾长达数里，过去出秋色时，经常出现"万人空巷"的壮观景象，建国后也举行过几次大规模的出秋色活动，每次都吸引了数十万中外观众。

近代以来，人们一般认为出秋色是纯娱乐性质的民间文化活动，与祀神无关。笔者认为秋色活动在早期应该是娱神性质的赛会，以后才逐步失去了娱神的性质。主要理由是：第一，据乾隆《佛山忠义乡志》卷六记载，八月十五是谕祭灵应祠的日子，也是出秋色的日子，两者在同一日举行，联系佛山演戏酬神的传统来考虑，两者应该是有关联的。第二，佛山周围地区的类似活动，如沙湾飘色、崖口飘色、阳西游色等都与娱神有关，尤其是沙湾飘色，直接与北帝巡游有关[96]。第三，在秋色艺术品评比的"晒标"[97]习俗中，"晒标"的地点通常设在祖庙附近，这很显然具有与神共享的意思。另外，在乾隆《佛山忠义乡志》卷六对秋色的描述中，有"灵应祠前，纪纲里口，行者如海，立

[96] 刘志文：《广东民俗大观》(下)，广东旅游出版社，1993年版，第297页。

[97] 刘志文：《广东民俗大观》(下)，广东旅游出版社，1993年版，第285页。

者如山"的记载。这至少说明，这次秋色游行是在灵应祠前到纪纲里口路段举行，选择这样的路段，本身就包含着给北帝神看秋色的意愿。综上所述，早期的出秋色活动确与娱神有关。秋色活动之所以极尽繁华之能事，除了娱乐，即"堪娱耳目"之外，很重要的一个目的就是像烧大爆一样，突显北帝"惟我独尊"的地位。

演神功戏是指为向神祈福或酬谢神恩而演出的戏剧。佛山在明清时期神庙众多，各种神诞、酬神、迎神赛会接连不断，如北帝诞、华光诞、普君神诞等等，这些神诞、迎赛活动对神功戏的需求量很大，极大地促进了粤剧的产生和发展，使佛山成为粤剧的摇篮。

祖庙对粤剧的发展做出了很大的贡献，现存于祖庙内的古戏台——万福台，就是极好的历史见证。万福台，又名华封台，建于清顺治十五年（1658），是为北帝演神功戏的场所，也是佛山第一座较大规模的固定戏台。据乾隆《佛山忠义乡志》卷六记载，"十月晚谷毕收，乡田皆两熟，美亦甲他处……自是月至腊尽，乡人各演剧酬北帝，万福台中鲜不歌舞之日矣。"可见万福台演剧之频繁。据粤剧界老人回忆，过去佛山的粤剧戏班第一台戏必先在万福台演出，以图吉利和检阅阵容，然后才到市内各庙或四乡演出。万福台成了新戏剧能否出笼的"检阅台"。可见其对粤剧影响之深。这里有必要强调一点的是佛山是粤剧的诞生地，"未有吉庆（广州粤剧会馆），先有琼花（佛山粤剧会馆）"[98]，粤剧在佛山的作用决非娱乐民众那么简单，它具有某种神圣性。来过佛山祖庙的人，无不为祖庙内陶塑、木雕、石刻、灰塑、铁器等上面丰富多彩的戏剧故事和戏剧人物而感到惊讶，其实粤剧故事能在神圣的祖庙建筑上遍地开花，实际上就是上述神圣性和娱乐性的共同体现。我们这时再来看祖庙万福台的"审戏"作用，无疑会更益于体会北帝崇拜与粤剧之关系。

[98] 吴炯坚：《琼花会馆拾零录》，《佛山文史资料》，第8辑，第7页。

（六） 北帝崇拜与佛山艺术

北帝崇拜与佛山艺术的发展关系密切。一方面，北帝崇拜的发展必然会促进佛山艺术的发展，因为"宗教需要利用艺术作为自己的表现形式或表达手段"[99]；另一方面，佛山艺术的发展对北帝崇拜的发展又具有反作用。艺术的高度发展，会使北帝崇拜的宣传达到更好的效果。

佛山是著名的民间艺术之乡，其狮头扎作、花灯和秋色艺术品早已遐迩闻名。北帝崇拜对佛山艺术的影响主要通过祀神活动来实现。佛山是著名的手工业产品生产基地，据清光绪年间统计，当时佛山手工业行业达十大类 一百七十五行[100]，如五金类、竹木类、造纸类、成

[99] 吕大吉：《宗教学通论》，中国社会科学出版社，1989年版，第706页。

[100] 民国《佛山忠义乡志》卷六《实业志》。

[101] 乾隆《佛山忠义乡志》卷六。

[102]《广东新语》卷十六《器语》。

[103] 林明体：《佛山秋色》，北京工艺美术出版社，1993年版，第27页。

[104]《广东新语》卷十六《器语》。

衣类等等。这些众多的手工业门类为佛山艺术品的生产准备了物质条件。"粤人尚鬼，佛山为甚"，佛山又是"祠祭竭其财力"[101]，"迎赛无虚日"[102]的祀神中心。每年北帝神及其信仰体系都需要大量的祀神物品，其中不乏艺术珍品，如佛山秋色艺术品，其精湛的制作技艺，以假乱真的艺术特色，古往今来，都赢得了人们的称誉。二十世纪六十年代出秋色时，我国文化界知名人士郭沫若、赵朴初等都留下了精彩的赞美诗句[103]。又如北帝诞的烧大爆"……又以小爆层为武当山及紫霄金阙，四围悉点百子灯，其大小灯灯裙、灯带、华盖、璎珞、宫扇、御炉诸物，亦以小爆贯穿而成。"[104]用小爆竹就能制作如此多的艺术品，佛山艺术水平之高超由此可见一斑。

艺术可作为宗教的宣传手段，北帝崇拜活动中之所以大量使用艺术品，目的当然是为了扩大其在佛山的影响。可见，随着佛山北帝崇拜的逐渐兴盛，每年对艺术品的需求量也会不断增加，这无疑会极大地调动佛山这一著名手工业基地能工巧匠的积极性，生产出大量的艺术珍品。另外，秋色赛会本身也有艺术品竞展的"晒标"习俗，以评出每届赛会的优秀作品。这些措施无疑都促进了佛山艺术的发展。

佛山艺术的发展对北帝崇拜的兴盛也有推波助澜的作用。除了上文提到的烧大爆和佛山秋色等汇萃了众多艺术珍品的祀神活动对突显北帝的地位有重要作用外，佛山祖庙建筑本身就是一个典型的艺术促进宗教发展的例子。佛山祖庙被外国人誉为"东方民间艺术之宫"。庙内保存了大量的民间艺术品和粤剧故事、诗词对联等文学艺术作品，且多数是本地生产，大致代表了佛山传统艺术的最高水平。

佛山传统的铸造、陶瓷等手工业在祖庙都有典型的表现。铸铜方面，如高3.04米、宽1.74米、重五千余斤的彩绘龙袍北帝大神像，遍体刻花的铜鼎、大铜镜、大铜钟等。铸铁方面，如万明炉造的造型独特的大铁鼎、大铁磬等。陶瓷方面以屋顶上的陶塑瓦脊为代表，如三门瓦脊，长三十多米，以戏剧故事为题材，共塑了形态各异的三百多个栩栩如生的人物形象，令人叹为观止。祖庙的金漆木雕以万福台为最精，万福台木雕共六组，内容为"八仙故事"、"三星拱照"、"降龙"、"伏虎"、"大宴铜雀台"等，大多数是高浮雕，风格豪放，浑厚有力，金碧辉煌。砖雕共两组，大小一致，高1.4米，宽2.83米，为多层高浮雕，内容分别为"十奏严嵩"和"守房州"，刀法工整，精雕细琢。砖雕技艺现几已失传，故这两组砖雕弥足珍贵。祖庙的灰塑遍布于门楼、屋脊、山墙等处，内容丰富，举凡人物故事、山水风光、花鸟鱼虫、飞禽走兽都可为其题材，形象逼真，色彩艳丽，独具特色。此外，祖庙内还有大量的漆纻神像、牌匾、对联等艺术珍品。这些艺术品大都是佛山各该手工行业的代表作品，不仅有很高的艺术欣赏价值，其中一些还具有深刻的思想内容。如祖庙前殿光绪二十五年（1899）黄广华（店号）造的木雕大神案，分上下两层，上层反映的是"荆轲刺秦王"的故事，下层是"李元霸伏龙驹"。下层故事场面中，刻画了几个深目高鼻的洋人，有的被打翻在地，有的跪地求饶，有的缩成一团，生动地反映了当时佛山人民对外国侵略者的痛恨。1958年维修神案时，还发现神案正中木雕小牌匾"金銮殿"三字下面刻有"大明江山"四字，再联系到李元霸的"李"字大旗，很易使人们想到，艺人的本意是想纪念红巾军起义的著名领袖、佛山粤剧艺人李文茂。象这种寓艺术性与思想内容为一体、冒杀头危险而雕刻出来的艺术珍品，实为佛山传统艺术的杰出代表。

上述这些佛山艺术精品，能够在祖庙汇萃一堂，为突显北帝在佛山的至尊地位，宣扬北帝崇拜的繁华鼎盛，无疑起到了重要的作用。这也是艺术对宗教反作用的表现。当然，佛山艺术的内容是非常广泛的，北帝崇拜对佛山艺术的影响也不仅仅是上述这些，这里只是举其要者而言之。

（七）　北帝崇拜与佛山教育

本文所指的教育包括两个方面：一是指道德教育，二是指通常的学校教育。北帝崇拜与上述两者都有密切的联系。

北帝崇拜作为一种官方推崇的普化的宗教，必然会与社区的道德教育发生联系。祖庙的权力行使者嘉会堂、大魁堂都把"劝诱德业，纠绳愆过，风励流俗，维持世教"[105]作为它们的主要任务之一。那么祖庙道德教育的内容又是什么呢？不难想象，佛山祖庙作为被列入官祀的维护封建宗法制度的堡垒，它对社区的道德教育当然离不开三纲五常等封建社会的统治思想道德。祖庙利用人民对其的迷信，在宣扬封建统治阶级的道德思想、维护封建统治方面做出了很大的贡献。宋明以来，很长时间里佛山都没设官方统治机构，只以省会之官代管，即便清代设了文武四衙，大魁堂等民间自治机构仍发挥着重要的管理乡事的作用。这种"自治"传统的形成，与祖庙以及各宗族的道德教化的得力关系极大，以致连官方也认可了佛山人的"自治"传统，认为"佛山之人习于城邑"。当然，祖庙在帮助封建统治者道德教化的同时，也使自己的地位越来越高，成为佛山合镇人的"大宗祠"，佛山社区整合的精神维系。

[105]《乡仕会馆记》，《佛山碑刻》，第10页。

[106]《佛山碑刻》，第74页。

[107] 民国《佛山忠义乡志》卷十三《选举二》。

[108] 叶汝兰：《重修佛山经堂碑记》，道光《佛山忠义乡志》卷十二《金石下》。

在学校教育方面，佛山一直走在广东的前列。清乾隆七年（1742）佛山同知黄兴礼曾说："广郡科第之盛甲于粤中，南海科第之盛甲于广郡，佛山科第又甲于南海。"[106]明清以来，佛山出了许多全国有影响的人物，明代的如成化年间的梁储（会元）、弘治年间的伦文叙（状元）、正德年间的霍韬（会元）、嘉靖年间的冼桂奇（进士）、万历年间的李待问（进士）等；清代的如李文田（探花）、戴鸿慈（进士）、梁启超（举人）、梁士诒（进士）等。仅清代一朝，佛山就出了进士三十八人，举人一百八十一人[107]。大量科第人才的出现使佛山"衣冠文物之盛几甲全粤。"[108]

人才的大量涌现当然离不开高水平的学校教育。明代以来，佛山宗族的家塾盛行，几乎每个宗族都有自己的家塾，家塾之上建立了社学，如著名的崇正社学等。清代则兴起了许多书院，著名的有田心书院、佛山书院等。这些家塾、社学、书院的大量涌现，反映了佛山重视教育的传统。在佛山历史上，每一个巨族的鼎盛，都走的是先搞好经济，接着培养自己的科第人才，最后走上左右佛山政治的道路。如明代的霍氏（兵部主事霍韬为首）、李氏（户部尚书李待问为首），清代的陈氏（翰林院庶吉士陈炎宗为首）等，因此各宗族为了本族在社区中的地位而拨出大量尝产投资教育，这是兴教办学风气得以形成的根本原因。

[109]《乡仕会馆记》，《佛山碑刻》，第10页。

佛山祖庙作为全镇的"大宗祠"，在各宗族争相重教的氛围下，当然不甘落后。明代创设嘉会堂的目的之一就是"课乡子弟之俊秀者。"[109]清代的大魁堂比嘉会堂更重视教育。陈炎宗在《拨祠租给会课碑记》中对祖庙支持教育的情况作了较详细的描述。他说，在康熙年间，于灵应祠外两旁设小肆二十余间，"收僦值以供课事"，一直延续了六十多年。到了现在（即乾隆二十六年，1761）灵应祠准备大修，小肆都要拆除"以壮观瞻"，崇正社学的课费怎么办呢？难道要废了此规矩吗？他的回答是：

何可废也！前六十载之有会课，固资神之地利矣，兹宜仍求神之终其惠，俾多士世世拜神之赐也。余知神必乐与而勿论也。于是社中诸同人议，岁割祠租银三十六两以充课费。舆情协，士心欣，殆善继昔人之志也夫！夫神锡福于吾乡，至渥也，锡福以教，思之无穷为大，神若将其所有以仰赞圣天子文治，故创建义学，岁糜七八十金，皆于祠租取给，会课与义学同条共贯耳[110]。

[110]《佛山碑刻》，第78页。

从上面的记载可知，灵应祠祠租供课费在明清以来已经成为传统了，因而每年都要拨出课费三十六两；又创办了汾江义学，每年拨给七八十金，使之"地深而广，瞻其宇峻而丽，讲堂后两旁学舍鳞次而列，折而之西，地可盈亩，植以花柳，藏修之所，计可容数十百人。伟哉，佛镇之乡校也。"[111]汾江义学是佛山书院的前身，佛山书院后来成为佛山著名的书院和教育中心。梁启超、梁士诒等"皆先后掇巍科，各有表见。"[112]由上可见，祖庙在佛山的兴教办学方面做出了很大的成绩。但是兴办学校教育与其在道德教化方面的作用相比，显然是不足称道的。

　　上面从经济、政治、文化等七个方面分别论述了祖庙与佛山传统社区文化的关系。从以上的分析可知，佛山祖庙是集神权、政权、族权于一体的社区主神庙，它就象一张撒向佛山社区的巨大的网，几乎渗透到社区文化的每一根神经里。它的这种特点也使其成为佛山最重要的社区整合力量，对传统佛山社区的发展产生了重要的影响。

（八）　北帝崇拜与现代社区文化的关系

　　这里指的现代是与前述传统社会相对应的一个概念，大致时间是从建国后到现在。北帝崇拜在现代社区中的作用已远远小于传统社会中集政权、族权、神权为一体的状况了，但是其作为民间信仰中心的地位仍旧未变，北帝公仍是佛山人心目中的至上保护神。我们从现在还在流行的行祖庙、北帝诞、朔、望拜祭和斩鸡赎罪等仪式中不难看出这一点。每年春节期间数十万人行祖庙的仪式前文已述及，这里需要强调的是他们拜祖庙的重要目的就是求神祈福，即他们仍相信北帝公能够保佑自己一年好运吉祥。这说明北帝至今仍是他们的保护神。

　　现代三月初三的北帝诞仪式已与古代有很大的不同。拜北帝的参加者几乎都是四五十岁以上的妇女，由六七个人负责组织拜祭活动（其中两人是领导）。一般在早晨八九点钟，参加拜祭的妇女陆续到齐，大家在组织者的带领下来到祖庙大殿神像前，摆好香烛、鲜花及其他祭品，一起祭拜。拜过后，大家又来到祖庙三门前分一份祭品，一份祭品一般包括几块烧猪肉、两个包子、两个桔子（苹果）、一包茶叶、一些花生，分别代表着不同的寓意。这些祭品都是参加者用自己捐助的钱买的，因而分发时也只发给预先捐助的人。上述这种拜祭组织都是临时性的，一般在节前组成，节后散去。人数由几十人到数百人不等。她们的分礼习俗类似于古代的颁胙，领礼者有北帝赐福的意思。当然，在北帝诞期间，市内各家各户拜祭的人远不止这些。近年来，北帝诞的祭拜活动有复兴的趋势，这与二十世纪八十年代以来，传统文化的复兴趋势相适应。

　　朔、望拜祭是指每月初一、十五都有数十至数百人聚集在祖庙崇

[111] 《汾江义学记》，道光《佛山忠义乡志》卷十二《金石下》。

[112] 民国《佛山忠义乡志》卷十五《艺文一》。

敬门外的大墙边烧香拜祭北帝。这些拜祭者百分之九十是五六十岁左右的年长妇女。在八十年代初期曾在祖庙路祖庙公园大门口有类似拜祭活动，后由于影响市容被禁止。斩鸡赎罪也是与北帝有关的一个风俗，即人们遇到不幸事故或幸免于难时斩一只鸡（现在大多是买制好的鸡）到祖庙祈求保佑。这种风俗也从一个侧面反映了北帝在部分佛山人心目中的无所不在。当然，随着科学的昌明和社会的进步，此类习俗越来越少见了。

佛山祖庙与现代佛山工商业经济的发展并无多大关系，只是作为一个著名的文化旅游点而存在。

佛山祖庙购票游客人数一览表（1979 — 2004）

年份	游客人数（万）	年份	游客人数（万）
1979	136	1992	120
1980	98	1993	86
1981	132	1994	87
1982	166	1995	71
1983	193	1996	61.8
1984	199	1997	57.3
1985	174	1998	53.9
1986	196	1999	53.2
1987	190	2000	46.5
1988	130	2001	50
1989	174	2002	51.4
1990	153	2003	44.4
1991	130	2004	48.5

从佛山祖庙购票游客人数一览表（1979~2004）可以看出近20年来，佛山祖庙每年都吸引了数以百万计的游客，这对促进佛山旅游经济的发展，扩大佛山的影响无疑起到了积极的作用。当然，由于门票的提升（从1979年的5分，经1角、2角、4角、8角、1元、2元、5元、10元一直到现在的20元），经济热点的转移，现代娱乐设施的增多等原因，游客逐年大致呈下降趋势，但祖庙及其周围地区对佛山旅游业发展的巨大潜力，仍应引起足够的重视。

佛山祖庙现在已完全失去了传统社会中参与政治的传统，但因其作为佛山的象征和佛山的文明窗口而存在，与政治仍有一些联系。历届佛山市政府都十分重视祖庙的保护工作，每年春节行祖庙开始前，市政府、市文化局或公安局的领导都要视察祖庙，与民同乐。佛山祖庙作为佛山市的窗口，每年都接待一些中外政要，中国的如江泽民、董必武、刘华清等，外国的有西哈努克、科尔（德国总理）等。佛山市政府也把一些受赠的重要礼品放入祖庙内永久展出，如现放于庆真楼内富丽堂皇、精美绝伦的玉制一百帝王雕塑，就是市政府受赠的贵重礼品。

综上所述，佛山祖庙（佛山市博物馆）在现代佛山社区的作用可归结为两点：佛山祖庙，它是社区民间信仰的中心；佛山市博物馆，是佛山市文明窗口单位，广东省爱国主义教育基地。祖庙在社区中仍发挥着一定的作用。

结　语

佛山祖庙自明初重建以来，历代文献多有记载，建国后，发表的有关祖庙的介绍性文章也不少，但祖庙并未留下庙志一类的书籍，今人的文章又多零星分散。有鉴于此，本文尝试对祖庙、特别是祖庙与社区文化的关系作一些较系统的探讨。

本文的主要内容分三个部分：北帝的起源与发展部分以介绍性为主，主要目的是让读者了解祖庙为何能发展成为社区的至上主神庙。北帝崇拜的仪式及功能部分，运用宗教社会学理论，分析了各种仪式的功能及其所反映的社区内部的关系，向人们展示了解读仪式这种"隐秘的文本"对民间信仰研究的重要意义。北帝崇拜与社区文化关系部分是本文的重点和新意所在。文章具体论述了祖庙与社区文化各个方面的关系，展示了祖庙在佛山传统社会中集政权、族权、神权于一体的独特地位及其在现代社会中的作用，力图向人们说明，在中国传统社会中，民间信仰体系的作用远非想象的那么小，因此，不应忽视对民间信仰的研究。

（作者：肖海明，人类学博士，副研究馆员，佛山市博物馆副馆长。）

封面设计 程 宜 黄 图

版式设计 李 飏

责任校对 周兰英

责任印制 陈 杰

责任编辑 李 飏

图书在版编目（CIP）数据

佛山祖庙／佛山市博物馆编.—北京：文物出版社，2005
ISBN 7-5010-1795-6

Ⅰ.佛… Ⅱ.佛… Ⅲ.寺庙－简介－佛山市
Ⅳ.K928.75

中国版本图书馆 CIP 数据核字（2005）第 108652 号

佛山祖庙

佛山市博物馆 编

文物出版社出版发行

（北京五四大街 29 号）

http：//www.wenwu.com

E-mail：web@wenwu.com

北京燕泰美术制版印刷有限责任公司制版印刷

新华书店经销

2005 年 10 月第一版 2005 年 10 月第一次印刷

787×1092 16 开 印张：15

ISBN 7-5010-1795-6/K·952 定价：58.00 元